KB069669

교사를 당황하게 하는 아이들 ②

학습 · 생활 편

교사를 당황하게 하는 아이들 2
학습·생활 편

한영진·박미향·이정희·김민정 공저

학지사

교사가 행복해야 함께하는 아이들도 행복할 수 있습니다. 이 책은 교사들이 생활지도를 하는 과정에서 당황할 수 있는 상황을 사례별로 제시하고, 그 상황을 어떻게 헤쳐 나갈 수 있을지 해법을 제시하고 있습니다. 사례별로 차근차근 읽다 보면 생활지도에서 느끼는 교사들의 답답함이 풀려 어느새 행복한 교사가 되리라 믿습니다.

– 前 서울교육대학교 총장 **송광용**

교사들을 당황하게 하는 학생들의 다양한 문제 행동과 심리. 하지만 그 문제 행동과 심리 뒤에 숨어 있는 학생들의 아픔과 고민을 읽어 내는 상담과 생활지도의 능력이 이 시대의 교사들에게 진정 요구됩니다. 네 분의 현직 선생님들이 다양한 상담 경험을 바탕으로 학생들의 고민과 아픔을 읽어 내는 생생한 생활지도 사례를 소개한 이 책에는 교사들을 당황하게 만드는 다양한 위기의 순간을 학생들의 성장과 발달의 기회로 변화시키는 노하우가 담겨 있습니다.   – 이화여대 교육학과 교수 **오인수**

현직 교사들이 현장에서 느끼는 애로점을 해결하기 위해 애쓰고 노력한 결과물이 한 권의 책으로 나오게 되었습니다. 실제 현장의 소리이기에 그 어떤 이론서보다 더 선생님들의 마음속에 공감을 일으키고 실질적인 도움이 되리라 생각합니다.

– 새교실 편집장 **궁재범**

이 책을 보는 순간 소설처럼 쉽게 읽히면서도 놓치기 쉬운 부분을 꼼꼼하게 제시하고 있어 재미와 유익함을 겸비한 보기 드문 사례집이라고 생각했습니다. 어려운

상담기법보다는 교실 속 상황에서의 구체적인 지도 방법을 풍부한 경험과 이론적 배경을 바탕으로 쉽게 제시하고 있기에 늘 책장에 꽂아 두고 학생들의 생활지도를 위한 매뉴얼로 활용할 수 있으리라 생각되어 모든 교사에게 강추합니다.

– 고양시 화중초등학교 수석교사 이보경

교사를 당황하게 하는 아이를 만났을 때, 이를 슬기롭게 해결하는 것은 학급 아이들과 행복한 1년을 지내는 데 꼭 필요한 일입니다. 이 책에는 교사와 아동이 서로 마음을 맞대고 지혜롭게 문제를 해결할 수 있는 방법이 생생하게 담겨 있어 저와 같은 현장의 교사들에게 큰 도움이 될 것이라 믿습니다.   – 서울방배초등학교 교사 김형미

현장으로 나갈 생각을 하면 많이 생소하고 두렵기도 합니다. 이 책을 통해 교실에서 일어날 상황을 예상하고, 앞으로 만나게 될 학생들을 더 잘 이해할 수 있을 것 같습니다. 조금 더 편안하고 준비된 상태로 갈 수 있을 것 같아 든든합니다.

– 서울교육대학교 3학년 박지은

학습 현장에서 발생하는 다양한 문제 상황을 다루고 있어서 교수활동을 처음 하는 저로서는 학교 현장을 이해하는 데 최고의 현장지침서가 아닐 수 없습니다. 이런 책을 만들어 주셔서 매우 감사합니다.   – 청소년 커리어코치 함동구

개정판 서문

아이들의 건강한 성장 과정을 돕기 위한 방법과 원리를 소개하는 책들은 해마다 쏟아져 나온다. 그럼에도 불구하고 교사가 학교와 교실이란 제한된 공간에서 아이들의 다양한 행동 특성을 명쾌하게 지도하는 데는 한계가 있다.

저자들은 아이들의 행동 특성을 아이 중심에서 이해를 하고 자존감을 살려 주면서 지도할 수 있는 방법을 찾기 위해 한마음으로 고민을 했다. 이러한 취지에서 '교사를 당황하게 하는 아이들'을 출간한 지 몇 년의 시간이 흘렀다.

그동안 이 책을 통해 아이들의 생활지도나 학습지도에 실질적인 도움을 많이 받았다는 현장의 목소리를 들을 수 있었던 것은 저자들의 기쁨이다. 어떤 이는 아이가 보이는 문제 행동이 그저 힘들게만 느껴졌었는데 이 책에서 안내하고 있는 대로 적용하니 새로운 눈으로 아이들을 바라볼 수 있는 안목이 생겼다고 했다. 또 어떤 이는 아이들의 문제 행동 특성에 대한 배경 이론을 읽으며 이해의 폭을 넓히고 나니 그동안 아이들을 자신의 틀에 맞추려고만 했던 자신의 모습이 부끄러워졌다고 했다. 어떤 이는 책에 소개한 방법대로 실천하다보니 아이들과 소통이 되며 차츰 교실 분위기가 달라져 행복했다고도 했다.

이러한 피드백을 접하면서 저자들은 생활지도로 힘들어하는 교사들에게 실질적으로 도움이 되는 책을 만들어 보고자 했던 처음의 의도가 어느 정도 충족되었다는 생각으로 보람과 자부심을 느꼈다. 아울러 그에 만족하지 않고 처음 출간할 당시와 비교해 급변한 사회 환경과 교육 정책이나 제도의 변화를 반영하는 개정판을 내야 할 필요성에 의견을 모았다.

초판 출간 이후, 생활지도 과정에 교사 자신의 편견을 적용하거나 일방적인 틀에 맞추려다 겪는 시행착오는 많이 바뀌고 있음을 느낄 수 있었다. 그렇게 하는 것은 교사 자신이 더 스트레스를 받는 일이고 결과적으로는 아이들을 더욱 힘들게 할 뿐이라는 것을 사려 깊은 교사들이 깨달았기 때문이다. 아이들의 문제 행동을 문제 행동이라 보지 않고 도와주고 채워 주어야 할 복지적인 서비스가 필요함을 인정하는 현장 변화를 보면서 참으로 다행이라는 생각이 들었다.

2판을 만들면서 처음 출간한 시점보다 새로워진 정책이나 제도상의 변경된 내용을 반영하고자 노력하였다. 특히 학교폭력 관련 문제와 뇌 과학적 관점의 아동 이해 측면에서 그랬다. 아울러 흘러간 시간만큼 축적된 저자들의 현장 경험 노하우를 좀 더 공유하는 방향으로 개정의 틀을 잡고 진행하였다.

　그럼에도 불구하고 이 책에 제시한 모든 사례와 사례별 지도방안이 현장의 모든 문제를 아우른다고 보지는 않는다. 지혜로운 현장의 교사들이 이 책에 제시한 방법을 바탕으로 자신만의 노하우를 쌓아 가면서 아이들과 더불어 교실에서 행복감을 누리기를 바랄뿐이다.

　아이들과 교사가 함께 성장하는 신나는 교실을 꿈꾸면서…….

2013년 9월
저자 일동

서 문

　'딩동댕~' 종이 치고 즐거운 마음으로 수업을 하려 하면 여지없이 태클을 거는 아이들이 있다. 아무것도 안 하고 멍하니 앉아 있는 아이, 숙제도 안 해 오고 준비물도 안 가져왔으면서 뭐가 좋은지 싱글벙글한 아이, 뭐든 시작을 하면 하염없이 붙잡고 있는 아이, 사춘기가 시작되어 눈빛이 달라진 아이…….

　수업을 할 때, 그리고 수업 외의 시간에도 이런 아이들은 항상 눈에 띄기 마련이다. 선생님 말씀을 잘 듣는 아이들을 제치고 이런 아이들이 먼저 눈에 들어오는 건 아무래도 이들에게 교사의 도움이 더 필요해서가 아닐까?
　교사에게 있어서 가장 큰 꿈은 '아이들'이다. 그래서 교사는 아이들의 행동 하나하나에 울고 웃는다. 내가 가르친 아이가 학업과 생활 면에서 발전하는 모습을 보면 보약 몇 첩을 먹은 것처럼 몸에 힘이 솟고 웃음이 감돈다. 그러나 그렇지 못해서 주눅들고 힘들어하는 아이들을 보면 그 짐을 대신 져 주고 싶은 마음에 조바심이 난다.
　이 책은 이렇게 아이들과 함께 울고 웃는 수많은 선생님에게 도움이 되고자 하는 마음에서 시작되었다. 1권은 교사를 당황하게 하는 아이들의 대인관계와 태도에 관한 내용이고, 이 책인 2권은 학습과 생활 면에서 힘들어하는 아이들과 선생님의 이야기를 담았다.
　사례별로 이론적인 이해와 실제적인 방법을 제시함에 있어서 가장 기본에 둔 것은 이것이 교사와 아이 모두를 행복하게 만들 수 있느냐 하는 것이다. 교사와 아이 모두에게 행복하지 않은 생활지도는 그 효과나 지속성이 매우 낮기 때문이다. 아이를 올바른 길로 인도하기 위한 좋은 목적이 있어도 교사의 방법이 아이의 자존감에 상처를 준다면, 아이의 문제 행동은 잠시 동안 개선된 듯 보여도 결국 언젠가는 다른 방향으로 표출될 가능성이 높다.

또한 사명감에 불타는 교사가 아이를 위해 무리하게 희생하여 아이의 문제 행동이 고쳐진다고 해 보자. 그것은 잠깐 동안 교사에게 만족감을 줄 수 있지만 그러한 희생이 지속될 수 있는 것은 잠시뿐이다. 언젠가는 지쳐서 점점 희생의 강도를 줄이게 되고, 이에 따라 아이는 오히려 더 큰 좌절을 겪고 교사에 대한 불신만 키우게 될 것이다.

모든 아이는 각자의 소중한 가치를 가지고 있고 나름대로 자신의 문제 행동을 개선할 힘도 가지고 있다. 이것을 어떻게 자연스럽게 이끌어 내느냐가 생활교육의 핵심이라 생각된다. 이 책에서 제시한 사례들과 지도방안이 현장의 모든 문제를 아우르기에 충분하다고 생각하지는 않는다. 다만, 이 책을 읽는 모든 분이 사례별로 함께 지도방안을 구성하며 확장·보완해 나아갈 기틀을 마련할 수 있었으면 한다.

지난 2년여 동안 가정의 빈자리를 이해하며 늘 격려해 준 가족과 다양한 교육활동을 통해 저자들을 인연의 끈으로 묶어 준 남미숙 박사님께 감사드린다. 더불어 이 책이 나오기까지 정성을 다하신 학지사 편집부의 여러 직원과 김진환 사장님께 감사를 전한다.

2009. 6.

저자 일동

이렇게 구성되었습니다!

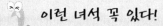
이런 녀석 꼭 있다!

교실에서 일어나는 문제 상황을 주제에 맞게 제시하였습니다.

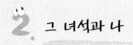
그 녀석과 나

문제 상황에서의 교사의 일반적인 반응을 제시하였습니다.

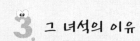
그 녀석의 이유

아이가 문제 행동을 보이는 이유를 살펴보았습니다.

쌤! 이렇게도 해 봐요

교사가 취할 수 있는 다양한 각도의 해결책을 제시했습니다.

 상경 바꿔 쓰기

아이의 문제를 다양한 시각으로
접근하였습니다.

 참견 세우기

반 전체 아이들과 할 수 있는
예방중심의 문제 해결 방법입니다.

 그 녀석과 둘이서

문제 행동을 보이는 아이와 교사
둘이서 할 수 있는 활동입니다.

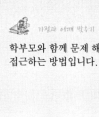 가정과 어깨 맞추기

학부모와 함께 문제 해결에
접근하는 방법입니다.

 와글와글 함께

반 아이들과 할 수 있는 활동 중심의
문제 해결 방법입니다.

본문의 내용과 관련된
좀 더 심층적인
Tip을 제공하였습니다.

[활동지]

교사들이 활용할 수 있도록 활동지를 제시하였습니다.

차 례

추천의 글   4

개정판 서문   6

서 문   9

이렇게 구성되었습니다   12

아이들 이해하기

01 아이들의 욕구 분석 21

02 아이들의 강점을 발견하는 교사 45

contents

✽ **공부할 때 힘든 아이**

03 숙제 · 준비물 안 챙기는 아이 53

04 아무것도 안 하는 아이 77

05 산만하고 충동적인 아이 91

06 지나치게 오래 걸리고 늦는 아이 131

07 성적에 심하게 신경 쓰는 아이 145

08 조별활동에 참여 안 하는 아이 173

09 수업 시간에 학원 숙제하는 아이 185

차 례

✳ 생활 속 별난 아이

10 온 교실에 자기 물건이 돌아다니는 아이 207

11 컴퓨터 앞에 붙어사는 아이 223

12 급식 시간을 힘들게 하는 아이 251

13 학교가 불안한 아이 267

14 훔치는 아이 279

15 위험한 곳을 돌아다니는 아이 301

16 내 것, 네 것 구별이 없는 아이 313

17 안 씻는 아이 327

18 가출하는 아이 337

19 지나치게 뚱뚱한 아이 351

20 건들지 말아요, 난 사춘기라니깐요 371

contents

✳ **부록**: 학급 규칙을 만들어요

1. 우리 반 학급 규칙(예시) 394

2. 학급 규칙 만들기 399

✳ 참고문헌 403

교사를 당황하게 하는 아이들 ❶

〈대인관계·태도 편〉

✳ 들어가기

01. 교사를 당황하게 하는 아이들

02. 아이들 들여다보기

03. 생활지도를 생활교육으로

✳ 친구들과 투덕투덕

04. 파벌을 만드는 아이

05. 친구와 싸우는 아이

06. 욕을 많이 하는 아이

07. 돈거래하는 아이

08. 성취욕이 강해 다툼이 잦은 아이

09. 집단따돌림 I – 따돌림 당하는 아이

10. 집단따돌림 II – 친구를 따돌리는 아이

✳ 선생님과 줄다리기

11. 교사에게 반항하는 아이

12. '왜 나한테만 그래요?' 하는 아이

13. 설명 끝나자마자 '뭐예요?' 질문하는 아이

14. 목소리 큰 아이

15. 냉소적인 아이

16. '나 안 그랬는데요.' 하는 아이

✳ 울퉁이 불퉁이 감싸 안기

17. 입을 열지 않는 아이

18. 고자질하는 아이

19. 눈치 없는 아이

20. 걸핏하면 우는 아이

21. 화나면 집에 가는 아이

22. 불평불만이 많은 아이

23. 항상 거짓말을 하는 아이

24. 집에 가서 말을 잘못 전하는 아이

25. 다른 사람이 말할 때 끼어드는 아이

아이들
이해하기

01 아이들의 욕구 분석

02 아이들의 강점을 발견하는 교사

아이들의 욕구 분석

1 아이들의 욕구 표출

욕구가 있다는 것은 살아 있다는 것이다. 맛있는 진수성찬 앞에서 식욕이 없으면 몸에 이상이 있다는 신호이고, 아무리 재미있는 분위기에서도 웃지 않으면 마음에 문제가 있다는 것이다. 이렇듯 욕구는 생명체가 살아가는 데 기본적인 내적 동인이자 필수 요건이다. 그런데 이것이 너무 지나치거나 주변 상황에 대한 고려 없이 분출된다면 함께 살아가는 세상에서 다른 사람에게 피해를 줄 수 있다.

요즘 아이들은 욕구 표출이 매우 강하다. 그것이 너무 지나쳐 주변 아이들에게 피해를 줄 뿐만 아니라 그것을 자제시키려고 지도하면 고분고분 받아들이지 않기 때문에 학교에서는 아이들 생활지도가 점점 힘들어지고 있다.

욕구 표출이 지나치면 그 주변의 누군가는 힘들어진다. 자녀가 그러면 부모가 힘들어지고, 학생이 그러면 교사가 힘들어진다. 친구 간에도 서로 피해를 입고 입히는 경우가 많다. 많은 아이를 상대하는 교사는 이렇게 힘든 일상 속에서 점점 체력이 소진되고 지쳐만 간다.

이런 상황이 벌어질 때 대개의 교사들이 선택하기 쉬운 행동은 다음과 같다.

교사는 아이들이 교사의 말을 잘 따라 줄 때 보람과 행복을 느낀다. 그런데 아무리 훈계하고 설득을 해도 그때뿐, 곧바로 문제 행동을 일으키는 아이들을 보면 교사는 그들에게 무시당한다는 생각에 자존심이 상한다. 그래서 아이들에 대한 애정이 감소되고 이러한 스트레스가 계속되면 두통이나 어깨결림 증상까지 겹칠 수 있다.

규칙을 어긴 만큼 벌칙을 적용한다

교사는 아이들이 학급 규칙을 어긴 것에 대해 지적하고 그에 상응하는 벌칙을 준다. 교실 앞이나 뒤로 불러내어 벽을 보고 일정 시간 서 있게 하거나, 무릎을 꿇고 앉아 있게 하거나, 반성문을 쓰게 한다. 그러나 고학년 아이들의 경우는 이러한 벌칙이 아무 효과가 없다. '잠깐 몸으로 때우면 그만이지.'라고 여기면서 친구가 곁에서 함께 벌을 서면 장난을 치기도 한다. 교사의 엄포도 아무 효력이 없다. 이런 모습을 보면 교사는 더욱 스트레스를 받는다.

병리적인 현상이라 인정하고 지도를 포기한다

공동체 생활에서 규칙을 어기면 그에 상응하는 벌을 받고 반성해야 하는데, 그러한 지도에 전혀 순응하지 않고 변화도 없으면 교사는 지도의 한계를 느낀다. 그래서 최종적으로는 아이의 발달 수준이나 정서상에 병리적인 문제(예를 들면, ADHD나 ODD)가 있는지를 고려하고 부모에게 전문기관에 가 보도록 권면한다.

회초리라도 들고 싶은데 그럴 수 없음을 한탄한다

말로 타일러서 아이가 이해하고 행동 변화를 보였으면 참 좋겠지만, 그러기가 쉽지 않다. 현행 생활지도 규정에는 체벌을 금하도록 되어 있어 교실에서 매가 사라진 지 오래다. 간혹 집에서 회초리로 길들여진 아이가 학교에서는 아무리 잘못해도 매를 맞지 않으므로 더욱 버릇없이 행동하기도 한다. 그래서 교실 분위기는 점점 혼란스러워진다. 동료 교사들끼리 모이면 서로 푸념을 늘어놓으며 회초리 부활론을 강조하게 된다.

욕구 이해로 풀어 가는 아이들의 행동 이해

아이들이 이렇게 제멋대로 행동하며 교사를 힘들게 하는 것을 '착하다, 나쁘다'라는 이분법적 논리로 풀어 가면 곤란하다. 교사의 말을 잘 듣는 아이는 착한 아이, 그렇지 않은 아이는 나쁜 아이가 아니다. 조용하고 얌전하던 아이가 엉뚱한 일을 저질러서 주변 사람을 놀라게 하는 일도 가끔 있지 않은가? 보이는 행동만으로 아이들을 이해하면 곤란하며, 아이들 내부의 심리적인 문제로 이해해야 아이들의 생활지도가 훨씬 수월해진다.

이제 이러한 이유를 '아이들의 기본 욕구'로 풀어 보고자 한다.

기본 욕구란 무엇인가

윌리엄 글래서(1925~   )에 따르면, 인간에게는 누구나 기본적인 다섯 가지의 욕구가 있는데, 인간의 모든 행동은 결국 기본 욕구를 충족하기 위한 행동이며 이 기본 욕구가 적절히 충족이 될 때 행복감을 누릴 수 있다고 한다. 다섯 가지 기본 욕구(5 basic needs)란 생존(안전)의 욕구, 사랑(소속)의 욕구, 자유로움의 욕구, 즐거움의 욕구, 힘의 욕구를 말한다. 그 각각에 대해 좀 더 자세히 알아보자.

◉ 생존(안전)의 욕구

사람은 배고프면 먹어야 하고, 졸리면 잠을 자야 하며, 요의를 느끼면 배설해야 한다. 또한 위험이 가까워지면 순간적으로 위험을 피하여 안전을 도모하는 것이 인간의 본능이다. 이 생존(survival)과 안전의 욕구는 구뇌(舊腦)에서 관장하는 본능적인 것으로 생명 유지에 필수적인 욕구다.

◉ 사랑(소속)의 욕구

모든 사람은 사랑받고 싶어 한다. 사랑을 확인하는 방법은 다른 사람이 나를 어떻게 대하는지 그 태도나 표정을 통해서 알 수 있다. 다른 사람이 자신에게 친절하게 대해 주거나 웃어 주거나 가깝게 대해 줄 때 사랑받고 있다고 인식한다. 그러나 자신을 멀리하고 피하거나 소외시키는 것을 느끼면 더 이상 살고 싶지 않을 정도로 매 순간이 힘들어진다. 특히 또래와의 상호 작용을 중요하게 생각하는 아동기에는 친구들 사이에서 함께 어울려 지내는 것이 곧 자존감과 연결되어 있을 정도로 중요한 일이다. 그래서 친구들이 함께 놀아 주지 않고 자신을 멀리하며 따돌린다면 말할 수 없는 고통을 느끼게 된다.

아이들은 이렇게 사랑과 소속(belonging)의 욕구를 부모나 교사를 통해, 또 친구를 통해 확인하려 한다. 아이들은 사랑과 소속의 욕구가 적절히 충족되면 뿌듯함을 가지고 꿈과 목표를 향해 정진할 수 있다.

◉ 자유로움의 욕구

사람은 누구나 자유(freedom)를 갈구한다. 자유를 구속하는 분위기에 들어가면 스트레스를 받으며 그 분위기를 탈출하기 위해 갖은 애를 쓴다. 자유로움의 욕구가 제한되는 군대나 감옥에 가기를 꺼려하는 것은 바로 자기 마음대로 하지 못하기 때문이다. 그래서 탈영이나 탈옥을 하기도 하는 것이다. 아이들은 자유로움을 만끽하기 위해 부지런히 움직인다. 이것은 욕구 충족을 위한 자연스러운 행동인 것이다.

◉ 즐거움의 욕구

사람은 적절히 즐거움(fun)을 느낄 때 일의 능률도 오르고 행복감을 누릴 수 있다. 놀이는 바로 이 즐거움을 만끽하기 위해 하는 것이다. 일상생활을 통해 적절히 즐거움을 맛보는 사람은 삶에 여유가 있으며 다른 사람을 편안하게 대한다. 또한 유머를 곁들여 주변 사람을 즐겁게 해 주고 분위기를 밝게 유지하는 삶의 태도를 보이며 살아간다. 수업 시간을 재미있게 진행하면 아이들이 행복감을 느끼는 것은 바로 이 즐거움의 욕구가 충족되었기 때문이다. 만일 이 욕구가 일정 기간 충족되지 않으면 아이들은 스트레스가 쌓이게 되고, 그것이 거듭되면 사소한 일에도 시비를 걸거나 싸움을 하고 불만이 가득 찬 학급 분위기가 조성된다.

◉ 힘의 욕구

사람은 모두 자기에게 힘(power)이 있음을 여러 방법으로 확인하고 싶어 한다. 어떤 아이는 힘의 우선순위를 정하고 싶어 주변 친구에게 맞짱을 뜨자고 제의한다. 학급에 새로 전학 온 아이가 있으면 누가 힘이 더 셀까를 확인하고 싶어 기회를 엿보기도 한다.

힘의 욕구는 꼭 이렇게 물리적인 행사를 하는 것만은 아니다. 실력을 길러 영향력을 미치는 영역과 범위를 확대하고자 하는 것도 힘의 욕구의 한 표현이다. 이것은 힘의 욕구를 긍정적으로 충족하고자 하는 의도이며, 개인과 사회의 발전을 위해 매우 바람직한 표현이다.

사례로 알아보는 순서 바꾸기 원리

앞서 살펴보았듯이 사람의 모든 행동은 바로 이 다섯 가지 욕구를 충족하기 위한 심리적 요구의 외적 표현이다. 아이들에게 이러한 내용을 설명해 주면서 "너희도 자신의 욕구를 충족하기 위해 마음껏 애쓰거라."라고 권해야 한다. 그럴 때 아이들이 교실 안에서 행복감을 누릴 수 있기 때문이다.

그런데 이렇게 하고 나면 아이들이 난리가 난다. 자기가 하고 싶은 대로 하다가 서로 피해를 당하거나 억울한 일이 생기는 아이들의 항의가 늘어나기 때문이다. 이곳저곳에서 "왜? 난 내 자유를 위해 열심히 그런 행동을 한 건데?" 하고 주장하는 일이 종종 생기며 다툼이 늘어 간다.

그러므로 욕구를 설명한 다음에 이어서 바로 도덕성을 강조해야 한다.

"너희의 욕구를 마음껏 충족하되, 도덕성에 위배되어서는 안 돼."라고 말해 준다.

자신의 욕구를 채우고 싶지만 다른 사람을 생각하여 조금 자제해야 하므로 주변 사람에 대한 배려심이 여기에서 나올 수 있다. 순서를 바꾸어 욕구 인정을 먼저 한 다음에 도덕성을 강조해야 아이들과의 관계가 상하지 않으면서도 효과적으로 지도할 수 있다.

순서를 바꾸는 것! 생활지도할 때도 이것을 비법으로 활용할 수 있다.

흔히 교사는 아이가 욕구 충족적인 행동을 했을 때 잘못된 행동을 먼저 지적하기 쉽다. 이렇게 하면 어떤 아이는 반성을 하는 것보다는 반발심을 키우거나 반항 행동을 하기 쉬우며, 특히 고학년은 더욱 그럴 확률이 높다.

다음의 사례를 통해 '순서 바꾸기' 방법을 구체적으로 알아보자.

│ 사례 1

　　잠깐 동안 학년회의에 다녀올 일이 있어서 조용히 있으라고 아이들에게 신신당부하고 교실을 나섰다. 교실을 나가자마자 발발이는 자리에서 뛰어올라 어젯밤 본 코미디언 흉내를 내며 아이들을 웃겼다. 순식간에 교실이 소란스러워졌다. 잠시 후에 돌아와 교실 분위기를 본 교사의 얼굴이 굳어졌다. 이런 상황에서 어떻게 해야 할까 잠시 생각하다가 '아이들의 기본 욕구'를 기억하고 적용해 보고 싶어졌다.
'그래, 순서를 바꿔 보자!'

교실을 한 바퀴 주욱 둘러보니 벌써 발발이는 습관적으로 혼날 준비를 하고 있다.

교사: 선생님이 없는 동안 교실을 이런 분위기로 만든 것이 자기 책임이라고 생각하는 사람은 앞으로 나와 봐!
　　　(발발이가 벌써 고개를 숙이고 나온다.)
교사: 발발이는 아이들을 웃기는 동안 무슨 욕구를 채웠다고 생각하지?
　　　(발발이가 잠시 생각하다가 '킥' 웃으며 말한다.)
발발이: 즐거움의 욕구요!
교사: 또?
발발이: (잠시 또 생각한다.)

자유로움의 욕구요.

교사: 그럼 넌 참 재미있었겠구나. 그런데 도덕성은 생각해 봤어? 누구에게 방해가
되었지?

발발이: 조용히 공부하는 아이들, 조용히 시키려는 반장, 그리고 선생님께도요.

교사: 그럼 어떻게 했어야 되지? 지금이라도 네 생각을 말해 봐!

발발이: 웃기고 싶지만 선생님과의 약속도 있고 아이들에게 방해가 되기도 하니까
참았어야 돼요.

교사: 네가 이미 모든 해답을 알고 있구나. 앞으론 다른 친구들을 배려해서 떠들고
싶은 마음을 좀 자제할 수 있지? 다음 기회엔 널 기대하마. 그럼 이제 들어 가.

발발이는 자신의 욕구도 이해해 주면서 자신을 믿어 주는 교사의 지도가 마음에
들어 자신의 행동을 자제하겠다고 다짐을 하게 된다.

‖ 사례 2 ‖

힘찬이는 우리 반에서 늘 싸움대장 노릇을 한다. 싸움이 일어나면 그 중심에 늘 힘찬이가
있다. 아무리 달래고 타일러도 싸움의 횟수는 줄어들지 않는다. 요즘은 힘찬이에게 당한 아
이들의 어머니까지 항의를 해 와서 골치가 아프다.

'저 힘찬이를 어떻게 지도해야 그 버릇이 고쳐질까?'

잠시 생각을 하다가 욕구 인정과 도덕성 건드리기를 바꾸어 보는 원리를 적용해 보았다.

교사: (부드럽게) 힘찬아. 지난번에 안 싸우겠다고 약속한 거 기억나니?

힘찬이: 네에……

교사: 그런데도 오늘 어쩔 수 없이 싸웠니? 아니면 그 약속을 까맣게 잊고 싸웠니?

힘찬이: 생각은 났지만 저 새끼가 날 화나게 하잖아요!

교사: 그랬구나. 화가 많이 났었구나.
화가 많이 날 땐 약속을 어겨도 될까? 선생님도 지금 네가 약속을 어긴 것 때
문에 화가 많이 났는데, 나도 약속을 어겨 볼까?

힘찬이: ……

교사: 선생님이 그동안 힘찬이를 지켜보았는데. 네가 다른 친구들보다 더 많이 가
지고 있는 욕구가 있어. 그건 너의 강점이야. 그게 뭘까?

힘찬이: 난 언제나 이겨야 직성이 풀린단 말이에요.

교사: 그래 맞아. 넌 힘의 욕구가 누구보다 참 강해. 그 넘치는 힘을 선생님한테 좀 나누어 줄 일이 없을까?

힘찬이: 어떻게요?

교사: 오늘 선생님 책상을 옮기는 일이 있어. 너의 힘을 나누어 줄 수 있을 것 같은데 좀 도와주겠니?

힘찬이: 학원에 가야 하지만 조금 도와드리다 갈 수 있어요.

교사: (힘찬이와 책상을 옮긴다.) 야, 힘찬이가 도와서 빨리 끝났네. 힘찬아, 힘의 욕구는 남과 싸울 때도 채워지지만 누군가에게 도움이 되었을 때도 채워질 수 있어. 지금 기분은 어때? 너의 넘치는 힘을 나에게 나누어 준 것이거든? 힘의 욕구가 강하다고 그 힘을 남을 때리는 데 쓰다 보면 폭력배가 되지만, 남을 돕는 데에 나누어 주면 존경받는 사람이 되지. 힘찬이는 어느 편을 택하겠니? 네가 잘 생각해서 선택해 봐.

힘찬이: …… 제 힘을 누군가에게 나누어 주는 일에 써야겠어요.

교사: 역시 난 힘찬이를 기대했어. 우리 힘찬이 파이팅! 앞으로 우리 학급에서 힘찬이가 누군가의 수호천사가 되는 것은 어떨까?

힘찬이: 자신 없지만 해 볼게요.

이것이 바로 욕구와 도덕성의 순서를 바꾸어서 지도하는 과정이다. 꼭 이대로 진행되는 것은 아니지만 일단 지도 순서에서 욕구 인정하기를 앞세워야 아이들의 마음이 열리고 대화가 잘 된다.

 교실에서 지도할 수 있는 욕구 이해 활동

'나는 어떤 사람인가?'

① 학년 초에 욕구 이해 활동을 통해 자기 이해와 타인 이해의 폭을 넓힌다([활동지 1-1] 참조).

② 활동을 통해 사람에게는 모두 욕구가 있다는 것을 알아본다.

③ 기본 욕구는 모두에게 있지만 그 강도는 사람마다 다름을 알아본다.

욕구 탐색하기

① 나에게 있는 욕구의 강도를 알아본다. 각 욕구를 측정하는 문항을 읽고 자신의
   생각을 5점 척도로 나타낸다.

② 결과를 숫자로 계산하여 알아본다([활동지 1-2] 참조).

③ 모둠별로 모여 활동을 통해 공통점과 차이점을 알아본다([활동지 1-3] 참조).

④ 활동을 마무리하면서 다음 내용을 다시 한 번 정리한다.

> ○ 사람은 모두 다르다.
> ○ 사람은 모두 욕구를 가지고 있다.
> ○ 욕구의 강도는 사람마다 조금씩 다르다.
> ○ 다른 사람의 행동에 어떤 욕구가 들어 있는지 생각하자.
> ○ 욕구를 억압하는 것과 적극적으로 충족하려고 하는 것이 어떻게 다른지 토의해 보자.

욕구 조절 능력 기르기

욕구를 얼마나 잘 조절할 수 있느냐가 미래의 성공과 관련이 있음을 강조하면서
다음과 같이 '자제력 훈련카드'를 만들어 매일 점검해 본다.

나의 자제력 훈련카드(예시)

순서	날짜	상황	욕구	도덕적 판단(자제력)	비고	확인 (사인)
1	7. 9(월)	준비물 확인 시간(음악책을 안 가져온 것을 뒤늦게 깨달음.)	잃어버렸다고 거짓말하고 싶었다.	솔직하게 말했더니 비치용 책을 주심	성공	생존, 사랑 GOOD!
2	7.10(화)	체육 시간이 되니 신나서 복도를 뛰어나가는 친구들	나도 같이 뛰고 싶다.	뛰고 싶었지만 학급 규칙을 생각하고 참음	성공	자유로움 GOOD!
3	7.11(수)	수업이 4교시로 끝난 홀가분함에 PC방에 가자고 유혹하는 짝꿍	잠깐만 가서 하고 싶다.	참지 못하고 친구 따라 PC방에 감	실패	즐거움, 자유로움 NOT GOOD!
4	7.12(목)	담임 선생님을 욕하는 카페에 가입하자고 권하는 친구	선생님이 감쪽같이 모르는데 가입할까?	옳지 않은 일이니 하지 않음	성공	힘, 즐거움 GOOD!
5	7.13(금)	학급에서 따돌림 당하는 애를 같이 때리자고 은근히 압력 넣는 친구	거절하면 내가 따돌림 당할 것 같은데 그냥 동조할까?	옳지 않은 일을 하는 사람은 비겁자가 되므로 용기를 내어 거절함	성공	힘, 자유 GOOD!
6	7.14(토)	교문 앞에서 떡볶이를 사 먹고 싶었는데 용돈이 부족하여 친구에게 꾸어야 할 상황	다음에 용돈을 타서 갚으면 되는데 꾸어서 사 먹자.	빚을 지느니 참고 집에 가서 엄마에게 해 달라고 함	성공	즐거움, 자유 GOOD!
7		담임 선생님 말씀	○○이는 욕구도 강하지만 자제력도 강하여 유혹을 잘 이겼으므로 칭찬합니다. 성공을 축하해요!			

이와 같이 자제력 훈련카드를 일주일 단위로 만들어서 욕구를 충동적으로 채우려 했는지 자제력을 키워 잘 참아 냈는지 스스로를 점검하도록 한다. 일주일 단위로 담

임 교사가 확인을 해 주고 한 달 단위로 통계를 내어 인증서를 수여해도 좋다.

우리 반 행복 피자

아이들이 학교 생활을 통해 행복감을 느끼게 해 주어야 한다. 아동기를 행복하게 지낸 아이들은 자존감이 높아지고 긍정적인 자아 개념으로 자신이 가치 있고 유능한 존재임을 확인하면서 진취적이고 주도적으로 생활할 수 있다. 이러한 생활 자세가 바로 교사가 기대하는 자세가 아니겠는가?

교실에서 하루 동안 얼마나 행복감을 누렸는지 알아보기 위해 다음과 같은 피자판을 만들어 교실 뒤쪽 게시판에 걸어 놓고 집에 가기 전에 아이들이 스티커를 붙이게 한다. 아이들이 모두 귀가한 후 행복 피자판에 붙인 스티커를 보면서 아이들의 하루 생활을 되돌아보고 다음 날 더 채워 주어야 할 욕구를 생각해 본다.

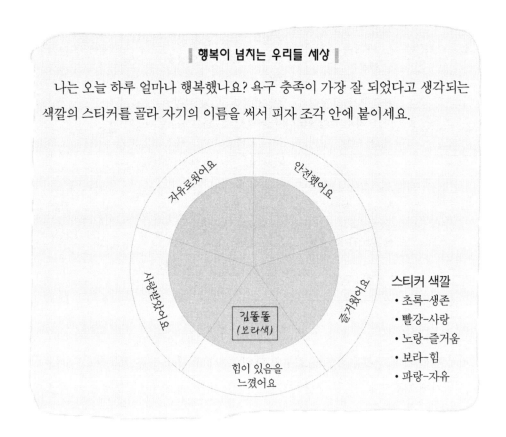

┃ 행복이 넘치는 우리들 세상 ┃

나는 오늘 하루 얼마나 행복했나요? 욕구 충족이 가장 잘 되었다고 생각되는 색깔의 스티커를 골라 자기의 이름을 써서 피자 조각 안에 붙이세요.

자유로웠어요

안전했어요

사랑받았어요

즐거웠어요

김똘똘
(보라색)

힘이 있음을
느꼈어요

스티커 색깔
• 초록-생존
• 빨강-사랑
• 노랑-즐거움
• 보라-힘
• 파랑-자유

4 〈Switch!〉로 행복한 교실을!

    지금까지 아이들의 욕구를 분석하고 여러 활동 내용을 소개하였다. 자유 본능의 아이들이 욕구를 채우기 위해 행동하다 보면 그것이 규칙과 질서를 어기게 되어 제재를 받게 되고, 교사는 더욱 힘들어진다. 그러나 이 과정에서 아이의 문제 행동을 욕구 충족적 행동으로 먼저 이해하고 그다음에 도덕성을 강조하면, 교사도 심리적으로 편하고 아이도 자신의 내면 심리를 이해해 준 교사에게 친밀감을 느끼게 되어 지도하기가 훨씬 쉬워질 것이다.

    자, 이제 지도 순서를 바꿔 봄으로써 행복한 교실을 꿈꾸자!

나의 욕구 이해하기

학년   반   이름 :

● 안녕하세요? 오늘은 우리 안에 각기 어떤 욕구가 있는지 알아보려 해요. 욕구란 하고 싶은 마음을 말해요. 다음 질문에 알맞게 여러분의 생각을 적어 보세요.

1. 지금 하고 싶은 일들을 생각나는 대로 적어 보세요.

> **예시** 밖에 나가 놀고 싶다. 배고파서 밥 먹고 싶다. 책 읽고 싶다. 친구와 게임하고 싶다. 친구와 수다 떨고 싶다. 잠자고 싶다. 집에 가고 싶다. 작년 선생님 만나고 싶다. 문방구에 가서 새로 나온 물건 구경하고 싶다. 예쁜 옷을 사 입고 싶다. 엄마가 보고 싶다. 출장 가신 아빠가 보고 싶다. 학급회장에 당선되고 싶다. 할머니 댁에 가고 싶다. 엄마에게 방과 후에 맛있는 요리를 해 달라고 전화하고 싶다. 피자 먹고 싶다 등등

2. 앞에서 적은 내용 중 다음에 해당되는 것들을 가려보세요.
   ① 나의 생명을 유지하는 데 꼭 필요한 것

   ② 나를 자유롭게 하는 것

③ 나를 즐겁게 하는 것

④ 내가 사랑받고 있음을 알게 해 주는 것

⑤ 나에게도 힘이 있음을 알게 해 주는 것

3. 이 다섯 가지에 각각 이름을 붙이면 다음과 같아요.
   ① 생존과 안전의 욕구
   ② 사랑과 소속의 욕구
   ③ 자유로움의 욕구
   ④ 즐거움의 욕구
   ⑤ 힘의 욕구

나의 욕구 이해하기

학년   반 이름:

● 안녕하세요? 오늘은 우리 안에 각기 어떤 욕구가 있는지 알아보려 해요. 욕구란 하고 싶은 마음을 말해요.
다음 질문에 알맞게 여러분의 생각을 적어 보세요.

1. 지금 하고 싶은 일들을 생각나는 대로 적어 보세요.

> 예시 밖에 나가 놀고 싶다. 배고파서 밥 먹고 싶다. 책 읽고 싶다. 친구와 게임하고 싶다. 친구와 수다 떨고 싶다. 잠자고 싶다. 집에 가고 싶다. 작년 선생님 만나고 싶다. 문방구에 가서 새로 나온 물건 구경하고 싶다. 예쁜 옷을 사 입고 싶다. 엄마가 보고 싶다. 출장 가신 아빠가 보고 싶다. 학급회장에 당선되고 싶다. 할머니 댁에 가고 싶다. 엄마에게 방과 후에 맛있는 요리를 해 달라고 전화하고 싶다. 피자 먹고 싶다 등등

2. 앞에서 적은 내용 중 다음에 해당되는 것들을 가려보세요.
   ① 나의 생명을 유지하는 데 꼭 필요한 것

   > 잠자고 싶다, 배고파서 밥 먹고 싶다

   ② 나를 자유롭게 하는 것

   > 밖에 나가 놀고 싶다, 집에 가고 싶다, 친구와 수다 떨고 싶다

③ 나를 즐겁게 하는 것

> 피자 먹고 싶다, 친구와 게임하고 싶다, 문방구에 가서 새로 나온 물건 구경하고 싶다

④ 내가 사랑받고 있음을 알게 해 주는 것

> 작년 선생님 만나고 싶다, 엄마가 보고 싶다, 출장 가신 아빠가 보고 싶다, 할머니 댁에 가고 싶다

⑤ 나에게도 힘이 있음을 알게 해 주는 것

> 예쁜 옷을 사 입고 싶다, 학급회장에 당선되고 싶다, 엄마에게 방과 후에 맛있는 요리를 해 달라고 전화하고 싶다

3. 이 다섯 가지에 이름을 붙이면 다음과 같아요.
   ① 생존과 안전의 욕구
   ② 사랑과 소속의 욕구
   ③ 자유로움의 욕구
   ④ 즐거움의 욕구
   ⑤ 힘의 욕구

(정리) 사람은 누구에게나 이와 같은 다섯 가지의 욕구가 있답니다. 사람의 모든 행동은 이 욕구를 충분히 만족시키기 위한 것이지요. 이 기본적인 다섯 가지 욕구는 여러분도, 선생님도, 부모님도, 친구들도, 할머니도, 할아버지도 그렇고 이 세상 모든 사람이 다 가지고 있어요. 이런 면에서 사람은 모두 평등하지요?

나의 욕구 강도 탐색 척도

학년   반   이름:

● 다음 문항을 읽고 해당되는 칸에 ✓ 를 하시오.

문항 번호		1 전혀 그렇지 않다	2 별로 그렇지 않다	3 보통 이다	4 자주 그렇다	5 언제나 그렇다
1	용돈이나 물건을 절약한다.					
2	건강을 유지하기 위해 운동을 규칙적으로 한다.					
3	영양가를 생각하며 식사를 한다.					
4	위험한 놀이기구는 타지 않는다.					
5	일찍 자고 일찍 일어난다.					
6	다음 날의 활동을 위해 잠을 충분히 자려고 노력한다.					
7	새로운 장소에 가면 모험심이 발동한다.					
8	몸가짐을 단정히 하려고 노력한다.					
9	물건을 끝까지 알뜰하게 쓴다.					
10	내 물건에 이름을 쓰고 잘 관리한다.					
11	선생님으로부터 인정받고 싶어 한다.					
12	친구들이 나를 좋아해 주기를 바란다.					
13	부모님이 나를 사랑해 주지 않는 것 같으면 속상하다.					
14	귀가해서 엄마가 안 계시면 허전하다.					
15	다른 사람을 도와줄 때 보람을 느낀다.					
16	친구들과 매우 가깝게 지낸다.					
17	따돌림을 당하는 기분이 들면 못 견딘다.					
18	부모님께 칭찬받으면 매우 기분이 좋다.					
19	낯선 사람에게 먼저 말을 거는 편이다.					
20	난 누구에게나 사랑받을 만하다고 생각한다.					
21	나는 한 시간 동안 책상 앞에 앉아 있으면 답답하다.					
22	다른 사람이 내게 일을 시키면 하기 싫다.					
23	내가 원하지 않는 일을 억지로는 안 한다.					
24	규칙과 질서를 지키는 것이 힘들다.					
25	내 생각대로, 내 마음대로 할 때 즐겁다.					

문항 번호		1 전혀 그렇지 않다	2 별로 그렇지 않다	3 보통 이다	4 자주 그렇다	5 언제나 그렇다
26	새처럼 날고 싶을 때가 있다.					
27	학교에서 규칙을 어겨 벌을 선다.					
28	사람은 언제나 자유로울 필요가 있다고 생각한다.					
29	군인이나 죄수를 보면 답답하게 느껴진다.					
30	사람의 행동을 구속하거나 제한하는 것은 옳지 않다고 생각한다.					
31	큰 소리로 웃기 좋아한다.					
32	다른 사람이 웃길 때 잘 웃는다.					
33	코미디 프로그램을 보면 시간 가는 줄 모른다.					
34	새로운 것에 호기심이 자주 생긴다.					
35	영화 보는 것을 좋아한다.					
36	친구들과 다른 방식으로 문제 해결하기를 좋아한다.					
37	내가 말하면 친구들이 재미있다고 잘 웃는다.					
38	심각한 이야기는 별로 좋아하지 않는다.					
39	이 다음에 코미디언이 되면 좋겠다고 생각한다.					
40	잘 웃기는 친구들이 좋다.					
41	친구들이 내 말을 따르면 기분이 좋다.					
42	학급에서 임원 역할을 맡는 것이 좋다.					
43	친구들에게 충고나 조언을 잘하는 편이다.					
44	다른 사람보다 공부를 많이 해서 훌륭한 사람이 되고 싶다.					
45	이 다음에 부자로 살고 싶다.					
46	사람들 앞에서 칭찬받는 것이 기분 좋다.					
47	많은 사람을 거느리고 일하고 싶다.					
48	나를 매우 가치 있다고 생각한다.					
49	내 분야에서 탁월한 사람이 되고 싶다.					
50	다른 사람들을 도와줄 때 기분이 좋다.					

〈채점 요령〉

• 각 영역의 점수의 합을 알아본다(최고 50점 ~ 최하 10점).

• 각 영역별로 합한 점수를 평균과 비교해 본다.

• 생존 – 사랑 – 자유 – 즐거움 – 힘의 순서대로 프로파일을 작성한다.

• 그래프로 그려 본다.

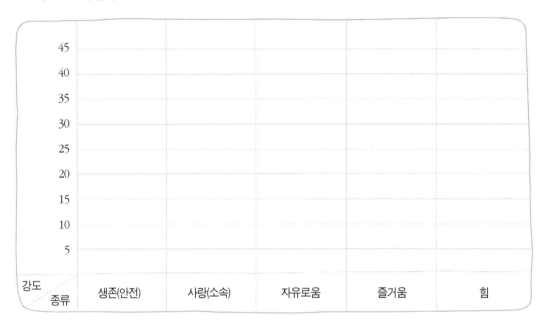

강도\종류	생존(안전)	사랑(소속)	자유로움	즐거움	힘
45					
40					
35					
30					
25					
20					
15					
10					
5					

• 나에게 가장 강도가 강한 욕구는 무엇인가?

• 그 욕구가 충분히 만족되지 않으면 내 마음은 어떠한가?

• 만일 내가 힘의 욕구가 가장 강하다면 어떤 사람과 어울리는 것이 도움이 될까?

_____

_____

• 주변에서 나의 욕구를 충분히 만족시켜 줄 만한 사람을 적어 보자.

_____

_____

• 나에 대한 이해를 새롭게 한 것이 있다면 무엇인가?

_____

_____

* 문항번호 확인〔1~10 생존(안전), 11~20 사랑(소속), 21~30 자유로움, 31~40 즐거움, 41~50 힘〕

우리 팀의 공통점 찾기

학년   반   이름:

1. 우리 팀의 별명을 붙여 보고 우리 팀을 나타내는 동물을 그려 보세요.

별명	동물 그림

2. 다음 질문에 팀의 의견을 모아 적고 발표해 보세요.
   ① 우리가 가장 행복감을 느낄 때는 언제인가?

   ② 우리가 가장 속상할 때는 언제인가?

   ③ 현장학습(소풍)을 갈 때 가장 먼저 준비하고 싶은 것은 무엇인가?

④ 놀이동산에 가서 가장 먼저 타고 싶은 놀이기구는 무엇인가?

⑤ 우리가 힘들 때 선생님에게 듣고 싶은 말은 무엇인가?

3. 다른 팀의 발표를 들으면서 우리 팀과 무엇이 같은지, 무엇이 다른지 알아봅시다.

4. 활동을 하고 느낀 점을 간단히 적어 보세요.

서울지역 강북구 소재 H초등학교 6학년 52명을 대상으로 욕구 강도를 탐색한 결과

영역	생존(안전)	사랑(소속)	자유로움	즐거움	힘
인원	1	13	9	11	16

　　요즘 6학년 아이들의 특성을 알 수 있는 분포라고 생각한다. 이 시대에 우리나라에 살고 있는 학생들은 생존 문제는 그리 심각하지 않다. 표에서 알 수 있는 대로, 학생들은 자기존재감을 확인하면서 사랑받고 인정받고 싶은 욕구가 강하다. 또한 즐거운 학교 생활을 원하며 서로 영향을 미치면서 자유를 누리고 싶은 욕구가 강하다. 이러한 욕구를 자제하지 못하고 마음껏 충족하려다 보니 무질서한 교실 분위기가 연출되는 것은 당연하다. 앞의 분포를 통해 교사를 당황하게 하는 아이들에 대한 이해가 깊어지리라 본다. 또한 분포 양상이 지역에 따라, 학년에 따라 다르게 나타날 것이 흥미롭다.

아이들의 강점을 발견하는 교사

    아이의 강점을 보는 눈을 가진 교사는 문제 행동을 보는 시각이 다르다. 다음과 같은 상황에서 교사의 반응을 생각해 보자.

- 쉬는 시간에 복도에서 100미터 달리기를 하는 아이에게
  - 너희 누가 복도에서 이렇게 뛰라 그랬어. 학교규칙을 이렇게 어기도 돼?
  - 너희 몇 학년 몇 반이야? 담임 선생님께 말해야겠다!

- 숙제를 안 해 오고 삼촌 결혼식 때문에 못 해 왔다고 핑계를 대는 가식이에게
  - 지난번에도 삼촌 결혼식 때문에 숙제를 못 해 왔다고 하더니 그 말을 지금 나보고 믿으라는 거냐? 이젠 안 속아 임마!

그러나 아이들의 강점을 보는 눈을 가진 교사는 이렇게 말한다.
  - 야! 에너지가 넘치네! 감히 조용한 복도에서 이렇게 뛸 수 있는 그 용기는 어디서 나왔을까?
  - 야! 재주도 좋다. 숙제를 안 해 올 때마다 삼촌이 새로 생기네?

1 강점이란 무엇인가

강점(one's strengths)이란 '한 개인이 가지고 있는 재능이나 기술 및 지식'을 나타내며 '좋아하는 것과 잘하는 것, 그리고 잘할 수 있는 것'을 말한다.

강 점
○ 재능: 타고난 요소 ○ 좋아하는 것: 흥미가 있음 ○ 잘하는 것: 외부적으로 능력을 보일 수 있음, 적성

앞서 소개한 사례에서 강점을 발견하는 교사는 복도에서 뛰는 아이에게서 넘치는 에너지를 강점으로 찾았고 거짓말하는 가식이에게서 곤란한 순간을 넘기는 순발력을 강점으로 찾았다. 물론 도덕성을 간과하라는 말은 아니다. 중요한 것은 도덕성을 강조하다가 강점을 묻어 버리는 결과를 우려하여 그 순서를 바꾸어 지도하라는 것이다.

복도에서 뛰는 아이의 넘치는 에너지를 긍정적으로 활용하면서 지속적으로 인정받을 기회를 주면 아이에게 자신감을 심어 줄 수 있다. 거짓말을 하여 책임을 모면하려던 아이에게 상상력과 추리력을 인정해 주면 재능을 끌어낼 수 있다. 거짓말한 그 자체만 가지고 꾸짖음으로써 수치와 죄책감이라는 부정적인 정서를 경험하게 하는 대신 교사가 긍정적인 눈으로 바라보면 숙제를 잘 해 오는 아이로 변화시킬 수 있다.

2 왜 강점 찾기가 중요한가

　앞에서 강점을 잘할 수 있는 것, 잘하는 것, 그리고 좋아하는 것으로 소개하면서 재능과 기술, 지식으로 정의하였다. 어린 시절에는 이 모든 것이 잠재되어 있으므로 부모와 교사는 이것을 끌어내기 위해 평소에 주의 깊게 아이를 관찰해야 한다.

　초등학교 과정은 아이의 내면에 잠재된 강점을 발견하여 그것을 계발하는 과정이다. 이를 통해 자신의 유능감을 경험하면서 독립적인 자아로 우뚝 서기 위해 노력하게 된다. 모든 아이를 자기 영역에서 유능한 존재로 우뚝 서게 하려면 교사의 역할이 매우 중요하다. 교사는 다른 아이들과 비교하지 않으면서 앞날에 대한 희망을 가지고 자신의 목표를 향해 꾸준히 노력하도록 돕는 마음을 가져야 한다.

　잠재된 에너지가 아이의 내부에서 자발적으로 나오도록 하려면 고도의 교육기술이 필요하다. 그 기술 중에 하나가 아이 자신은 모르는 강점을 찾아 인정하고 격려하는 것이다. 인정과 격려가 힘이 있으려면 진정성이 있어야 한다. 이것이 바로 교사가 가진 특별한 기술이다.

3 강점을 어떻게 찾을 것인가

　그렇다면 강점을 어떻게 찾아줄 것인가? 한 가지 유념해야 할 일은 강점을 발견하여 계발시키는 과정에서 소위 '범생이'는 그리 문제가 되지 않는다는 점이다. 그들은 이미 스스로 준비되어 있고 시시때때로 교사에게 받는 긍정적인 피드백에 의해 자신감 넘치는 학교 생활을 하고 있기 때문이다. 물론 장기적으로는 범생이도 강점을 계속적으로 지지해 주는 일이 필요하다. 그렇다면 이제 남은 문제는 아무리 보아도 예뻐할 구석이 없고 미운 짓만 하는 학생들이다. 그동안 그들을 포기하지 않고 훈육이라는 이름으로 꾸중과 벌을 조절하면서 버릇을 고치려고 애써 왔던 방법을 어떻게 바꾸어야 하는가가 문제다. 여기서 요구되는 것이 바로 교사의 다음과 같은 패러다임 전환이다.

아이들에겐 누구나 강점이 있다는 것, 그 강점을 발견하기 위해서는 아무리 말썽을 많이 부리는 아이라도 교사가 긍정적인 마인드를 가지고 바라보아야 한다는 것, 그래서 아이가 중요한 타자라고 지각하는 이들에게 인정받는다는 확신이 생기면 강점을 스스로 계발시키는 분위기가 된다는 것 등을 기억해야 한다. 흔히 교사가 범하기 쉬운 오류 중 하나는 아이의 행동을 도덕적인 기준으로 판단하면서 '착한 아이와 나쁜 아이', '모범 아이와 불량 아이', '양부모가정과 결손가정'처럼 이분법적 사고로 바라보는 것이다. 아이의 강점을 발견하기 위해서는 이 모든 선입관에서 벗어나야 한다.

강점을 찾기 위해 다음과 같은 기본 원리를 기억해야 한다.

┃ 강점을 찾기 위한 기본 원리 ┃

- ○ 일반적 원리: 모든 아이에게 강점이 있음을 인정하자.
- ○ 문제 행동의 원리: 문제 행동 속에도 강점이 숨어 있음을 인정하자.
- ○ 순서 바꾸기의 원리: 문제 행동이 드러날 때 도덕적 접근보다 욕구 인정을 먼저 하자.
- ○ 인정의 원리: 강점은 인정받을 때 더욱 계발됨을 기억하자.
- ○ 발달 과업의 원리: 강점을 인정해 주면 아동기 발달 과업인 유능감을 획득하게 된다.
- ○ 다중지능의 원리: 다중지능의 관점에서 보면 강점을 찾아 주기가 쉬움을 기억하자.

때때로 교사는 수업 외적인 여러 가지 업무로 아이들에게 차분히 집중할 시간이 부족하다. 그래서 효율성이라는 미명하에 아이들을 획일적인 틀 속에 넣어 통제하려다가 스스로 지치고 소진되고 만다. 모든 교사가 아이들의 강점을 발견하는 데

눈을 크게 뜨고 새롭게 바라본다면, 아이들은 인정받았다는 기쁨에 신이 날 것이다. 그 다음엔 더욱 잘하려고 애쓰는 아이들의 모습이 사랑스러워 교사는 또 더욱 의욕이 생길 것이다. 이렇게 되면 교실 분위기는 그야말로 생명력이 넘치게 되지 않을까?

이 책의 많은 부분은 교사가 알고는 있으나 잠깐 놓치고 있던 내용과 방법을 다시 기억시켜 줌으로써 교사를 당황하게 하였던 아이들을 새롭게 사랑하도록 하는 방법으로의 전환에 초점을 맞추고 있다.

강점 전환의 대화 접근 예시

상 황	대 화
• 1교시가 시작되었는데 등교한 아이	• 늦었어도 포기하지 않고 온 네 선택을 칭찬하고 싶다.
• 실내에서 뛰는 아이	• 실내 규칙을 어길 만한 그 용기는 어디서 나왔을까?
• 싸우는 아이	• 넌 이기고 싶은 마음이 강하구나!
• 수업 중 떠드는 아이	• 내 설명보다 네 말하는 것이 더 급했던 모양이지?

일단 이렇게 말을 한 후 그가 어긴 규칙 내용이나 달라져야 할 행동에 대해 질문을 하도록 한다.

(질문 예시) 나는 네가 지금과는 다른 행동을 할 수 있으리라 믿는다. 다음번엔 어떻게 해 보겠니?

공부할 때
힘든 아이

03 숙제·준비물 안 챙기는 아이

04 아무것도 안 하는 아이

05 산만하고 충동적인 아이

06 지나치게 오래 걸리고 늦는 아이

07 성적에 심하게 신경 쓰는 아이

08 조별활동에 참여 안 하는 아이

09 수업 시간에 학원 숙제하는 아이

숙제·준비물 안 챙기는 아이

 ## 이런 녀석 꼭 있다!

대체 언제쯤 해 올래?

우리 반에는 유명한 '안 해요' 삼총사가 있다. 워낙 숙제나 준비물을 안 챙겨서 생긴 별명인데, 한 학기가 끝나가도록 이 별명에서 벗어날 생각을 안 한다.

혜경이는 '숙제'를 잘 안 해 온다. 학기 초에 예쁘장한 얼굴에 친구들도 잘 도와주고 선생님도 잘 도와줘서 일 년 동안 큰 도움이 될 줄 알았는데 이게 웬일인가? 마음씨는 너무 착한데 숙제나 준비물은 나 몰라라 한다. 따끔하게 혼을 내면 나아질까 해서 호되게 혼도 내 보았지만 닭똥 같은 눈물만 뚝뚝 떨어뜨릴 뿐, 다음 날에도 결과는 마찬가지다. 혜경이는 부모님이 모두 안 계셔서 할머니 밑에서 자라고 있다. 어린 삼 남매를 할머니 혼자 돌보시다 보니 아무래도 스스로 숙제나 준비물을 챙기는 습관을 길러 주시기에는 역부족이었나 보다.

민준이도 둘째가라면 서러워 할 '안 해요' 대장이다. 언제나 장난기 가득한 얼굴에 도무지 심각함이라곤 없는 녀석이다. 숙제나 준비물을 제대로 챙겨 온 날은 손에 꼽을 정도인데 혼을 내도 금방 활짝 웃으며 '헤헤'거린다. 처음에는 이 녀석이 선생님을 무시하나 싶어서 기분이 나빴는데, 이제는 원래 그런 녀석인 줄 아니까 기분도 안 나쁘다. 그런데 나는 선생님이니까 이해한다 해도 같은 조 아이들은 그게 쉽게

다음날

안 되나 보다. 조별로 분담을 해서 준비물을 가지고 오는 날이면 민준이네 조 아이들은 얼굴에 불만이 가득하다. 반면 여전히 웃고 있는 우리의 민준이! 어떻게 저렇게 미안해하지도 않고 있을 수 있을까? "다음엔 준비물 가져올 거지?"라고 물으면 고개까지 끄덕이며 "네에" 하고 시원스럽게 대답은 하지만 뒤돌아서면 머릿속에 이미 숙제며 준비물은 사라진 지 오래다.

지환이는 공부도 잘하고 똑똑한 편인데 숙제는 걸핏하면 빼먹는다. 똑똑하고 성실해 보이는 아이가 숙제는 허구한 날 안 해 오니 학교 숙제를 우습게 여기는 것 같아서 화가 난다. 왜 안 해 왔냐고 물으면 학원 핑계를 댄다. 학원 숙제가 많아서 못 하고, 학원 다녀와서 피곤해서 못 하고…… 어떤 때 들으면 그야말로 '핑계'라서 화가 나고, 어떤 때는 학원을 빙빙 도는 애가 안됐다는 생각도 든다. 그래도 그렇지 당연히 학교 숙제가 학원 숙제보다 중요한 건데 어떻게 이럴 수가 있을까? 나도 학원 선생님처럼 숙제 안 해 올 때 가차 없이 매를 들면 좀 더 나아질까?

이 녀석들이 언제쯤 '안 해요' 삼총사의 이름표를 떼고 성실하게 숙제와 준비물을 챙길 수 있을지 걱정이다.

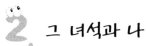

2. 그 녀석과 나

오늘 10명 넘게 숙제 안 해 왔으니까 단체 기합이야. 모두 앞으로 나란히!

이번엔 본때를 보여야지 안 되겠어. 숙제 안 한 사람 다 이리 나와! (소리치며 혼내고 한 시간 벌세웠다. 그런데 별 효과가 없다. 청소·벌점도 마찬가지다.)

남아서 숙제하고 가! (남겼더니 떠들고 장난쳐서 더 피곤하다.)

왜 안 가져왔어? 왜 안 해 왔어? 그게 이유야? 핑계지~ 벌써!

다른 친구들한테 가서 빌려와. 안 되면 옆 반이라도 가든가!

부모님께 알려야겠어. 알림장 가져와! (그러나 결국 달라진 건 아무것도 없었다.)

"당장 집에 가서 준비물 가져와!"라고 하고 싶지만 혹시나 사고라도 날까 봐 못 보낸다.

일단 오늘은 선생님 것 써! 다음에도 또 이러면 가만히 안 둔다. 어헛! "고맙습니다" 하고 인사해야지.

3. 그 녀석의 이유

대충 쓰는 알림장

의외로 알림장을 제대로 쓰지 않아 숙제를 놓치는 아이들이 많다. 저학년에서는 교사의 알림장 검사가 필수지만 고학년에서는 스스로 할 것으로 믿고 교사가 일일이 알림장 검사를 하지 않는 경우가 있다. 교사의 입장에서는 알림장을 쓰는 것이 너무나 당연한 일이지만, 아이의 입장에서는 귀찮을 수도 있고 알림장 공책을 안 가져와서 아예 안 쓸 수도 있다. 숙제를 안 하는 아이들은 먼저 전날 알림장부터 확인해 보자.

산만함

산만한 아이는 교사가 준비물에 대한 설명을 할 때 건성건성 듣고 엉뚱한 것을 가져오거나 아예 안 가져올 확률이 다른 아이들보다 더 높다. 책가방을 챙길 때도 알림장과 시간표를 대충 보니 한두 가지 빠뜨리는 것은 예사다.

바른 습관의 미형성

숙제를 하고 알림장을 보며 책가방을 챙기는 것은 1학년 때부터 익혀야 할 중요한 습관이다. 그러나 이것이 바르게 형성되어야 할 시기를 놓치면 뒤늦게 올바른 습관을 형성하는 것은 매우 어렵다.

○ 뭐든지 부모가 다 챙겨 줘서 혼자서 못함

○ 미리 준비물을 챙기지 않고 아침에 책가방 싸기

○ 준비물을 챙겨도 눈에 안 띄는 곳에 두어서 집에 놓고 오기

○ 숙제를 할 때나 책가방을 챙길 때 알림장과 시간표를 제대로 보지 않음

○ 먼저 놀고 나중에 숙제하기, "이따 해야지." 하고 미루기

○ 집에서 숙제를 해야 한다는 생각 자체가 머릿속에 없음

아이를 챙기기 어려운 학부모

맞벌이 부모는 열심히 번 돈으로 자녀를 학원에 보내지만, 알림장을 보고 꼼꼼히 챙겨 주거나 숙제를 봐 주기는 힘들다. 특히 학년이 올라가면 아이가 알아서 할 것이라 생각하여 말로만 "숙제했니? 준비물 챙겼어?"라고 물어본다. 특히 생계가 어렵거나 부모가 새벽까지 일하고 들어오는 경우에는 아이들이 알아서 식사까지 챙겨 먹을 때도 많기 때문에 살뜰한 보살핌을 받기 어렵다.

한부모가정이나 조손가정 역시 사정이 비슷하다. 최선을 다해 아이를 양육하려고 노력하지만 혼자 아이를 키우는 것이 어렵기 때문에 시간 활용이나 준비물 챙기기 등에 대한 바른 습관을 길러 주기 힘들다.

학원 순례로 피곤한 아이들

요즘 아이들은 방과 후에 학원을 여러 곳 다녀서 피곤하다. 학원 몇 군데 다녀오고 밥 먹고 TV 보면 금세 잘 시간이 된다. 그러니 숙제를 하거나 준비물을 미리 챙기는 게 귀찮고 버거울 수 있다. 졸린 눈을 비비며 12시까지 숙제를 하는 아이들은 칭찬받아 마땅하지만, 더불어 피곤해서 숙제를 못했다는

아이들에 대한 이해의 눈길도 필요하다.

가정 형편이 어려움

　아이들은 가정 형편이 어려워 준비물 구입에 어려움을 겪을 수도 있고, 단칸방 같은 비좁고 정리되지 못한 환경 속에 살면서 어느 물건이 어디 있는지 잘 몰라 못 챙길 수도 있다.

　가정 형편이 어려우면 가족 간에 관계의 어려움(예, 부모 간의 불화)이 있는 경우도 종종 생긴다. 이런 경우 아이는 매사에 의욕이 없이 생활하거나 공격적인 성향을 보일 수 있는데, 이것이 기초 습관인 숙제하기, 준비물 챙기기에도 영향을 미친다.

공부할 때 힘든 아이

어렵고 많은 숙제

　때로는 숙제가 아이들이 하기 어려울 만큼 양이 많거나 어려워서 못 해 올 수 있다. 또, 이해력이 낮아 설명을 해 주어도 못 알아들어 숙제를 못 해 온다. 누적된 학업 결손 등의 이유로 혼자 해결하기 어려워 결국 못 해 오게 되는 것이다. 이런 아이들은 학교에 남겨서 못한 숙제를 하게 해도 결국 교사나 친구의 도움이 없으면 시간만 때우고 있기 십상이다.

숙제와 준비물을 안 챙기는 이유 – 혹시 책임감이 없어서일까?

책임의 기본은 자신의 일을 성실히 하는 것이다. 숙제, 준비물을 안 챙기는 것도 책임감과 연관이 있다.

책임감 결핍 아동의 특징

○ 일을 자발적으로 하려 하지 않고 맡겨진 일을 하지 않는다.
○ 해야 할 일과 해서는 안 되는 일의 기준이 모호하다.
○ 책임을 회피하려고 변명, 핑계, 자기합리화를 한다.
○ 혼자서 일을 다 끝내지 못하거나 결과가 나빠도 책임지려 하지 않는다.
○ 자신감이 없기 때문에 여러 사람과 함께 일하는 것을 피하기도 한다.

아이의 책임감 결핍 원인

○ 부모의 과잉보호로 책임감을 배우지 못했다.
○ 자신감이 없어서 혼자 하는 일을 피하기 때문이다.
○ 부주의와 게으름으로 맡은 일을 잊어버린다.
○ 이기적이어서 남을 배려하지 못한다.
○ 주위 사람들에게 자신의 잘못을 변명, 핑계, 합리화하는 것을 배웠다.

출처: 강경미(2006). 아동행동수정. pp. 240-241.

쌤! 이렇게도 해 봐요

 안경 바꿔 쓰기

아이에 대한 기대 수준 낮추기

'기대가 클수록 실망도 크다.'는 말이 있는데, 이 말은 아이들에게도 역시 적용된다. 숙제나 준비물을 안 챙기는 아이에게 다양한 해결 방법을 동원하고 나서 '이번엔 해 왔을지도 몰라.' 하고 기대해 보지만, 아이가 보란 듯이 안 해 오는 경우가 종종 생긴다. 지금까지 쭉 그렇게 생활하였는데 몇 개월의 노력으로 아이가 쉽게 달라지는 것은 사실 기적과도 같은 일이다. 아이에 대한 기대 수준을 낮춰야 아이도, 교사도 행복한 학교 생활을 할 수 있다.

상황의 재정의

숙제를 안 해 오는 아이를 혼내는 것도 필요하지만, 해 온 아이를 칭찬하는 것도 혼내는 것 이상의 효과를 낼 수 있다. 많은 교실에서는 숙제를 해 오거나 준비물을 가져오는 것이 당연하기 때문에 안 해 온 아이들에게는 혼을 내지만, 해 온 아이들을 굳이 따로 칭찬하지는 않는다. 그러나 사실 기특하지 않은가? 아이들을 어른이라고 가정해 보면, 그들도 아침부터 저녁까지 학교와 학원에서 쉴 새 없이 일한다(심지어 8시간 이상). 그것도 근무지를 옮겨 가며 말이다. 한창 자랄 나이에 학원 앞 떡볶이와 어묵으로 주린 배를 채우고 열심히 일한다. 이런 상황에서 집에 와서 숙제까지 하는 아이들은 칭찬받아야 마땅하다. 매번 칭찬하는 것이 힘들다면 마음이라도 먼저 바꿔 보자. 바로 아이들을 바라보는 눈이 달라질 것이다.

| 년 왜 만날 그러니? | ➡ | 해 오는 게 기특해. |

웬만하면 숙제 내지 않기

많은 숙제는 교사와 아이들 모두에게 부담이다. 굳이 집에서 하지 않아도 되는 것은 가급적 학교에서 하게 한다. 5분만 투자하면 할 수 있는 것이 의외로 많다. 그리고 숙제를 낸 것에 대해서는 철저히 검사하여 아이들이 해 올 수 있도록 지도한다.

> *(중요예시)* ○ 낱말 뜻 조사: 학교에서 사전을 가지고 아침 자습으로 하기(요즘에는 교과서 수록 낱말을 위주로 나온 사전들도 많다.)
> ○ 사회 자료 조사: 학교 컴퓨터 시간에 하기

주말에 숙제 내지 않기

반드시 주말이 아니면 안 되는 숙제를 제외하고는 주말에는 가급적 숙제를 내지 않는다. 아이들에게 있어 주말은 학교 및 학원에서 해방되는 날이다. 그래서 그런지 아이들 스스로 숙제로부터 해방되어 소홀히 하는 경우가 많다. 또 가족 모임 등이 있어 숙제를 할 수 없는 사정이 생기기도 한다. 주말에 숙제를 내 주면 아이에게도 부담이고 해 오지 않은 아이들을 닦달하는 교사도 부담스럽다. 차라리 숙제를 내지 않는 것이 모두가 행복할 수 있는 방법이다.

학습 준비물 신경 쓰기

최근엔 학습 준비물 예산이 별도로 책정되어 있어서 학부모들의 경제적 부담이 많이 줄어들었다. 교육과정을 꼼꼼히 분석해서 어떤 준비물이 언제 필요할지 미리 챙김으로써 아이들이나 학부모의 학습 준비물에 대한 부담을 덜어주는 일 또한 교사가 해야 할 일이다.

함께 세우기

알림장 쓰기와 지도

고학년 알림장도 매일 검사하기
알림장을 체크할 수 있도록 써 주고 검사하기
① 번호 앞에 ○를 넣어 체크하며 챙기는 것이 습관화되도록 하기

✓ 1. 색한지 12색 1묶음, 가위, 풀(미 15~16쪽)
✓ 2. 계절 관련 단어 10개 종합장에 써 오기(사 43~44쪽)

② 숙제를 하거나 챙긴 것은 아래에 밑줄 그어 오기

1. 미술 준비물: 색한지 12색 1묶음, 가위, 풀(미 15~16쪽)
2. 계절 관련 단어 10개 종합장에 써 오기(사 43~44쪽)

알림장을 구체적으로 써 주기
① 교과서에 나와 있는 준비물의 경우 옆에 과목명·쪽수 적기
② 사이즈나 색깔이 다양하면 반드시 설명 써 주기

미술 25쪽: 띠 골판지, 목공용 풀, 눈알(지름 1cm)

조별 준비물을 잘 안 가져오는 아이에게는 준비하기 쉬운 것으로 배정하기
조별로 나누어 준비물을 가져와야 하는 경우 비용과 부피 면에서 서로 비슷하게
가져오도록 나누어 알림장에 써 준다. 준비물을 잘 안 가져오는 아이가 조에 있을

경우 가급적 그 아이가 가장 가져오기 쉬운 준비물을 가져오도록 지도한다.

준비할 시간이 필요한 숙제나 준비물은 여유를 두고 미리 알려 주기

예 ○ 1. 재활용품 모으기(미술 30쪽, 다음 주 금요일까지)

알림장에 대해 설명한 후 질문을 받아 아이들이 궁금해하는 것에 답해 주기

검사하기

숙제나 준비물을 내 주었다면 반드시 검사를 해야 한다. 그러나 각종 행사와 진도에 쫓기다 보면 지나칠 때가 있다. 부담은 줄이면서도 검사의 효과를 높이는 방법은 어떤 것이 있을지 생각해 보자.

내용 확인은 교사가, 체크는 역할을 분담하여 하기

일차로 교사가 내용 검사를 한 다음, 아이들에게 도장을 찍거나 체크하는 것을 맡긴다. 조별 역할 분담이나 부서(예: 학습부)에게 맡기면, 맡은 아이들도 책임 있게 하고 검사에 걸리는 시간도 줄어든다.

릴레이 빨간펜

수학익힘책을 채점할 때 짝끼리 하게 하면 중구난방이 되기 쉽다. 그러므로 먼저 문제풀이를 끝낸 아이가 교사에게 나와 채점을 받는다. 틀린 것이 없으면 교사는 빨간 색연필(일명 빨간펜)을 아이에게 넘긴다. 아이는 다음 아이들을 채점하다가 다 맞은 아이가 나오면 빨간펜을 넘기며 릴레이로 진행한다. 기다리는 줄이 너무 길어지면 빨간펜을 여러 명에게 줄 수도 있다. 빨간펜을 가진 아이가 채

점하는 것을 짐으로 느끼지 않도록 칭찬이나 상점으로 격려해 주는 것도 좋다.

별 도장 찍어 주기

별 도장 개수로 숙제를 평가하는 것은 아이들에게 매우 효과적인 방법이다. 말이나 문장으로 피드백을 해 주지 않아도 명확하게 검사가 되며, 숙제를 해 온 아이에게 칭찬을 해 주는 효과도 있다. 나중에 수행평가 자료로 활용할 수도 있다.

걷은 과제물은 조별로 모아서 올려 두기

창가와 같은 교실의 자투리 공간에 조별로 과제물을 모아 두면 수업 중 아이들이 다른 과제를 하고 있을 때 오며 가며 검사를 할 수도 있고, 안 한 아이를 파악하기도 쉽다.

자기 평가 또는 상호 평가하기

숙제한 내용을 발표시키거나 조별로 살펴보게 한 다음 자기 평가나 상호 평가를 하게 한다. 아이들은 스스로 평가하는 과정을 통해 과제를 해결하는 더 좋은 방법을 찾고 배우게 된다. 별 도장 개수를 아이들이 정하여 찍을 수도 있고, 글로 피드백을 남길 수도 있다.

학급 약속 정하기

숙제나 준비물과 관련한 학급의 약속을 정해 놓는 것은 매번 빼먹는 아이들뿐 아니라 모든 학급 아이들이 성실히 숙제나 준비물을 챙기는 데 도움이 된다. 학급의 약속 안에는 보상과 처벌이 함께 포함되면 좋다.

 ○ 숙제를 해 오면 개인별 상점 주기
○ 숙제를 30명 이상 해 오면 우리 반 칭찬 온도계 올리기
○ 숙제 안 함 스티커가 5장이 되면 '약속합니다' 종이에 부모님 사인 받아 오기
○ 다음 날까지 안 해 오면 남아서 숙제하고 가기

재미있고 쉬운 숙제, 구체적인 숙제 내기

재미있는 숙제는 숙제에 대한 거부감이 생기지 않게 해 주고, 아이의 수준에 맞는 숙제는 숙제가 어려워서 못하던 아이에게 성취감을 주어 숙제하는 재미를 느끼게 할 수 있다. 같은 숙제라도 어떻게 내 줄지 다시 한 번 생각해 보자.

 ○ 사회 1단원 정리하기 → 사회 1단원 마인드맵으로 정리하기(마인드맵으로 정리를 하면 아이들이 훨씬 쉽게 접근할 수 있다.)
○ 주말 숙제 → 4가지 중 골라서 해 오기
  - 부모님께 커피 타서 드리기   - 동네 산책하기
  - 줄넘기 100번 하기   - 방 청소하기

더불어 숙제는 구체적으로 제시되어야 한다. 과제의 형식, 제출 마감일, 어디에 어떻게 해야 하는지 등을 자세히 설명해 주면 숙제에 대한 부담은 줄어든다. 제출 마감일은 합리적으로 정하되, 가급적 예외가 없어야 아이들이 계획을 세워 과제를 할 수 있고, 시간을 지켜 제출할 수 있다.

기본 준비물 알려 주기

모든 준비물은 기본에서 출발한다. 준비물을 안 가져오는 아이는 평소에 필요한 것부터 잘 챙기지 못한다. 따라서 기초적인 것을 학년 초에 다시 한 번 짚어서 설명해 주는 것이 도움이 된다.

각 교과별로 준비해야 할 교과서 및 보조 공책 안내
특히 3학년이 되면 새로운 교과서가 여러 권 생겨서 아이들이 혼란스러워하므로 교과서나 보조 공책을 준비해 오는 것을 설명한다.

항상 사물함에 있어야 하는 준비물(주로 수업에서 자주 쓰는 것) 안내

교사마다 다르지만, 예를 들면 자, 가위, 풀, 색연필, 사인펜 등을 사물함에 구비하여 두라고 이야기해 준다.

이름표 붙이기

모든 학용품에는 이름을 쓰되, 실로폰, 실내화 주머니 등 타인의 눈에 띄기 쉬운 곳에는 쓰지 않도록 한다(유괴 예방).

 그 녀석과 둘이서

알림장 확인하기

아이가 알림장을 제대로 썼는지 살펴보고, 제대로 안 썼다면 우선 알림장 쓰기부터 다시 지도해야 한다. 매일매일 알림장을 쓰고 교사에게 검사를 받은 후 집에서 부모 확인을 받고 다음 날 아침에 교사가 부모님의 확인을 검사하는 식의 검사 방법이 효과적이다.

바르게 꾸중하기

숙제나 준비물 때문에 특별한 주의가 필요한 경우 문제 행동에 대해서만 짧고 확실하게 꾸중한다. 다른 부분을 들추어 이야기하거나 '넌 가망이 없다.'는 식의 인신공격은 아이의 마음에 상처를 줄 뿐 행동 변화에는 도움이 되지 않는다.

남겨서 숙제하기

숙제를 안 해 오면 남기는 것도 좋지만 숙제를 내 준 날 남아서 하게 하는 것도 좋다. 숙제를 안 해서 남는 아이가 되는 것보다는 미리 숙제를 하는 아이가 되는 것이 더 긍정적이기 때문이다. 아이를 교실에 남길 때는 사전에 부모의 동의를 구한다. 주의를 집중할 수 있도록 교실 분위기를 조성하고, 숙제를 마치면 적절한 칭찬으로 아이를 격려한다.

아이와 대화하기

대부분의 교사는 아이가 숙제를 안 해 오면 "왜 안 해 왔니?" 하고 묻는다. 그런데 매번 안 해 오는 아이는 좀 더 심도 깊은 대화가 필요하다.

다음과 같은 단계적인 대화 구조가 도움이 될 수 있다.

단 계	대화 내용	예
1	숙제를 할 마음이 있는지 확인	- 숙제를 해야 한다고 생각하니? - 숙제를 하면 뭐가 좋을 것 같니?
2	숙제하기 어려운 이유 알아보기	- 숙제를 못 해 오는 이유가 뭐니? - 그 문제가 해결되면 숙제를 할 수 있을 것 같니?
3	해결 방법 찾아보기	- 어떻게 하면 알림장을 잘 볼 수 있을까? - 체크리스트를 같이 만들어 볼까?
4	구체적인 실천 계획 세우기	- 휴대전화 알람이 울리면 10을 세기 전까지 알림장을 편다. - 알림장은 소리 내어 읽는다. - 숙제는 1시간 안에 끝낸다. - 체크리스트에 표시한다.
5	실천하기	- 선생님과 함께 세운 계획 기억하지?
6	점검하기	- 어제 세운 계획은 잘 지켜졌니? 체크리스트를 같이 볼까?

서로 간의 약속에 따라 할 일이 정해지면 그것을 지켜야겠다는 동기 유발이 수월하며, 지키지 않았을 때의 처벌도 더 효과가 높다. 대화를 하며 아이에 대한 호감과

기대를 표현해 주면 아이는 내색하지 않아도 매우 좋아한다. 이것은 교사에 대한 호감으로 이어질 수 있으며, 아이가 행동을 바꾸는 계기가 된다.

체크리스트 만들기

앞의 대화 과정을 통하여 체크리스트를 함께 만들어 매일 표시하게 하고 그것에 대해 보상해 주면 좀 더 쉽게 아이의 바람직한 습관을 만들어 갈 수 있다.

숙제를 하기 위해 내가 할 일	실천 체크		
	☺	보통	☹
숙제는 한 시간 안에 마친다.			
숙제를 끝내자마자 학교 가방에 넣는다.			
숙제는 한 번에 한 가지씩 한다.			
오늘의 숙제:			

칭찬하기(적절한 보상)

숙제를 잘 안 해 오는 아이가 숙제를 해 왔다면 반 아이들 앞에서 칭찬을 해 준다. 말로 해도 좋고 모둠이나 그 아이에게 상점을 주는 방법도 괜찮다. '네가 웬일이니?'처럼 빈정거리는 말투보다 '행동이 달라지는 건 쉬운 일이 아닌데 기특하다.'라는 내용이면 된다.

알림장에 잘한 것을 칭찬하여 써 주고 부모의 확인을 받게 하는 것도 효과적이다. 이렇게 하면 글로 남아 아이의 뇌리 속에 기억될 뿐만 아니라 부모의 칭찬까지 들을 수 있어 일석이조다.

> 💬 **예기** 지훈이 부모님! 지훈이가 사회 조사 숙제를 꼼꼼하게 해 왔습니다. 열심히 노력한 지훈이에게 큰 칭찬 부탁드립니다.
>
> 담임 교사 드림

빌려 쓰게 하기

요즘 아이들은 친구에게 연필 한 자루를 빌리는 것도 어려워한다. 준비물이 없다고 무조건 빌리는 것도 나쁘지만, 아무것도 없이 수업 시간을 보내는 것도 바람직하지 않다. 자주 준비물을 잊고 오는 경우가 아니라면 빌려 달라고 말하여 친구의 도움을 받는 경험도 필요하다. 여분의 준비물을 챙겨 오는 아동이 있다면 아이의 동의 하에 준비물을 나눠 쓰게 할 수 있다.

하지만 이것이 습관화되면 더욱더 준비물을 안 챙길 수 있으므로 주의가 필요하다.

부모의 역할을 구체적으로 제시하기(알림장 편지)

숙제나 준비물 때문에 알림장에 '귀댁의 자녀가 ○○을(를) 제대로 안 해 오니 가정에서 지도해 주시기 바랍니다.'라는 내용을 쓰고 부모의 확인을 받아 오게 하는 것은 흔히 볼 수 있다. 그런데 이 방법은 지속적인 문제 해결에 별 도움이 되지 않는다. 자녀 지도를 부탁하는 두루뭉술한 말보다는 '알림장을 매일 확인하시고 확인 도장을 찍어 주세요.' '숙제의 끝 부분에 부모님의 확인 도장을 찍어 주세요.'처럼 구체적으로 적는 것이 더 효과적이다.

문자 메시지 활용하기

번거롭지만 문자 메시지를 활용하여 학부모에게 숙제나 준비물을 알려 주는 것도 한 방법이다. 반에서 숙제나 준비물에 매우 소홀한 아이는 소수이기 때문에 실천하기에 전혀 불가능한 방법은 아니다. 이 방법은 부모와의 협의를 거쳐 인간적인 신뢰를 쌓은 후에 실시하는 것이 좋으며, 부모의 관리하에 아이가 직접 숙제나 준비물을 챙겨야 한다는 것을 주지시켜야 한다. 학교 알리미 서비스 등을 이용하면 인터넷으로 편하게 문자를 보낼 수 있다. 간혹 교사가 학부모에게 보낸 문자를 아동이 스팸 처리하는 경우도 있으므로 학부모로부터 지속적으로 응답이 없을 경우에는 전화로 확인하는 것이 좋다.

실망하지 않기

부모와 협력하여 효과가 있다면 다행이지만 큰 효과가 없더라도 실망하지 마라. 아이의 문제는 가정에서 먼저 시작되는데, 효과가 없는 것은 어찌 보면 당연한 일이다. 아이 한 명 바꾸는 것도 어려운데, 어떻게 다 큰 어른을 바꾸어 하루 아침에 준비물을 잘 챙겨 주도록 할 수 있겠는가?

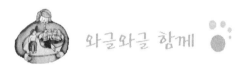

재미있는 숙제하기

주말이나 어버이날 등을 이용하여 재미있는 숙제를 내 주고 부모의 확인을 받아 오게 한다. 활동 중심의 숙제라면 아이는 편안하고 즐겁게 숙제를 하게 되고 부모의 반응도 좋게 나온다. 내용은 아이의 인성 지도, 건강 증진, 가족의 화목 등을 위한 것들이 무난하다([활동지 3-1] 참조).

새로운 알림장 쓰기

알림장은 예나 지금이나 변화가 없다. 알림장을 학습 정리와 아이의 생활 관리 도구로 사용하는 것은 어떨까? [활동지 3-2]를 참고하여 새롭게 알림장을 써 보자. 알림장 한 장으로 생활지도도 하고 학습 습관도 기를 수 있어 매우 유용하다. 미리 학습지를 복사해 놓고 사용하며, 매일 바뀌는 알림장 내용은 교사가 인쇄하여 나눠 주거나 아이가 직접 쓴다([활동지 3-2] 참조).

체크리스트

아이와 함께 체크리스트를 만들 때는 다음과 같은 점에 유의한다([활동지 3-3] 참조).

- 체크리스트를 만드는 목적이 무엇인가?
- 체크리스트 항목은 구체적으로 실천 가능한 것인가?
- 각 항목은 목적에 적합하게 만들어졌는가?
- 체크리스트의 내용을 실천하였을 때 얻는 이익은 무엇인가?
- 체크리스트의 내용을 실천하지 못하였을 때 받는 불이익은 무엇인가?

가정통신문 관련 지도 방법

① 가정통신문의 중요성 알려 주기

가정통신문은 교사 또는 학교가 부모에게 보내는 편지다. 가정통신문을 집에 제대로 전달하지 않으면, 부모는 자녀의 보호자로서 당연히 알아야 할 사실을 알지 못하고 지나가게 되고, 이것은 부모에게 거짓말하는 것과 같다. 우체부는 편지를 배달할 때 그것을 배달할지 그렇지 않을지를 고민하지 않는다. 그저 묵묵하게 배달만 할 뿐이다.

② 가정통신문을 나누어 주었음을 알림장에 써 주기

'급식 안내 가정통신문'과 같이 내용을 구체적으로 알림장에 써야 '선생님이 안 주셨어요.'라는 아이들의 거짓말과 학부모의 오해를 피할 수 있다. 각종 신청서의 경우 아이 본인에게 피해가 갈 수 있기 때문에 더욱 잘 전한다.

③ 밑줄 그으며 함께 읽기

중요한 내용은 형광펜으로 밑줄을 그으며 아이들과 함께 읽으면 내용 파악과 전달이 쉬워진다.

④ 가정통신문 모으기

투명 파일 등에 가정통신문을 받자마자 무조건 끼워 넣게 한다. 이 파일을 매일 가지고 다니면 부모의 확인도 쉬워지고, 잃어버릴 염려도 줄어든다. 봉투 같은 것을 알림장 앞이나 뒷면에 붙이는 것도 좋은 방법이다.

⑤ 부모 확인 받는 종이 붙여 주기

아동 확인	부모님 확인

반드시 부모가 확인해야 하는 가정통신은 따로 부모의 서명을 받을 수 있도록 작은 종이를 나누어 주어 알림장에 붙여 서명을 받아 오게 한다. 예를 들어, 1, 4학년에 실시하는 병원 건강검진은 결과표가 학교로 오게 되어 있다. 이 경우 아이가 받았다고 서명하고 집에서 부모도 서명을 하도록 해서 확실히 전달되도록 한다.

  공부할 때 힘든 아이

재미있는 숙제

학년   반   이름:

순서	재미있는 숙제	날짜	가족확인	순서	재미있는 숙제	날짜	가족확인
1	가족에게 선생님 이야기하기			24	봉숭아 꽃 물들이기		
2	내가 선생님이라면 BEST 3			25	성공 경험 10개 쓰기		
3	가족 앨범 꾸미기			26	거울 보고 자화상 그리기		
4	가족의 발 씻겨 주기			27	내 신발 직접 빨기		
5	가족과 함께 노래방 가기			28	나에게 가장 소중한 것 쓰기		
6	부모님과 함께 오락하기			29	내가 사랑하는 분과 그 이유 쓰기		
7	우리 집의 자랑거리 쓰기			30	타임캡슐에 넣을 나의 보물 3가지		
8	가족에게 차 대접하기			31	집안 청소 도와드리기		
9	부모님 팔다리 주물러 드리기			32	내 방 정리하기		
10	부모님 직장에 가 보기			33	산이나 들판에서 소리 지르기		
11	나와 부모님의 닮은 점 찾기			34	두 시간 동안 밖에서 뛰어 놀기		
12	가족 별명 짓고 이유 쓰기			35	카드 만들기		
13	가족과 함께 음식 만들기			36	친구와 영화 관람하기		
14	가족에게 부탁하고 싶은 것 쓰기			37	친구들과 편지 이어쓰기		
15	가훈 알기			38	친구의 장점 쓰기(5명 이상)		
16	우리 가족의 소원 알기			39	친구에게 주는 우정 카드 만들기		
17	목욕탕에서 부모님 등 밀어 드리기			40	네 컷 만화 일기 쓰기		
18	가족과 함께 산책하기			41	별자리 3가지 이상 찾아 그리기		
19	부모님이 나에게 편지 쓰기			42	뉴스 보고 생각 쓰기		
20	나의 좋은 버릇과 나쁜 버릇 알기			43	노래 가사 바꾸기		
21	나의 태몽 조사하기			44	미술 전람회 보고 느낌 쓰기		
22	나의 꿈 쓰기			45	동화책 작가에게 편지쓰기		
23	영화 보고 감상문 쓰기			46			

오늘도 뿌듯한 하루 !

학년   반   이름:

● 알림장 쓰기   (   )월 (   )일

선생님 확인 :

● 오늘의 나의 하루는?

책 제목		읽은 시간	
한 줄 느낌			
즐거웠던 일			
오늘의 반성			
오늘의 감사			
나를 칭찬합니다			확 인
오늘의 과제		✓ 완료 - 연기 × 취소 ● 진행 중	

실천해 봅시다

학년   반   이름:

● 체크리스트를 만드는 목적을 쓰시오.

● 구체적으로 실천 가능한 것인지 생각하며 체크리스트를 만들어 봅시다.

	월	화	수	목	금	토
실천했을 때 얻는 이익						
실천하지 못했을 때 생기는 불이익						

(지키면 ○, 못 지키면 ☆)

아무것도 안 하는 아이

 이런 녀석 꼭 있다!

아무것도 하기 싫어요

방학이 가까우니 아이들이 들떠서 수업 시간이 지루한 듯 집중을 하지 않는다. 겨우 분위기를 잡고 진지하게 남은 수업을 진행하려는데, 아이들은 슬슬 농담을 걸면서 대충 시간이 끝나기만을 바라는 분위기다.

이런 분위기는 고학년일수록 더 심한데, 그 속에서도 전혀 아무 반응이 없는 순희가 눈에 띈다.

"자, 얘들아, 그럼 우리 재미있는 게임할까?"

분위기를 전환시키려고 편을 나누어 게임을 진행하는데, 순희는 아무리 재미있는 활동을 해도 반응이 없다. 그런데 순희는 게임시간에만 그런 것이 아니다. 생각해 보니 순희가 주어진 활동에 참여하는 것을 하루 종일 못 보았고, 자신의 의견을 내는 목소리도 들은 적이 없다.

다른 아이들은 끼리끼리 모여서 재미있는 시간을 보내는데, 순희는 아이들과도 전혀 어울리지 않고 모든 학습 활동에도 무관심, 무반응이다. 체육 시간에도 그런 분위기로 지내고, 음악 시간에는 노래도 안 부른다.

아무것도 안 하는 순희는 왜 그런 것일까?

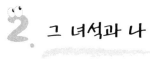
2. 그 녀석과 나

오늘 어디가 아픈가?
순희야. 너 어디 아파?

애들아.
순희도 좀 끼워 줘라.
모두가 참여하는 팀에게
부가점수를 줄 거야.

요즘 소아우울증을 겪는
아이들이 늘어 간다는데.
혹시 순희가 그런가?

순희는 정말 아무것도
할 수 있는 일이 없나 보다.
어쩌다 이렇게 자신감도
의욕도 없는 아이가
되었을까?

3. 그 녀석의 이유

심신이 건강한 아이는 주변에 대한 관심과 사물에 대한 호기심이 자연스럽게 발달되어 새로운 학습 내용을 배우거나 활동을 할 때 적절한 반응을 보이는 것이 일반적이다. 그러나 마치 세상을 다 살았다는 듯한 표정으로 무반응을 보이는 아이들이 있다. 이런 아이들을 보면 안타깝다 못해 참 답답하다. 이런 아이들이 보내는 메시지는 뭘까? "난 아무것도 하기 싫어요!"라고 보내는 신호! 뭔가 특별한 이유가 있는 것이 아닐까?

재미가 없어요

요즘 아이들은 워낙 자극적인 영상물에 익숙해져 있어서 웬만큼 재미있지 않으면 집중을 하지 않는다. 그러나 매시간 그렇게 재미있게 할 수는 없지 않은가? 아무것도 안 하는 아이들을 보면 '내가 얼마나 더 재미있게 해 주어야 반응을 할까?' 하는 생각이 든다. '재미가 없으면 난 아무리 새로운 내용이라도 관심이 없으니 재미있게 가르쳐 주세요.' 이런 반응을 보이는 아이들도 있다.

이해가 안 돼요

인지 발달 수준에 문제가 있는 아이도 있다. 이런 아이는 개별지도를 해야 할지 아니면 스스로 터득할 때까지 기다려야 할지 숙고할 필요가 있다. 계속 멍하니 있으면 열심히 참여하는 다른 아이와 비교가 되므로 그때마다 안 좋은 피드백을 주게 되고, 이런 행동이 반복되면 부정적인 자아 개념을 형성하게 될 우려가 있다. '다른 아이들이 모두 이해를 잘하는 것이 부럽고 내 자신이 답답해요.'라고 보내는 신호일 수도 있다.

가정에 갑작스런 문제가 발생한 경우

가정에 안 좋은 문제가 발생하였을 수 있다. 아이가 등교하기 전에 부모가 심한 언쟁을 주고받았다면 그것에 신경이 쓰여 하루 종일 우울하게 지낸다. 아이는 부모가 싸우는 것만으로도 온갖 상상을 하게 되고 등교한 후에도 그 장면을 생각하며 걱정을 한다. 따라서 교사의 설명에 관심을 쏟을 수도 없다. '혹시 집에 가면 엄마가 집을 나가지 않았을까.' 하는 걱정으로 하루 종일 불안하거나 우울하게 지낸다.

순간적인 기분에 좌우되는 아이

감정 기복이 지나치게 심한 아이들이 있다. 친구와 깨가 쏟아질 정도로 재미있게 놀다가도 금방 새침해져서 기분 나쁘다며 아무것도 하지 않는 아이들은 주위 사람을 종종 애먹인다. 아무리 달래도 기분 전환을 하지 않고 고집을 부리면서 협조를 하지 않는다. 이런 아이는 제풀에 풀어져서 슬쩍 학습 활동에 참여할 때까지 기다려 볼 수밖에 없다. 또는 소아우울증을 겪고 있는 아이일 수도 있다. 주의 깊은 관찰을 통해 전문가의 도움이 필요한지 파악해야 한다.

* 소아우울증에 관해서는 '13. 학교가 불안한 아이' 참조

학습된 무기력(learned helplessness)

학습된 무기력이란 말 그대로 무기력한 증상이 학습에 의해서 형성된 것이란 말이다. 아이의 내부에 잠재된 능력이 충분히 있음에도 불구하고 그 능력을 발휘하지 못하고 거듭해서 실패를 경험하는 아이들이 있다. 이것이 거듭되면 자신은 아무것도 할 수 없는 무능력한 사람이라는 부정적인 자아 개념을 형성하게 된다. 이렇게 되면 학교 생활의 모든 장면에서 의욕을 보이지 않고 소극적일 뿐 아니라 시도도 하지 않고 포기하게 된다.

반항행동을 하는 경우

간혹 기분상의 이유로 마땅히 해야 하는 학습 행동을 하지 않고 반항하는 경우도 있다. 주로 고학년에서 볼 수 있는 행동이지만 요즘은 저·중학년 구분 없이 이런 행동을 하는 아이들이 교실마다 심심치 않게 보인다. 교사의 권위가 유지될 때는 억지로라도 학습 행동을 하지만 자기 기분이 나쁘면 주위에서 아무리 달래고 타일러도 꿈쩍 않는다. 교실 내에서 교사의 권위도 인정하지 않고 막무가내로 제 기분에 따라 행동하는 아이들이다.

학습된 무기력

학습된 무기력은 Seligman과 Maier(1967)가 학교에 들어온 아이가 점차 학습에 흥미를 잃어 가고 실패를 거듭하다 결국 무기력 증세를 보이는 현상을 연구하면서 명명한 것이다.

이런 아이들이 학습 활동에서 아예 시도조차 하지 않으려는 것은 시도하였다가 실패하게 될 것을 미리 두려워하기 때문이다.

무기력한 아동이 실패 상황에 직면하게 되면, 아이는 그것을 자신의 능력이 보잘것없기 때문이라고 여기며 자신감을 잃고 주변 환경을 통제할 수 없다고 미리 판단해 버린다. 이에 따라 후속 수행을 점점 악화시킬 수 있다.

다음의 내용들은 학습된 무기력을 진단해 볼 수 있는 행동 특성들이다.

- 시도도 안 해 보고 "난 할 수 없어."라고 말한다.
- 교사의 지시에 집중하지 않고 주의를 기울이지 않는다.
- 도움이 필요할 때 도움을 요청하지 않는다.
- 창밖을 아무 생각 없이 응시하거나 아무 활동도 하지 않는다.
- 성공엔 관심도 없고, 작은 성취를 한 결과에 대해 자부심을 보이지 않는다.
- 지루해하고 무관심한 것처럼 보인다.
- 좀 더 노력하라는 교사의 충고를 못 들은 척한다.
- 쉽게 좌절한다.
- 교사의 질문에 자발적으로 대답하지 않는다.
- 교우관계가 원만하지 못하다.

출처: Doborah Stipek 저. 전성연·최병연 공역(1999). 학습동기. 재구성.

쌤! 이렇게도 해 봐요

 안경 바꿔 쓰기

좌석 배치 바꿔 보기

아무것도 안 하는 아이의 바로 옆에 명랑하면서도 다른 사람의 기분을 잘 살피고 배려를 잘하는 아이를 앉힌다. 수업 중이나 다른 활동을 할 때 그 아이를 항상 염두에 두고 모든 활동을 같이 하도록 일러두면 혼자 아무런 활동도 안 하고 외톨이로 남는 상황을 예방할 수 있다.

다양한 활동을 계획하거나 책임 맡기기

한자리에서만 가만히 앉아 있는 수업이 아니라 자리를 바꾸는 수업을 계획한다. 이때 그 아이에게는 구체적인 역할을 주어 책임을 맡긴다. 예를 들면, 자료를 돌리게 하거나 책을 치우고 정리하도록 하는 등의 교실 내에서 일정한 활동을 주는 것이다. 이러한 활동은 그 아이의 한곳에만 앉아 있는 고정 역할에 변화를 주어 아이로 하여금 자신의 역할을 의식하고 주의를 집중하며 활동을 하도록 유도하기 위함이다.

수업 시작 전에 아이의 주목 이끌어 내기

수업이 시작되기 전에 그 아이와 눈을 맞추고 의미 있는 눈길을 보낸다. 때로는 손짓이나 가벼운 신체 접촉, 고개 끄덕임 등이 아이의 주의를 이끌어 내는 데 도움이 된다. "○○아, 지금 ~ 할 시간이 되었지? 이제 그동안 하던 것을 정리하고 ~ 하도록 하자, 할 수 있지?"라고 말하여, 그 아이에게 관심을 가지고 있고 행동의 변화를 기다리고 있다는 신호를 보낸다.

과제의 양을 잘게 쪼개어 수행 단위 줄여 주기

과제가 너무 많으면 끝까지 수행하지 못하고 중간에 포기하게 되며, 이것이 누적되면 심리적으로 좋지 않은 결과를 남기게 된다. 아이들이 오랫동안 한자리에 앉아서 스스로 학습하기를 기대하는 것은 무리다. 과제를 작은 단위로 쪼개어 주고, 적은 양을 수행했을 때 확실하게 인정을 해 줌으로써 점점 자신감을 길러 가고 효능감을 키우도록 해 주어야 한다.

교사: 이번 체육 시간의 목표는 뜀틀 5단 넘기다.
아이: 어유, 난 3단도 무서운데 어떻게 5단을 넘지?

○ 1단계: 2단 뜀틀을 가로로 놓고 놀이의 기분으로 뛰어넘기
○ 2단계: 3단 앞까지 뛰어가서 발구름판을 딛고 양손을 뜀틀 위의 2/3 지점에 얹기(자신감 정도에 따라 뜀틀 위에 올라타기)
○ 3단계: 3단 뛰어넘기에 도전하기 → 성공하면 인정과 격려하기
○ 4단계: 4단에 도전하기
○ 5단계: 5단에 도전하기 → 성공하면 '할 수 있다!'는 신념 심어 주기 또는 '도전왕' 스티커 주기

필요한 만큼 시간 주기

아이의 학습 속도는 개인차가 있다. 특히 저학년 때는 개인차가 더욱 심하다. 여기서 대상이 되는 아무것도 안 하는 아이는 과제 수행이 더욱 느리다. 그러므로 이런 아이에게는 주어진 시간이 다 지나더라도 개별 특성을 고려하여 추가 시간을 주는 것이 좋다. 만일 시간 내에 마치지 못하더라도 똑같은 벌칙을 적용하지 말고 아이의 상황을 고려하여 벌칙 적용을 다르게 한다.

제출된 과제는 신속한 피드백 주기

아이는 자신이 수행한 결과를 빨리 알고 싶어 한다. 또한 스스로 자신의 실수를 수정할 수 있는 기회도 빨리 가져야 한다. 제출된 과제에 대한 피드백이 신속하면 더 잘하고 싶은 의욕도 생기지만, 자신이 낸 과제에 대한 피드백이 늦으면 의욕이 떨어진다. 혹시나 피드백이 없어서 점점 아무것도 할 생각이 없어질 수도 있으므로 제출된 과제는 신속하게 피드백을 해 준다.

아이가 잘하는 것을 찾아 격려하기

모든 아이는 어떤 특정한 분야에서 강점이나 특별한 재능을 보이게 마련이다. 교사는 어떤 아이든지 그 아이만이 가진 강점이 무엇인지, 재능이 무엇인지를 발견하는 남다른 능력을 가지고 있어야 한다. 교사는 아이의 강점을 발견하여 관심을 갖고 수시로 인정하고 격려하는 숙련된 기술을 지속적으로 개발해야 한다.

인정과 칭찬으로 보상하기

조금이라도 개선된 행동은 곧바로 인정해 주고 적절한 칭찬으로 보상을 준다. 인정과 격려를 받은 아이는 더욱 잘하게 되고 자신감을 회복하게 된다.

함께 세우기

교실에서 수업 활동의 원칙 홍보하기

학년 초나 학기 초에 수업 시간에 지킬 일을 명시하여 학급의 생활 규칙으로 정한다. 이때 학급 아이들과 함께 합의 과정을 거치는 것은 당연하다. 그 내용은 가정통신문으로도 전달하여 학부모도 알고 있도록 한다.

> **▮ 수업 시간에 지킬 일 ▮**
>
> ○ 학습 준비물은 쉬는 시간에 확인한다.
> ○ 해당 교과서와 필요한 학습도구를 책상 위에 미리 준비한다.
> ○ 그 시간의 학습 주제, 학습 내용, 학습 목표를 확인한다.
> ○ 수업이 진행되는 동안 다른 사람이 발표할 때는 그 사람에게 주목을 하고, 내가 이야기할 때는 큰 소리로 말한다.
> ○ 수업 중 꼭 한 번씩은 내 생각을 말한다.
> ○ 수업이 끝난 후엔 그 시간을 통해 새롭게 알게 된 것을 짝꿍에게 설명한다.

하루에 한 번씩 서로 말 걸기

학년 초가 되면 교사는 새로운 아이들의 이름을 빨리 외우려고 많은 노력을 한다. 하지만 아이들은 일부러 그런 노력을 하지 않기 때문에 의외로 학급 친구들의 이름을 모르는 경우가 많다. 학년 초에 친밀감을 높이는 게임을 하여 모든 아이가 서로의 이름을 외우도록 하고, 하루에 한 번씩 모든 아이에게 서로 말을 걸어 주자는 약속을 한다. 특히 아무것도 안 하는 아이에게는 더 친절하게 집중적으로 말을 걸어 주도록 한다. 부담 없는 관심을 받는 아이는 더 쉽게 변화될 수 있다.

그 녀석과 둘이서

개인 상담하기

아이들이 모두 하교한 후 빈 교실에서 그 아이와 둘이서만 조용한 시간을 가진다. 이때도 말을 잘 안 하면 게임 도구(보드게임)를 가지고 함께 놀면서 자연스럽게 대화를 이끌어 낸다. 이때 교사가 이런저런 이유로 부담을 갖게 되면 상담은 오히려 역효과가 난다. 그러므로 교사는 여유를 갖고 아이와 놀아 준다는 각오를 하고 개인 상담을 진행한다.

이는 다음과 같이 계획을 세워 진행해 본다.

│ 개인 상담 계획 │

○ 첫 번째 만남

　함께 놀면서 친해지기(라포 형성하기)

○ 두 번째 이후 만남

　– 아무것도 안 하게 된 정보를 수집하거나 가정 분위기 파악 및 수업 활동에 적극적으로
　　참여해야 할 필요성 이해시키기

　– 수업 중 진행되는 내용에 함께할 계획 세우기

　– 진보를 확인할 계획을 세워 교사와 아이가 복사하여 나눠 갖기

　– 자세히 관찰하고 아주 조금의 변화라도 확실하게 피드백 주기

○ 마무리 만남

　자신감을 확인하고 새로운 목표를 세워 도전하게 하기

가정과 어깨 맞추기

학부모 상담을 통해 가정에서의 부모 역할 안내하기

학교에서는 아무런 의욕을 보이지 않더라도 집에서는 매우 활발한 아이들이 있다. 편안한 환경이 되면 자신을 자연스럽게 드러낼 수 있지만 사람이 많으면 위축되고 자신감을 잃어 집에서와는 전혀 다른 모습을 보이는 것이다. 가끔 학부모와 이런 문제로 상담을 하면 전혀 이해를 하지 못할 때가 있다. "집에서는 전혀 안 그런데요."라면서 의아해하고 별로 대수롭지 않게 생각하기도 한다. 이렇게 되면 교사는 참으로 안타깝고 답답해진다. 부모가 현실을 직시하지 못하여 협조를 받아 내기 어려운 것이다.

따라서 부모와 상담을 이끌어 내기 위해서는 학교에서의 생활 모습을 자세히 기록한 자료나 녹화한 동영상을 준비하면 좋다. 정확한 사실 기록이 있으면 부모도 심각성을 인식하고 협조적인 태도를 취하기 때문이다.

아무것도 안 하는 자녀를 둔 부모에게는 다음과 같은 조언을 하는 것이 좋다.

- 아이의 주변 친구들을 집으로 불러 함께 놀게 하기
- 아이가 낯선 환경에 쉽게 적응하도록 점차 아이의 생활 반경을 넓혀 주기
- 친구들이 모였을 때 간단한 역할극 시키기(학교의 여러 상황을 제시하면서)
- 부모가 의도한 반응이 나올 때 적극적으로 인정하고 칭찬해 주기
- 담임 교사와 정기적으로 자녀의 변화에 대한 의견 나누기

아무것도 안 한 아이들, 성공한 위인되다

아무것도 안 하는 아이들 중에는 학습장애를 가지고 있는 경우도 있다. 하지만 학습장애를 가지고 있었어도 사회적으로 성공한 사람들이 많다. 월트 디즈니는 아홉 살 때까지 글을 읽지 못했고, 아인슈타인도 문제 행동으로 학교에서 쫓겨난 적이 있다. 피카소, 아이젠하워, 로뎅, 처칠, 케네디 대통령 등도 모두 학습장애를 겪었던 유명 인사들이다. 이런 여러 인물의 공통점은 학습장애를 극복하고 자신의 분야에서 최고의 자리에 오를 수 있었던 이유로 부모의 사랑과 지지를 꼽는 것이다. 담임 교사는 학급에 학습장애아가 있을 때 그 부모에게 이러한 사례에 대해 이야기해 주고 함께 조력자가 되도록 해야 한다.

학습장애를 극복한 한 어른은 다음과 같이 말하였다.

"열 살 때 내가 시험에서 40점을 맞았는데 좋은 성적이 아니라서 무척 속상했었다. 그런데 담임 선생님이 '40점은 0점보다 훨씬 나은 거야. 네가 그 점수를 얼마나 향상시킬 수 있는지 한번 해 보자.'라며 격려해 주셨다. ……학교에서는 비록 좋은 성적을 받지 못하였으나 가족과 담임 교사가 나에게 심어 준 자신감은 어려운 문제를 극복하는 데 큰 힘이 되었고 성공적인 삶을 이끌어 나가도록 도와주었다."

이 경험에서 보듯이 좀 느리게 배우는 아이라는 생각을 가지고 인내하며 격려하는 것은 교사의 몫이다. 아무것도 안 하던 아이들이 자신감을 회복하여 실수를 두려워하지 않고 도전해 보는 의욕을 갖도록 하는 것도 마찬가지다.

출처: 한국아동상담센터 편(2003). 학습장애클리닉. p. 10.

산만하고 충동적인 아이

 ## 이런 녀석 꼭 있다!

잠시도 가만히 앉아 있지 못하는 영진이

영진이가 전학 오기 전 우리 반은 정말 평화로운 반이었다. 장난치거나 가끔 친구들끼리 다투는 아이가 있긴 했어도 수업에 크게 방해될 정도는 아니었다. 하지만 영진이가 전학 오고 나서 우리 반의 평화는 깨지고 말았다.

전학 첫날부터 수업 시간에 뒤돌아 친구의 공부를 방해하는 것을 시작으로 영진이와 나의 실랑이는 매일매일 반복되었다. 수업 시간에 툭하면 자리에서 일어나 돌아다니고, 내가 말을 하려고 하면 나의 말이 끝나기도 전에 끼어들고 떠드는 바람에 조용한 분위기 가운데 수업하는 것은 기대하기 힘들다.

영진이의 책상 위에는 항상 수업 시간과 관계없는 것들이 잔뜩 올려져 있고, 영진이의 물건은 교실 여기저기에 굴러다닌다. 또한 체육 시간에는 좀처럼 줄을 서지 않고, 규칙이라고는 모르는 아이다. 즐겁게 게임을 하다가도 결국 영진이가 끼어들고 반칙하는 바람에 체육 시간이 엉망으로 끝나는 경우가 많다.

아이들도 처음에는 새로 전학 온 영진에게 관심을 보이고 잘 해 주다가 영진이 때문에 너무나 많은 피해를 받다 보니 점점 영진이를 싫어하게 되고, 영진이를 멀리하려고 한다.

무섭게 혼도 내 보고, 달래 보아도 아무 소용이 없다. 처음엔 괜찮다가도 시간이 지나면 언제 그랬냐는 듯이 원래의 모습으로 돌아가고 만다.

도대체 영진이를 어떻게 할까?

공부할 때 힘든 아이

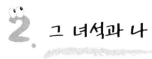

2. 그 녀석과 나

또 너니?
정말 지긋지긋하다.

영진이만 없다면
우리 반은 정말
행복할 텐데……

작년에는 저 정도는
아니었다고 하는데,
내가 무섭지 않아서
그런 건가?

뭔가 좋은 방법이
있을 거야. 이번엔 이것을
시도해 봐야겠다.

오늘은 꼭 부모님과
상담을 해야겠어.
영진이의 부모님은 심각성을
알고 계시는 걸까?

3. 그 녀석의 이유

최근 학교에서 가장 지도하기 힘들고 문제시되는 아이는 바로 영진이와 같은 아이다. 영진이와 같은 아이를 주의력결핍 과잉행동장애(Attention Deficit Hyperactivity Disorder: ADHD) 아동이라고 한다.

ADHD 아동은 부주의, 과잉행동, 충동성 등의 증상을 보이며, 학교와 가정 생활에서 어려움을 겪는다. ADHD 연구자들에 따르면, 초등학교 학급에서 2~3명 정도의 아이가 ADHD 양상을 띤다고 한다. 이것은 적지 않은 수치다. 그렇다면 교사는 ADHD에 대해 얼마나 알고 있는지 간단한 질문을 통해 알아보자.

‖ ADHD에 대해 얼마나 알고 있나요 ‖

1. 애들은 대부분 산만하고 충동적이니 ADHD 아이를 특별한 아이로 보아서는 안 된다.
   (　　)
2. ADHD 아이는 정신만 차리면 얼마든지 집중할 수 있다.(　　)
3. ADHD 증상은 나이가 들면 자연히 없어지니 걱정할 필요는 없다.(　　)
4. ADHD는 전적으로 부모가 양육을 잘못해서 그런 것이다.(　　)
5. ADHD는 부모나 교사가 관찰한 후 진단을 내릴 수 있다.(　　)
6. ADHD는 약물만으로 치료가 가능하다.(　　)

〈 정답 및 해설 〉

1. ×: 산만함이나 과잉행동은 유아기의 자연스러운 발달로 볼 수 있지만, 그 정도가 지나치고 문제 행동이 지속될 경우에는 그냥 간과해서는 안 된다.
2. ×: 자신도 모르는 사이에 주의가 산만해지고 과잉행동을 하는 경우가 많다.
3. ×: ADHD 증상을 보이는 아이의 25%는 정상 발달 과정으로 돌아갈 확률이 있다. 그리고 나이가 들면서 과잉행동이 다소 줄어드는 경향이 있지만 대부분 그

대로 유지하거나 다른 문제와 결합되어 나타나는 경우가 많다.

4. ×: 부모의 잘못된 양육으로 그 증상이 더욱 심해질 수는 있으나 근본적인 원인은 아니다.

5. ×: 부모·교사와의 면담, 아이의 행동 관찰, 심리검사 등 다각적인 방향으로 자료를 모아 진단한다.

6. ×: 약물만으로는 모든 것이 치료될 수 없다. 충동성이나 과잉행동 같은 것은 다소 감소시킬 수 있으나 사회성 기술이나 주의력 등은 근본적으로 고쳐지지 않는다.

ADHD의 유형에 따른 행동 특성

ADHD의 대표적인 세 가지 증상은 주의력결핍, 과잉행동, 충동성이다. 이 세 가지 중에서 어떤 증상이 우세하냐에 따라 ADHD 유형을 주의력결핍형, 과잉행동형, 충동형, 복합형으로 나눌 수 있다.

증 상	아이의 행동 양상
주의력 결핍형	– 주의 집중을 하기가 어렵다. – 멍하니 딴 생각을 한다. – 얘기를 잘 듣지 않는 것처럼 보인다. – 학습이나 놀이 중에 주의력이 쉽게 분산된다. – 세세한 것을 잘 못하고, 부주의한 실수가 잦다. – 지시한 대로 잘 따라하지 못한다. – 주어진 과제를 끝마치지 못할 때가 많다. – 맡은 일을 체계적으로 수행하지 못한다. – 물건들을 자주 잃어버린다. – 해야 할 일들이나 약속 등을 잘 잊어버린다. – 정신적 노력이 많이 드는 일들을 하려고 하지 않는다.
과잉 행동형	– '모터가 달린 것'처럼 계속 움직인다. – 자리에 가만히 앉아 있지 못한다. – 꼼지락대고 만지작거린다. – 말이 너무 많다. – 부적절한 장소에서 뛰거나 기어오른다. – 조용히 놀지 못한다.

충동형	– 생각 없이 말하고 행동한다. – 차를 살펴보지 않고 길에 뛰어든다. – 순서 지키는 것을 힘들어한다. – 기다리는 것이 어렵다. – 질문이 채 끝나기 전에 대답한다. – 다른 사람을 방해하거나 불쑥 끼어든다.
복합형	– 위 세 가지 영역의 증상이 모두 나타나는 것으로 가장 흔한 유형이다.

주의력결핍형

이 유형의 아이는 활동성이 강하지 않다. 하지만 몽상가처럼 보이고 과제 수행을 할 때 일반 아이보다 3~4배의 시간이 걸리며, 과제에 집중하는 대신 다른 일을 할 때가 많다. ADHD 여자아이 중에 이 유형에 속하는 아이가 많지만, 정작 교사의 관심 밖이 될 수 있다. 왜냐하면 충동적이고 과잉행동적인 ADHD 남자아이에 비해 ADHD 여자아이는 교실에서 훼방꾼 행동을 덜하기 때문이다.

충동성 · 과잉행동형

이 유형의 아이는 행동이 지나치게 많으며 충동적인 경향이 두드러진다. 허락 없이 자리를 떠나 돌아다니고, 뛰어다니고, 팔과 다리를 끊임없이 움직이는 등 활동 수준이 매우 높으며, 가정이나 학교 등 모든 장소에서 과도한 움직임을 보인다. 지나치게 말을 많이 하고 남의 말이 끝나기 전에 불쑥 대답을 해서 순발력이 뛰어난 것처럼 보이지만, 사실은 초점에 어긋나는 답변이 많다. 차례를 기다리지 못하고 중간에 끼어들기 때문에 또래에게 따돌림을 당하기도 한다. 좋아하는 일에는 욕심을 내서 잘하려고 하고, 초보적인 수준의 과제는 성공적으로 마치기도 한다.

복합형

표에서 제시한 세 가지 영역의 모든 증상이 나타나며, 이러한 증상 외에 공격성이 나타나기도 하는데, 대부분의 ADHD 아이가 이 유형에 속한다.

ADHD의 일차적 증상은 주의력결핍, 과잉행동, 충동성 등이지만 많은 ADHD 아이가 또래들로부터 거부, 부모와의 갈등, 가정 불화, 낮은 자존감, 정서 불안 등의 이차적인 문제로 힘들어하고 있다. 한편, 다수의 ADHD 아이들에게서 품행장애나 학습장애, 기분장애, 적대적 반항장애와 같은 다른 행동적 · 정서적 장애가 함께 나타난다.

ADHD의 발병 및 원인

ADHD 연구 결과에 따르면, 전체 학생의 약 3~8%가 ADHD로 고통받으며 남자가 여자보다 3~4배 더 많다. 그리고 아동기에 발병하는 ADHD 사례 중 70~80%

가 청소년기까지 지속되며, 30~70%는 성인기까지 지속된다.

이러한 ADHD의 발생 원인을 한 가지로 이야기할 수 없으며, 현재까지는 다음과 같이 보고되고 있다.

유전적 요인

ADHD 아이 중 30~40%는 부모나 형제 중에 주의력결핍 문제가 있는 것으로 보고되고 있으며, 일란성 쌍생아의 경우 뚜렷하게 ADHD 일치율을 보이고 있다. 하지만 나머지 60~70%의 경우 이러한 문제를 가진 가족이 없다고 보고되는데, 이는 유전적 요인만이 주의력결핍의 원인이라고 볼 수 없음을 시사한다.

환경적 요인

임신 당시 임산부의 영양 부족, 흡연, 과도한 스트레스, 감염, 출생 시 신생아의 뇌 손상 등이 주의력결핍과 관련이 있다는 보고가 있다. 또한 가족 내의 갈등 상황, 부모의 지나친 통제, 부모의 성숙하지 못한 양육 방법은 ADHD 아이로 자라게 되는 중요한 요인이 될 수 있다. 하지만 이러한 환경적 요인은 정확하게 인과관계를 밝히기 어려운 점이 있다.

신경생물학적 요인

최근 연구에서는 ADHD 아이의 뇌가 일반 아이의 뇌와 다르다는 것이 밝혀지고 있다. ADHD 아이 중 15~20%가 뇌파검사에서 이상 뇌파가 발견되었다. 또 ADHD가 있는 경우는 뇌량 사이의 정보 전달 영역이 조금 작고, 오른쪽 전뇌 피질이 조금 작은 것으로 나타나며, 집중력을 관할하는 뇌 부분의 활성화가 떨어진다고 보고되었다.

이런 연구 결과는 ADHD가 있는 사람의 전두엽 기능이 손상되었을 가능성에 대해 고려해 보게 된다. 또 신경전달물질인 노르에피네프린이나 도파민에 영향을 주는 자극제 약물이 ADHD를 치료하는 데 효과적임을 볼 때, 노르에피네프린이나 도파민의 이상이 ADHD의 원인이 될 수 있다고 보기도 한다.

ADHD의 진단

ADHD 아이가 어떤 교사를 만나, 어떤 도움을 받느냐에 따라 그 아이의 일생은 많이 달라질 수 있다. 행동이 지나치게 부산스럽다고 해서 무조건 ADHD로 쉽게 단정 짓는 일은 매우 조심스러운 일이다.

교사는 간단한 체크리스트를 활용하여 ADHD를 추측해 볼 수 있다. 이러한 자료는 아이의 행동에 대한 객관적인 자료로 부모에게 제시해 줄 수 있으므로, 부모에게도 객관성과 신뢰를 주어 상담 및 치료를 권유하는 데 아주 유용하게 사용된다.

ADHD 아이에 대한 정확한 진단은 소아정신과 의사가 부모와 교사의 의견 및 행동 관찰을 포함한 종합적인 평가를 실시하고 다른 가능성을 조사한 후 내리게 된다.

행동 관찰로 추측해 보기

아이의 행동을 잘 관찰한 후 다음의 문항을 평정한 점수로 ADHD의 가능성을 추측해 볼 수 있다.

코너스 평정척도(Conners' Rating Scale)

관찰된 행동	정도			
	전혀 없음 (0)	약간 (1)	상당히 (2)	아주 심함 (3)
1. 차분하지 못하고 지나치게 활동적이다.				
2. 쉽게 흥분하고 충동적이다.				
3. 다른 아이들에게 방해가 된다.				
4. 시작한 일을 끝내지 못하고, 주의 집중 시간이 짧다.				
5. 늘 안절부절못한다.				
6. 주의력이 없고 주의가 쉽게 분산된다.				
7. 요구하는 것은 금방 들어주어야 한다.				
8. 자주 또 쉽게 울어 버린다.				
9. 금방 기분이 확 변한다.				
10. 화를 터뜨리거나 감정이 격하기 쉽고, 행동을 예측하기 어렵다.				

* 평정한 열 문항의 점수 합계가 16점을 넘으면 ADHD 가능성이 있다. 이 경우 전문가와 상담하고 더 정밀한 심리검사를 받아보아야 한다.

DSM-IV에 근거해 추측해 보기([활동지 5-1] 참조)

주의력결핍 증상	과잉행동 · 충동성 증상
▲ 공부, 일 또는 일상생활에서 부주의하여 실수를 많이 한다.	△ 자리에 가만히 앉아 있지를 못하고, 손발을 꼼지락거린다.
▲ 공부, 일, 놀이를 할 때 집중을 하지 못한다.	△ 교실처럼 한자리에 가만히 앉아 있어야 할 상황에서 이곳저곳을 돌아다닌다.
▲ 반항하거나 지시 사항을 이해 못한 것도 아닌데, 지시 사항을 잘 따르지 못한다.	△ 공공장소에서 뛰어다니거나 지나치게 높은 곳을 오르는 행동을 한다(청소년 혹은 성인의 경우에는 안절부절못함으로 나타날 수 있음).

▲ 흔히 지시를 끝까지 따르지 않고, 숙제나 집안일을 끝내지 못하거나 해야 할 의무를 다 하지 않는다.	△ 놀이에 어려움이 있거나 여가 활동을 조용히 하지 못한다.
▲ 일이나 활동을 조직적으로 체계화시켜 처리하는 데 어려움이 있다.	△ 마치 '모터가 달린 장난감처럼' 쉴 새 없이 움직인다.
▲ 학교 공부 또는 숙제 등 정신적인 노력이 필요한 일이나 활동을 피하거나 싫어하거나 또는 하기를 꺼린다.	△ 말을 너무 많이 한다.
▲ 필요한 물건들을 자주 잃어버린다.	△ 흔히 질문이 끝나기도 전에 대답이 불쑥 튀어나오곤 한다.
▲ 외부의 자극에 쉽게 산만해진다.	△ 자신의 순서를 지키지 못한다.
▲ 일상생활의 활동을 자주 잊어버린다.	△ 다른 사람의 대화나 놀이에 불쑥 끼어들어 방해한다.

* ADHD로 진단이 되려면, 다음의 사항들이 보여야 한다.
   - 9가지 증상 중 6가지 이상이 적어도 6개월 이상 지속되어야 한다.
   - 증상의 일부는 반드시 만 7세 이전에 나타나야 한다.
   - 몇 가지 증상은 두 곳 이상의 장소에서 나타나야 한다(예: 학교와 집).
   - 이러한 증상들로 사회적 기능이나 학습 기능에 장애를 일으켜야 한다.
   - 전반적 발달장애, 정신분열증, 기타 정신질환 상태에서 발생하는 것은 아니며, 다른 정신장애, 기분장애, 불안장애, 해리성 장애, 성격장애 등으로는 설명되지 않는 것을 말한다.

출처: 미국정신의학협회, DSM-IV를 재정리함.

부모와의 상담으로 확인하기

학급에서의 행동 관찰을 통해 아이가 산만하고 충동적이고 과잉행동을 한다고 무조건 ADHD라고 생각해서는 안 된다. 왜냐하면 아이는 가정 환경이 불안정하거나 스트레스가 심할 때도 산만한 행동들을 보일 수 있기 때문이다. 그러므로 반드시 부모와의 상담을 통해 아이의 발달 초기 양육 여건, 스트레스 상황 등에 관해 다음과 같은 질문을 함으로써 정확한 정보를 얻도록 해야 한다.

• 집에서도 학교에서와 같이 산만하고 충동적인가?
• 임신하였을 때 어떠한 문제는 없었는가?

- 어릴 때 언어 발달은 어떠하였는가?
- 어릴 때 뇌손상이 의심 가는 특별한 사건이 있었는가?
- 아이가 어릴 때도 산만하였는가?
- 어릴 때 그렇지 않았다면 언제부터 이런 행동을 하였는가?
- 가족 중에 아이와 비슷한 사람은 없는가? (가족력 조사)
- 최근 아이에게 스트레스가 되는 사건은 없었는가?

ADHD와 구별해야 하는 경우

산만한 모든 아이가 ADHD는 아니다. 다음의 경우에 해당하는 아이를 ADHD로 오인하지 않도록 주의해야 한다.

- 순수 학습장애—읽기, 쓰기, 산술 기능 등의 발달장애
- 지능이 낮은 경우
- 자신의 능력에 비해 수준이 낮은 경우
- 의도적인 반항을 하는 경우
- 다른 정신질환—우울증, 조울증, 불안장애
- 가정 환경이 혼란스러운 경우
- 청각 기능에 문제가 있는 경우
- 활동적이고 능동적인 아이인 경우

리틀 몬스터

『리틀 몬스터』(Robert Jergen, 2005)라는 책을 보면 ADHD 아이들의 산만하고 충동적인 행동은 일부러 그러는 것이 아니라 자신도 인식하지 못한 채 행해지는 일들이라는 것을 알 수 있다. 하지만 요즘 ADHD가 많이 알려지면서 조금만 산만해도 ADHD로 의심하는 경우가 많다. 따라서 교사는 ADHD의 특징을 잘 이해하여 일반 아이들이 ADHD로 판명되는 일이 없도록 주의해야 한다.

쌤! 이렇게도 해 봐요

 안경 바꿔 쓰기

ADHD 아이가 있는 학급의 교사라면 한 번쯤은 학생이 자신을 무시하여 자꾸 규칙을 어기는 것은 아닌지, 혹은 자신의 지도력이 부족한 것은 아닌지를 고민해 보았을 것이다.

하지만 교사는 ADHD 아이는 일부러 그러는 것이 아니라 자신도 어찌할 수 없기에 그런 행동 특성을 보이고 있다는 것을 인식하는 것이 필요하다. 그런 다음에 ADHD 아이에게 다가가야 한다.

아이와 실랑이를 벌이면서 교사 자신의 능력에 대해 좌절하기보다는 교사가 먼저 편안한 마음으로 아이의 현재 상태를 객관적으로 받아들이고, 그 문제를 딛고 바르게 성장할 수 있도록 돕는 것이 보다 현실적인 대응이다.

ADHD 아이를 대하기에 앞서

ADHD 아이도 칭찬과 인정을 받고 싶은 아이

교사가 보기에 매번 말썽만 피우는 ADHD 아이는 칭찬받기를 포기한 아이처럼 보일 수 있다. 그러나 이 아이들에게도 교사에게 칭찬받고 친구들로부터 인정받고 싶어 하는 마음은 항상 있다. 하지만 자신의 마음대로 되지 않아 다른 아이들보다 많은 좌절을 겪고 있는 것이다.

ADHD 아이의 마음을 알고 따뜻한 칭찬과 사랑으로 아이를 대한다면 아이는 학교에 적응하는 데 스트레스를 덜 받을 것이고 교사에게 인정받고자 더 열심히 노력할 것이다.

다음 내용을 읽으며 ADHD를 가진 아이의 마음을 읽어 보았으면 한다.

다른 사람들이 알아주었으면 하는 것들

○ 나는 정말 학교에서 잘하고 싶다.

○ 나는 일부러 무엇을 잃어버리거나 할 일을 잊는 것이 아니다.

○ 난 사람들이 나보고 열심히 하지 않는다고 말할 때 속상하다.

○ 나에 대하여 혼란스러울 때가 아주 많다.

○ 나는 정말이지 다른 아이들이 나에게 화낼 만한 일을 하고 싶지 않다.

○ 난 엄마와 아빠가 나를 자랑스럽게 생각하시기를 원한다.

Nadeau, Dixon 공저(2007). 얘들아! 천천히 행동하고 주의집중하는 것을 배워보자. 학지사. p. 34.

 공부할 때 힘든 아이

혹시 에디슨도 ADHD?

우리가 잘 알고 있는 발명왕 에디슨도 어렸을 때 무척 산만했다고 한다. 너무나 산만하여 학교의 교사들이 포기해 버렸고, 에디슨은 어쩔 수 없이 어머니에게 교육을 받고 자랐다. 에디슨의 행동 특성을 고려하면 ADHD일 확률이 높다. 만약 에디슨의 산만함 뒤에 감춰진 재능을 알아본 교사가 있어 에디슨을 가르쳤다면 에디슨은 더 큰 위인이 될 수 있지 않았을까?

우리 반에도 에디슨처럼 위대한 재능을 가졌음에도 불구하고 그것을 알아주는 교사를 만나지 못해 교실을 배회하고 있는 아이가 있지는 않은지, 주의 깊게 살펴볼 필요가 있다.

ADHD 이해하고 다가가기

▌ ADHD 이해하기 ▐

○ ADHD 아이는 또래보다 정서적으로 미성숙하다.
○ 이러한 미성숙 혹은 부적절한 행동은 심리적이기보다는 신경학적 원인에 기인한다.
○ ADHD 아이가 과제 · 지시를 정확하게 잘하기 위해서는 또래보다 시간이 더 오래 걸린다.
○ ADHD 아이에게 완벽을 기대해서는 안 된다.
○ ADHD 아이는 원인과 결과를 이해하는 데 시간이 더 오래 걸린다.
○ ADHD 아이가 어떤 것은 잘하고 어떤 것은 못하는 것이 의도적인 것은 아니다.
○ ADHD 아이에게 모든 것을 또래들과 똑같이 적용시키는 것은 공정하지 않다.
○ ADHD 아이에 대한 이해와 배려를 바탕으로 한 대화가 가장 중요하다.

출처: 대한소아청소년정신의학회(2005). 'ADHD 아동지도'를 위한 교사지침서. p. 19.

함께 세우기

ADHD 친구 이해하기

ADHD 아이가 학급에 있으면 그 아이는 다른 친구들과 끊임없이 문제를 일으키는 경우가 많다. 계속하여 다른 친구들을 건드리고, 순서를 지키지 못해 불쑥 끼어들기 때문이다. 그래서 학급의 아이들은 ADHD 아이의 행동에 끊임없이 분개하고 결국에는 그 아이를 미워하게 된다.

그렇기 때문에 학급이 보다 평화로우려면 교사가 아이들에게 ADHD 친구의 행동이 일부러 그러는 것이 아니라 자신의 행동을 조절하기 힘들기 때문에 나온다는 것을 먼저 이해시켜서 학급의 아이들이 ADHD 아이의 행동을 이해하고 배려할 수 있도록 해야 한다.

칭찬과 사랑이 넘치는 학급 만들기

학급에 ADHD 아이가 있으면 자연히 교실이 소란스럽게 되고, 따라서 교사는 아이들을 자주 혼내게 된다. 경쟁적인 분위기가 강한 학급에서는 ADHD 아이 때문에 모둠 점수를 받지 못하거나 손해를 보게 되어 그 아이를 더욱 미워하기 쉽다.

그러므로 교사는 학급을 경쟁의 분위기가 아닌 서로 칭찬하고 배려할 수 있는 곳으로 만들도록 노력해야 한다. 그래서 ADHD 아이는 미워해야 할 대상이 아니라 함께해야 할 친구라는 인식을 심어 준다. 그리고 서로 칭찬하는 분위기를 만들어 매번 문제가 되는 ADHD 아이의 인정받을 행동을 찾아보게 함으로써 ADHD 아이도 장점을 가지고 있음을 알게 한다.

교실 정리 정돈

ADHD 아이는 작은 자극에도 쉽게 산만해지므로 교사는 교실의 정리 정돈에 특별히 신경 써야 한다. 즉, 교실에서 주의를 산만하게 할 만한 것을 제거해 준다.

교실 앞면에 너무 많은 것을 붙이지 않도록 하고, 게시물은 되도록 뒤쪽에 붙인다. 그리고 특정한 물건을 일정한 장소에 두는 것도 효과적이다. 예를 들면, 숙제장은 교사 책상 위의 노란 바구니, 일기장은 빨간 바구니 등 항상 일정한 장소를 정하여 그곳에 놓도록 한다.

책상 정리, 교실 청소 등을 통해 교실이 항상 정리되고 단정한 느낌이 들도록 교사와 아이들이 함께 노력해야 한다.

그 녀석과 둘이서

ADHD가 교사들에게 알려지기 전에는 교사들은 나름대로 이러한 아이들을 지도해 보고자 많은 노력을 하였으며, 그 과정에서 많은 좌절을 겪기도 하였다. 그러나 이 아이들이 학교에서 보이는 문제들이 교사의 지도력 문제가 아니라 아이의 특수 상황으로 진단이 되고, 또한 약물로 치료 가능하다는 사실이 알려지면서 많은 교사가 오히려 수동적인 태도를 취하는 경우가 있다.

교사는 약물치료 자체가 학업 문제를 해결해 주거나 새로운 행동을 가르치는 것은 아니라는 점을 인식해야 한다. 아이가 학교에 적절하게 적응하기 위해 보여 주어야 할 행동 변화는 근본적으로 체계적인 교수법과 행동 통제 전략으로 가능하다는 것을 기억하고, 교사는 다음과 같은 노력을 해야 한다.

좌석 배치

학급에 한 명이라도 심한 ADHD 아이가 있으면 수업하기 힘들 때가 있다. 그러므로 교사는 ADHD 아이의 특성을 고려하여 자리나 짝 배치 등에 특별한 관심을 기울여야 한다.

창가에서 멀리

ADHD 아이는 사소한 자극에도 민감한 반응을 보이는 경향이 있으므로 가급적 창에서 멀리 떨어진 조용한 곳에 앉힌다.

교사 가까이에

학생의 자리를 교사와 가까운 곳에 배치하여 관심 있게 지켜보고, 과제 점검을 수시로 해 주거나 자리를 이탈하지 않도록 지속적인 주의를 준다.

도움을 줄 수 있는 짝과 앉히기

얌전하기만 한 아이보다는 배려심이 많은 아이가 ADHD 아이에게 더 많은 도움을 줄 수 있다. 교사는 짝이 ADHD 아이를 어떻게 도와야 하는지 구체적인 과제를 제시해 준다. 예를 들어, 알림장을 쓸 때 알림장을 빨리 꺼내 쓸 수 있도록 도와주는 것이다. ADHD 아이가 수행을 잘했을 때는 짝에게도 보상하는 것이 ADHD 아이의 행동 수정에 더욱 효과적이다.

ADHD 아이 때문에 ADHD 아이의 짝이 된 아이가 피해를 보는 일이 없어야 한다. 그러므로 짝도 잘할 경우 수시로 칭찬하고, 또 ADHD 아이가 잘했을 경우 받은 칭찬이나 보상을 짝과 함께 나누게 하여 짝이 ADHD 아이와 함께 앉는 것을 꺼려하지 않도록 고려해야 한다.

주변에 차분한 아이 앉히기

ADHD 아이는 주변 상황에 민감하고도 즉각적인 반응을 보이므로 주변에 비슷한 유형의 아이가 있으면 같이 어울려서 더 심하게 떠들고 장난쳐 학급의 분위기를 흩뜨리기 쉽다.

ADHD 아이가 장난을 걸어도 무시하고 학습에만 집중하면서 함께 학습할 것을 권하는 아이들이 주변에 있으면, ADHD 아이는 이들을 모델링하여 바람직한 태도를 배울 수 있다.

모둠 형태의 좌석 배치 지양하기

교실에서 모둠 형태로 자리를 앉히는 경우가 많다. 하지만 ADHD 아이는 여럿이 함께 앉으면 자꾸 관심이 다른 곳으로 향하게 되어 집중하는 데 어려움을 겪는다. 그러므로 되도록 짝과 함께 앉거나 정면을 향해 앉도록 하는 것이 좋다.

그리고 모둠 형태의 학습이 필요한 경우에는 모둠 형태로 앉되, 활동이 끝나면 빠른 시간 내에 좌석 배치를 돌려 놓도록 한다.

(O)　　　　　　　　　(X)

개별 학습 공간 마련하기

집중이 필요한 학습을 할 때는 개인 학습 공간을 제공하여 산만한 자극을 최대한 감소시키는 것이 좋다. 시·청각적으로 주변 자극이 최소화된 교실 구석 같은 곳에 개별 학습 공간을 마련하여 과제를 수행하도록 한다.

규칙 정하기

규칙은 구체적으로

학급에 ADHD 아이가 있다면 학급 규칙을 세울 때 좀 더 구체적으로 만든다. 예를 들면, '교실에서 조용히 하기'보다는 '다른 친구들이 발표하거나 선생님이 말씀하실 때 말하지 않기' 등으로 구체적으로 제시하여 ADHD 아이가 무엇을 어떻게 해야 하는지를 정확하게 알게 한다. 이때 아이들이 충분히 이해하고 있는지 확인한다. 특히 ADHD 아이는 반드시 규칙 확인 과정이 필요하다.

책상 위에 규칙 붙이기

구체적인 규칙이 있어도 ADHD 아이는 자꾸 규칙을 잊고 어기는 경우가 많다. 그러므로 ADHD 아이가 지켜야 할 규칙을 써서 책상 위에 붙여 놓고 수시로 보도록 한다.

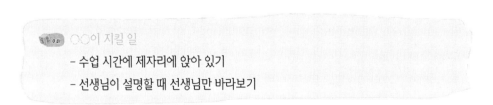

수시로 규칙 읽기

책상에 부착된 규칙을 수시로 ADHD 아이가 읽도록 하여 지켜야 할 규칙이 무엇인지 상기시킨다.

수업 시간 전에 짝에게 말하기

자신이 지켜야 할 규칙을 짝이 들리게 소리 내어 읽는다. 수업 시간 전에 이번 시간에 자신이 무엇을 지켜야 하는지를 짝꿍에게 말하게 하여 실천 의지를 강화한다.

규칙을 자주 바꾸지 않기

ADHD 아이를 효과적으로 지도하기 위해서는 부모나 교사의 일관성 있는 태도가 중요하다. 이들과 약속을 할 때(규칙 정하기) 1~2가지가 적당하고 이것이 몸에 밸 때까지는 다른 약속을 하지 않는다. 이들은 여러 가지를 한꺼번에 기억하지 못하며 그럴 경우 한 가지도 잘 지키지 못한다.

또한 교실에서 아이가 지시 사항을 어겼을 경우 처벌 규칙을 구체적으로 사전에 명시해 주는 것이 예방에 도움이 된다.

보상과 처벌

교사는 좋은 규칙을 정하여 제시함과 동시에 적절한 보상과 처벌에 대한 철저한 계획을 세워야 한다.

보상과 처벌의 형태

보상은 아이가 좋아하는 것, 특별히 관심을 보이는 것, 칭찬이나 작은 특권 등을 말하며, 고학년의 경우에는 교사가 일괄적으로 적용하기보다는 아이와 상의하여 정하는 것이 더 효과적이다.

처벌은 아이가 좋아하지 않는 것을 의미한다. 때리거나 장기간 어떤 특권을 박탈해서는 안 된다. 처벌의 형태는 구석에서 타임아웃을 하거나 부모에게 연락하기 등을 이용한다. 그리고 아이의 특성에 따라 점심을 빨리 먹는 것을 좋아하는 아이라면 점심을 가장 나중에 먹게 하는 것이 처벌이 될 수 있다.

또한 움직임이 많은 ADHD 아이에게 활동을 보상으로 사용할 수 있다. 잘한 행동에 대해 보상으로 활동 기회를 제공한다. 학급에서 사용할 수 있는 것은 칠판을 지우기, 선생님 책상 정리하기, 의자 정돈하기, 다른 반 심부름 가기 등이 있다.

 타임아웃

무시하거나 벌점제도를 사용해도 아이의 바람직하지 못한 행동이 고쳐지지 않을 경우에는 타임아웃을 사용한다.

타임아웃 방법

① 아이에게 기대 행동을 요구한다.

아이에게 무엇을 기대하는지 정확하게 하기 위해 요구는 짧게 한다. 이때 질문을 하거나 간청하지 않는다.

② 경고를 준다.

아이가 요구를 따르지 않는다면, "만약 지시를 따르지 않는다면, 저 의자에 앉힐 거야."라고 분명하게 경고한다. 그리고 다음 단계로 가기 전에 낮은 목소리로 다섯을 센다.

③ 타임아웃

5~10초 후에도 아이가 지시를 따르지 않는다면, 즉각 정해진 타임아웃 장소에 아이를 있게 한다. 만약 이때 아이가 의자를 떠나거나 파괴적인 행동을 한다면, 아이에게 의자로 돌아와 조용히 앉아 있을 때까지 시간을 연장한다고 경고한다.

④ 타임아웃 후 지시를 따르도록 요구한다.

만약에 여전히 불응하거나 저항을 보일 경우에는 다시 앞의 단계를 반복한다.

① 타임아웃 의자는 빈 벽을 향하게 하는 것이 좋다.

　타임아웃 시간 동안은 아이가 할 수 있는 행동을 박탈해야 하며, 타임아웃 시간이 지난 뒤 박탈당한 것을 보충해 주어서는 안 된다.

② 타임아웃에는 항상 '최소한의 시간'이 주어져야 한다.

③ 최소한의 시간은 (아이의 연령)×(1~2분)이다(8세 아이의 경우 8~16분).

④ 최소한의 시간이 끝나면 아이가 조용해지고 지시받은 것에 대하여 동의하거나 잘못된 일에 대하여 사과할 때까지 타임아웃을 지속한다.

⑤ 타임아웃이 끝난 후, 아이가 지시에 따르거나 사과의 말을 하면 즉시 칭찬해 주고, 사랑한다는 말을 함께 표현해 주도록 한다.

출처: 박형배(2007). ADHD 학생을 돕기 위한 교사와 부모의 역할.

보상과 처벌은 즉각적으로

보상과 처벌은 행동 직후에 주는 것을 원칙으로 한다. 그래야 아이는 어떠한 행동이 보상과 처벌이 되는지를 정확히 알 수 있다.

'한 번'의 규칙 적용

교사들은 ADHD 아이가 지시를 잘 따르지 않기 때문에 여러 번 반복하는 경향이 있는데, 그렇게 되면 ADHD 아이는 더욱 교사의 말에 주의를 기울이지 않게 된다. 그러므로 교사는 처벌을 주기 전 행동 지시는 한 번만 하는 것으로 습관을 들인다.

'선택적 관심(긍정적 보상)'과 '선택적 무시'

많은 교사가 아이가 잘할 때는 무시하고 있다가 잘못할 때만 관심을 가지고 꾸중을 한다. 하지만 ADHD 아이를 변화시키려면 아이가 과제를 벗어날 때는 무시하고, 과제를 수행할 때는 관심을 보이는 '선택적 관심(긍정적 보상)'과 '선택적 무시'를 사용해야 한다.

실행 가능한 수준에서 시작하기

과제를 지시할 때에는 ADHD 아이가 실행할 수 있는 수준에서 시작한다. 교사들은 자칫하면 ADHD 아이가 실행하기에 너무 높은 수준의 과제를 지시하는 실수를 범하기 쉽다.

수업 시간에 자주 자리를 벗어나는 문제 행동을 한다면 자리에서 벗어나는 빈도와 시간을 측정해 보자. 한 시간에 10번 정도 벗어난다면, 아이가 1시간에 10번 이상 벗어나지 않을 때 보상받을 수 있다고 제안하고, 한 번 성공하면 그 기준을 점차 높여 나간다.

과제 나누어 주기

각각의 수업 시간을 작은 단위로 나눈 시간표를 만든다. 그런 다음에 단위 시간마다 완수해야 하는 활동 목록을 만들어 아이가 활동을 한 가지씩 완수할 때마다 보상을 준다. 아이가 직접 독립적으로 시간표를 작성할 수 있을 때까지 점진적으로 도와준다. 일단 각 활동들을 완수하게 되면 강화 제공을 점점 더 어렵게 만든다(예, 한 가지 활동 대신 두 가지 활동을 완수하였을 때 보상한다).

지시는 아이가 산만하지 않을 때 간략하고 분명하게 하기

아이에게 지시를 전달할 때는 분명하게 한다. 주의 집중에 문제가 있는 아이는 여러 개의 지시가 포함된 복합 지시를 따르기가 어려우므로 지시 내용을 단순하게 만들어야 하며, 각 단계의 지시를 따를 때마다 보상을 제공한다. "모두 자리에 돌아가 앉아서 과학책을 꺼내 28쪽을 편 후에 첫 번째 문제의 답을 적으세요."라는 지시는 적절하지 않으며, "모두 자리에 앉으세요."라고 지시한 다음, 지시에 따른 것을 보상하고 다음 단계로 넘어가는 것이 바람직하다.

지시는 아이가 산만하지 않을 때 간략한 문장을 사용하여 길게 말하지 않도록 한다.

신호 만들기

ADHD 아이가 문제 행동을 할 때마다 교사가 지적을 하면 수업의 흐름이 깨지게 되고, 다른 아이들도 ADHD 아이에게 부정적인 감정을 갖기 쉬우므로 교사는 ADHD 아이와 비밀 신호를 정하면 좋다.

예를 들면, 주의를 줄 때는 책상 두드리기, 입술에 손대기, 색깔카드 등을 이용할 수 있으며, 잘했을 경우에는 손가락으로 동그라미를 만들어 보이거나 엄지손가락을 세워 표시할 수 있다.

이렇게 대화해요

많은 교사가 ADHD를 가진 아이를 지도하는 일반적인 방법(예: 교실 앞자리에 앉히기, 차분한 아이와 함께 앉히기 등)에 대해서는 연수나 책을 통해 알고 있으나 정작 ADHD를 가진 아이와 대화를 하는 것 자체가 어려워 일대일로 상담을 하는 등의 시간을 갖지 못하는 경우가 많다. 실제 ADHD를 가진 아이를 지도함에는 아이에 대한 이해를 바탕으로 한 대화가 가장 중요한데도, 혼을 내도 별로 효과가 없거나 산만하여 대화 자체가 이어지지 않고 아이가 대화에 전혀 의욕을 보이지 않는 것처럼 보이기 때문이다. 그래서 어떻게 하면 ADHD를 가진 아이와 효과적인 일대일 상담을 할 수 있을지 함께 알아보고자 한다. 아래에 제시된 내용은 데이비드 닐런드의 '허클베리 핀 길들이기(2008)'의 SMART 기법을 재구성한 것이다.

ADHD에게 이름 붙이기

아이가 잘하고자 하는 마음이 있음에도 그렇게 하지 못하게 방해하는 것(우리는 이것을 ADHD라 부른다)의 이름을 붙인다. 이는 ADHD를 자신과 한 몸이 되어 있는 병이 아니라 자신의 외부에 있는 어떤 것으로 보게 함으로써 그것을 이겨 낼 의지를 갖게 한다.

> 선생님: 진수야! 학교가 즐거워 아니면 지루해?
> 진 수: 지루해요. 자꾸 딴 생각만 나고……
> 선생님: 네가 가만히 앉아서 선생님 말을 듣기가 어려울 때, 그걸 뭐라고 부르고 싶어?
> 진 수: '까불이' 요.
> 선생님: '까불이!' 이름만 들어도 어떤 건지 알 것 같네. '까불이' 는 네가 어떻게 행동도록 하니?
> 진 수: 자꾸 이렇게 발을 흔들게 하고 돌아다니고 싶게 하고 선생님께 혼나게 해요.

아이가 혼자 힘으로 이름을 붙이는 것이 좋지만, 그렇지 못할 경우 선생님이 '까불이' 와 같이 이름을 붙여 줘도 좋다.

'까불이'의 영향력(ADHD가 나에게 미친 영향력) 알아보기

ADHD가 자신에게 미친 영향력에 대해 생각해 보는 활동이다. ADHD를 가진 아이들은 자존감이 매우 낮고 자기 자신을 구제불능인 사람으로 생각하는 경우가 많다. 앞의 활동과 마찬가지로 이 활동은 ADHD적인 특성을 자신의 결함이 아닌 외부에 있는 것으로 생각하게 하여 그것을 이겨 낼 의지와 자신감을 갖게 도와준다. ADHD의 영향력에 대해 알아보며 더불어 그것을 이기고자 하는 마음이 있는지도 살펴본다.

┃ 아이에게 하는 질문의 예 ┃

○ '까불이' 가 학교에서 너에게 어떤 영향을 주니? 네가 학교에서 공부하는 걸 어떻게 방해하니?

○ '까불이' 때문에 교실에서 어떤 행동을 하게 되지?

○ 오늘 '까불이' 가 너에게 어떻게 하라고 했니?

○ '까불이'는 학교에 대해 네가 어떻게 생각하길 원하니? 네가 어떻게 행동하길 원하니?

○ 학교에서 네가 그렇게 행동하도록 하는 '까불이'의 목적은 뭘까?

○ 쉬는 시간에도 '까불이'가 나타나니? '까불이'가 네가 친구들과 어울리는 것에도 영향을 주니?

○ '까불이'가 집에도 따라오니?

○ '까불이'가 너를 정말 힘들게 할 때는 언제니?

○ '까불이'는 네가 너 자신을 어떻게 생각하게 만드니?

○ 너는 '까불이'가 너의 친구라고 생각하니, 적이라고 생각하니?

○ 너는 학교에 대해 어떻게 생각하니?

예외 사건 알아보기

아이가 왜 ADHD를 갖게 되었는가를 탐구하는 것은 아이의 행동 변화에 전혀 도움이 되지 않는다. 문제의 원인 대신 문제가 발생하지 않는 때(예외 사건)를 관찰하는 것이 중요하다. 예외 사건을 발견하기 어렵다면 아래와 같은 질문을 통해 예외 사건을 알아볼 수 있다.

• 교실에 '까불이'가 나타났는데 힘을 못 썼던 때가 있었어?

• 부모님이 잔소리를 안 하셔도 너 스스로 숙제를 하는 시간은 그렇지 않을 때와 어떤 차이가 있을까?

• '까불이'도 쉴 때가 있니?

• '까불이'가 너에게 아까 떠들라고 했지만, 너는 그 말을 무시하고 조용히 했어. 이게 긍정적인 사건일까 부정적인 사건일까? 그렇게 생각하는 이유는 뭐니?

• '까불이'랑 어떤 관계를 맺는 게 좋을까? 어떤 걸 친구로 삼고 어떤 걸 버려야 할까?

• '까불이'가 너한테 해를 끼치면 너는 어떻게 행동해야 할까?

• 지난번에는 '까불이'가 98%고 너는 2%였는데, 이번에는 네가 50%를 차지하

고 있구나. 어떻게 2%가 50%로 확 늘어날 수가 있었지?

특별한 능력 상기시키기

ADHD를 가진 아이를 지도할 때 가장 중요한 것은 예외 사건을 만드는 것이다. ADHD를 이겨 내는 이야기를 만들면 그것은 아이가 실제로 ADHD를 이겨 낼 힘을 기르는 데 큰 도움이 되기 때문이다. 예외 사건은 ADHD를 가진 아이들의 산만한 행동들에 묻혀 아이 자신에게도 선생님에게도 안 보일 수 있기 때문에 다양한 질문들을 통해 예외 사건을 계속 발견해 나가고 그 속에 숨은 아이의 특별한 능력을 명시적으로 드러내는 것이 중요하다. 일반적으로 주의력결핍 아동의 긍정적 측면은 다음과 같다.

> 과잉행동 → 정열적, 창조적, 고집이 셈 → 불굴의 의지, 지나칠 정도로 한 사람에게 신뢰를 가짐, 쉽게 용서해 주는 성격, 민감성, 위험을 무릅쓰는 태도, 융통성, 유머감각 풍부, 충성심, 직관적 사고, 공상 → 풍부한 아이디어, 감정이 풍부 → 동정심이 많다.
>
> 출처: 박형배(2007). ADHD 학생을 돕기 위한 교사와 부모의 역할.

ADHD는 아이들의 수업 시간을 힘들게 하지만 그로 인해 ADHD를 가진 아이들은 창의적 능력과 그것을 실천할 강력한 에너지를 갖게 된다고도 볼 수 있다. 실제로 리틀 몬스터(2005)의 저자 로버트 저겐 교수는 자신이 ADHD가 있기 때문에 넘치는 에너지로 다른 사람이 한 개의 연구 프로젝트를 진행할 때 세 개의 연구 프로젝트를 진행할 수 있다고 하였다. ADHD는 그것을 이겨 내고 그 안에 긍정적인 특성을 활용한다면 얼마든지 개인에게 신비한 능력으로 자리 잡을 수 있다.

목표 정하고 실천하기

아이 안에 숨어 있는 긍정적인 자원들을 발견하였다면 아이와 함께 목표를 설정할 수 있다. 목표는 다음과 같은 조건을 만족하는 것이 좋다.

- 아이를 위한 것(선생님을 위한 것이 아니라 아이를 위한 것이 아이의 목표가 된다.)
- 구체적이고 세부적이며 행동적인 것
- 작은 것
- 어떤 것을 없애는 것이기보다는 만들어 내는 것
  예) 돌아다니지 않기(×) 자리에 앉아 있기(○)
- 도달점보다는 시작점
- 아이에게 현실적이고 실현 가능한 것

목표는 많은 것보다 생활 속 작은 성공을 불러올 수 있도록 세 가지 정도가 적절하며 그것을 달성했을 경우 또 다른 목표를 설정할 수 있다. 목표를 정할 때 기적질문을 통해 도움을 받을 수 있다. 기적질문에 대한 대답이 내가 변화하고 싶은 모습이다. 이것을 바탕으로 목표를 정할 수도 있다.

▲ 기적질문: 만약 내일 아침에 눈을 떴을 때 '까불이' 가 너의 생활 속에서 모두 사라졌어. 그럼 너는 어떻게 달라져 있을 것 같니? 학교에서는? 집에서는? 친구들하고는?

▲ 목표의 예
  - 엄마의 잔소리 없이도 자발적으로 숙제하기
  - 과학 시간에 실험관찰에 필기하기
  - 선생님이 말씀 안 하셔도 자발적으로 일인일역 하기

성공을 알리기

목표를 정하고 실천하여 목표에 도달했을 경우 그 성공을 축하하고 널리 알려야 한다. ADHD를 가진 아이들은 친구들에게도 '좀 이상한 아이' 라는 꼬리표가 붙어 있는 경우가 많으므로 성공한 것을 친구들에게 알려 주어 ADHD를 가진 아이에 대한 시각이 바뀔 수 있도록 돕는다.

특별한 아이 특별하게 다루기

교실에서 만나는 ADHD 아이는 정말 여러 문제를 가지고 있다. 그 아이들만을 위한 몇 가지 방법을 다음과 같이 제시한다.

끊임없이 입을 여는 아이

● 규칙 정하기

수업 중 말하기와 관련된 규칙을 분명하게 정한다. 특히 학생이 말해도 좋은 상황 (예, 교사가 질문을 하였을 때, 교사가 이름을 부르고 말하도록 하였을 때, 모둠별로 토론할 때)을 명시하고, 각각의 상황에서의 적절한 음성의 강도나 높낮이 등을 시범 보인다.

규칙이 완전히 정해지면 함께 적당한 목소리로 말하는 것을 연습하고 적절한 행동과 부적절한 행동에 대한 피드백을 제공한다(〈대인관계 · 태도 편〉 '13. 목소리 큰 아이' 참조).

● 수업 시간에 조용히 하는 학생 칭찬하기

적절한 상황에서 교사의 허락을 받고 말하는 등의 바람직한 행동을 보이는 학생들을 보상한다. 이때 제공되는 보상이 문제 행동을 보이는 학생의 행동을 변화시킬 만큼 충분히 강력한 효력을 보여야 한다. 예를 들어, 휴식 시간이나 점심시간을 연장시켜 주거나 운동장에서 나갈 때 제일 앞에 서게 하거나 좋아하는 활동을 할 수 있게 해 주는 등의 강화를 사용할 수 있다.

● 조용히 수업에 임할 때 놓치지 않고 칭찬하기

교사는 때때로 아이가 떠들거나 이야기할 때만 관심을 보이고 조용히 있을 때는 무시하는 경우가 많다. 하지만 교사는 평소 떠들던 아이가 조용히 할 때를 놓치지 말고 칭찬해야 한다. 그래야 칭찬받는 행동, 즉 조용히 하는 행동의 증가를 기대할 수 있다.

● 스스로 체크하기

아이 스스로 자신의 부적절한 말하기 행동의 빈도를 매일 기록하게 하고, 1주일

단위로 그래프를 그리게 한다. 그래프를 기초로 다음 주의 행동 목표를 정하게 하고 성취하면 적절한 보상을 제공한다.

조용히 수업에 집중하는 ○○이						
	월	화	수	목	금	토
1교시	☺	☹				
2교시	☹					
3교시						
4교시						
5교시						
6교시						
계						

수업 시간에 돌아다니는 아이

규칙 정하기

기본적인 것이지만 ADHD 아이에게 교실에서 언제 자리에 앉아 있어야 하고 언제 돌아다녀도 되는지에 관한 학급 규칙을 명확히 설명하고 이해하고 있는지 확인한다. 쉬운 행동이지만 수업 시간에 바르게 앉는 것을 시범 보이고 아이가 잘 기억하지 못하는 규칙은 다시 가르치고 연습시킨다. 활동이 바뀔 때나 매시간마다 간단하게 규칙을 상기시키고 필요한 경우에는 보상을 제공한다.

자리에 잘 앉아 있을 때마다 자주 보상해 주기

자리에 잘 앉아 있을 때마다 보상을 제공하여 자리에 앉아 있는 행동이 계속 유지될 수 있도록 한다.

● 자리를 벗어날 수 있는 기회 주기

자리를 떠나 움직일 수 있는 기회를 제공한다. 이때 아이가 이러한 기회를 스스로 얻도록 만드는 것이 좋다. 예를 들어, '잘 앉아 있으면 교무실에 심부름 다녀오기' 등은 아이에게 좋은 강화가 될 수 있다.

친구와 어울리지 못하는 아이

주의 산만하고 충동적이며 과잉행동을 하는 ADHD 아이의 특성상 많은 아이가 또래관계에서 어려움을 호소한다. ADHD 아이의 행동을 잘 관찰하면 여러 면에서 친구 사귀는 기술이 미흡함을 볼 수 있다. 이런 아이는 친구를 사귀는 방법과 친해지는 방법을 다음과 같은 역할 연습을 통해 익혀야 한다.

- 어떤 친구와 사귀고 싶은지, 사귀고 싶지 않은 친구는 어떤 친구인지 서로 이야기를 나누어 나는 어디에 속하는지 생각해 보게 한다.
- 친구에게 먼저 인사하고 간단하게 자기소개를 연습한다.

- 다음에 제시되는 기술을 역할극을 통해 한 가지씩 익히도록 하고, 기술카드는 코팅하여 수시로 가지고 다니며 볼 수 있게 한다.
- 부모와 연계하여 집에서도 연습할 수 있다([활동지 5-2] 참조).

> **예) 친구들과 어울리는 방법**
> ○ 아이들을 가까이 지켜본다.
> ○ 아이들을 칭찬해 준다.
> ○ 놀이가 잠깐 멈춰질 때까지 기다린다.
> ○ 같이 놀아도 되는지 물어본다.
> ○ 끼워 주지 않으면 그냥 다른 데로 간다.

친구와 대화하지 못하는 아이

ADHD 아이는 다른 사람의 이야기를 귀 기울여 듣지 않고 자꾸 끼어들며, 이야기와 관계없는 말을 하므로 다른 아이들이 ADHD 아이와 이야기하는 것을 싫어하게 된다. 그러므로 역할 연습을 통해 ADHD 아이가 친구와 대화하는 방법을 익힐 수 있도록 한다.

> **▌친구와 대화하는 방법 ▌**
> ○ 상대방을 미소 띤 얼굴로 바라보면서 손은 아래로 내린다.
> ○ 상대방이 말할 때 그 사람을 바라보며 끝까지 듣고, 마음속으로 들은 내용을 정리한다.
> ○ 이해했으면 고개를 끄덕이고, 이해가 안 되면 부드럽게 질문한다.
> ○ 말할 때는 부드럽고 편안한 목소리로 천천히 명확하게 말한다.
> ○ 명령하거나 판단, 비난, 놀리기, 무시하는 말은 하지 않는다.
> ○ 말하기 전에 상대방의 기분을 먼저 생각한다.
> ○ '나 전달법'을 사용하여 말한다([활동지 5-3] 참조).
>
> **예)** '네가 뭐가 잘나서 나한테 그래?'가 아니라 '네가 그렇게 말하면 내가 속상해.'와 같이 나의 현재 느낌, 감정, 생각, 바람을 진지하게 전달한다.

시작하지 않고 멍하니 있는 아이

다음과 같은 매직카드를 만들어 ADHD 아이의 공책, 필통, 가방, 책상 등에 붙여 주고, 수시로 보면서 스스로 활용할 수 있도록 한다. 처음에는 소리를 내면서 연습하다가 익숙해지면 소리를 내지 않고 마음속으로 이야기하며 실행한다.

매직카드 1	매직카드 2	매직카드 3
① 내가 할 일이 뭐지?	① 내가 할 일이 뭐지?	① 잠깐, 문제가 뭐지?
② 지금 하고 있나?	② 천천히 하자.	② 어떤 계획이 있을까?
③ 뭘 해야 되지?	③ 잘했어, 좋아!	③ 어느 것이 좋을까?
④ 시작하기	④ 잘 될 거야.	④ 시작하기

ADHD 아이를 대하는 3가지 기본 원칙

○ 실천 가능한 구체적인 목표 정하기

○ 적절한 보상과 제한을 행동 즉시 적용하기

○ 지속적이고 일관되게 보상과 제한을 적용하기

가정과 어깨 맞추기

ADHD 아이의 부모는 아이를 키우면서 주변 사람의 눈총을 많이 받아 왔기 때문에 과도한 피해의식을 가지고 있는 경우가 많다. 그러므로 ADHD 아이의 부모를 만날 때는 우선 자녀를 양육하면서 힘들었던 것에 대해 충분한 공감을 한 다음 상담시간을 갖는다.

부모의 마음을 충분히 공감하지 않은 상태에서 섣불리 조언을 하려고 하면 부모는 자녀의 문제에 대하여 알고 있으면서도 인정하지 않으려 하고 상담이나 치료를 거부하는 경우가 있다. 그리고 아이의 행동을 보다 객관적으로 관찰한 것을 기록하여 제시해야 한다([활동지 5-4] 참조).

║ 부모의 마음 공감기 ║

○ 자신의 자녀만이 가진 문제로 보지 않도록 한다.
○ 양육을 잘못해서 그렇다는 잘못된 생각을 버리도록 한다.
○ 이제까지 다른 어느 부모보다 자식을 키우는 데 많은 인내와 노력이 필요했음을 인정해 준다.

자녀가 스스로 행동을 통제하도록 돕는 방법

○ 매일 규칙적인 일상생활 계획표를 지키도록 한다.
○ 규칙이나 제한은 항상 일관성이 있어야 한다.
○ 주의를 분산시키는 것을 없앤다(식사 중이나 학습 시간에 TV 혹은 오디오 끄기 등).
○ 집을 정리한다(자녀의 평소 과제, 장난감, 옷 등을 정리해 두는 특정 장소를 마련한다).
○ 긍정적인 행동에는 반드시 보상한다.
○ 성취 가능한 목표를 설정한다(아이가 성공할 수 있는 일을 많이 만들어 주고 격려한다).
○ 문제 행동을 한꺼번에 바꾸려 하지 말고 가장 문제가 되는 한두 가지 것만을 다루도록 한다.
○ 아이가 지속적으로 주의를 기울일 수 있도록 도와준다(체크리스트를 이용하여 과제나 집 안일의 수행 여부를 점검한다. 짧게 지시하고, 자주 그리고 친절하게 상기시켜 준다).
○ 부모 자신의 감정을 통제한 후 아이를 훈육한다(감정을 절제하고 잔소리나 설교보다 완고 하면서도 냉정한 자세를 취한다).
○ 선택의 폭을 제한한다(한 번에 2~3가지의 선택권만 제공하고 그 안에서 좋은 결정을 내릴 수 있도록 도와준다).
○ 당장의 성적보다 올바른 자존감과 자아 개념 발달이 아동기에 더 중요하다는 것을 인식한다.
○ 매일 잠자리에 들기 전에 하루 동안 있었던 자녀의 잘못된 행동을 용서하고 화난 감정, 실망감, 불쾌한 감정을 털어 버린다(부모가 행복해야 자녀를 행복하게 키울 수 있다).

출처: 대한소아청소년정신의학회(2005). 우리 아이가 혹시. p. 18 재구성.

우리 반 아이, ADHD가 아닐까?

학생 이름:

● 아이가 보인 행동을 가장 잘 설명한 번호에 동그라미 하세요.

번호	문 항 내 용	약간 혹은 가끔	상당히 혹은 자주	매우 자주
1	주의 집중을 하지 않고 부주의해서 실수를 많이 한다.	1	2	3
2	가만히 앉아 있지를 못하고 계속 움직이거나 몸을 꿈틀거린다.	1	2	3
3	과제나 놀이를 할 때 지속적으로 집중하는 데 어려움이 있다.	1	2	3
4	수업 시간이나 가만히 앉아 있어야 하는 상황에서 자리에서 일어나 돌아다닌다.	1	2	3
5	상대방이 직접 이야기하는데, 잘 귀 기울여 듣지 않는 것처럼 보인다.	1	2	3
6	상황에 맞지 않게 과도하게 뛰어다니거나 기어오른다.	1	2	3
7	지시에 따라서 학업이나 집안일, 자신이 해야 할 일을 끝마치지 못한다 .	1	2	3
8	조용히 하는 놀이나 오락 활동에 참여하는 데 어려움이 있다.	1	2	3
9	과제나 활동을 체계적으로 하는 데 어려움이 있다.	1	2	3
10	항상 끊임없이 움직이거나 마치 '모터가 달려서 움직이는 것처럼' 행동한다 .	1	2	3
11	공부나 숙제 등 지속적으로 정신적 노력이 필요한 일이나 활동을 피하거나 싫어하거나 또는 하기를 꺼린다.	1	2	3
12	말을 너무 많이 한다.	1	2	3
13	과제나 활동을 하는 데 필요한 것들(장난감, 숙제, 연필 등)을 잃어버린다.	1	2	3
14	질문을 끝까지 듣지 않고 대답한다.	1	2	3
15	외부 자극에 쉽게 산만해진다.	1	2	3
16	자기 순서를 기다리지 못한다.	1	2	3
17	일상적인 활동을 잊어버린다(예, 숙제를 잊어버리거나 실내화 가방을 두고 학교에 간다).	1	2	3
18	다른 사람을 방해하고 간섭한다.	1	2	3
합 계				
총점: 부주의성(홀수 문항) + 과잉행동/충동성(짝수 문항)		총 점		

* 총점이 17점 이상일 경우 ADHD가 의심됨

기술카드 모음

★ 친구들과 어울리는 방법 ★

① 아이들을 가까이 지켜본다.
② 아이들을 칭찬해 준다.
③ 놀이가 잠깐 멈춰질 때까지 기다린다.
④ 같이 놀아도 되는지 물어본다.
⑤ 끼워 주지 않으면 그냥 다른 데로 간다.

★ 좋은 놀이 친구가 되는 방법 ★

① 절대 까불지 않는다.
② 규칙은 반드시 지킨다.
③ 자기 차례가 아니면 나서지 않는다.
④ 말싸움은 하지 않는다.
⑤ 다른 아이들을 칭찬한다.

★ 결과를 기분 좋게 받아들이는 방법(경기에서 졌을 때) ★

① 흥분하지 말고 침착하게 행동한다.
② 규칙과 지시를 따른다.
③ 편안한 얼굴 표정을 짓는다.
④ 공손하게 이야기한다.
⑤ 하던 놀이를 계속한다.

대화는 이렇게

학년   반   이름:

● 다음을 표시하면서 친구의 이야기를 들어 봅시다. 이렇게 하면 정말 이야기를 하고 싶을 거예요.

	나는 어느 쪽?	
	😊	😣
1. 말하는 사람 쪽을 향해서 앉는다.		
2. 편안하고 부드럽게 시선을 마주친다.		
3. 고개를 끄덕인다.		
4. 간단한 맞장구를 친다(응, 그래, 맞아, 저런……)		
5. 관심 어린 질문을 한다.		
6. 중간에 말을 자르지 않는다.		
7. 말하는 사람보다 이야기를 더 많이 하지 않는다.		
8. 주제와 관계없는 말을 하지 않는다.		

출처: 한국청소년상담원(2002). 초등학생용 또래상담 프로그램. p. 33.

학교 행동 일일 보고 카드

날짜:	학생 이름:
	교사:

● 다음 표에 적힌 것은 오늘 _____이(가) 보인 행동을 나타낸 것입니다.

(매우 잘함: ◎, 잘함: ○, 그저 그렇다: △, 못함: ×, 매우 못함: ⊗)

수업 시간	1교시	2교시	3교시	4교시	5교시	6교시
수업 참여						
학업 수행						
교실 내 규칙 준수						
친구들과 사이좋게 지내기						
과제 수행의 질						
쉬는 시간 · 자유 시간						
다른 아이들을 밀치거나 떠밀지 않기						
다른 아이들을 놀리지 않기						
쉬는 시간/자유 시간 규칙 준수						
친구들과 사이좋게 지내기						
싸우거나 때리지 않기						
교사 의견:						

출처: 대한소아청소년정신의학회(2005). ADHD 아동지도를 위한 교사 지침서.

06

지나치게 오래 걸리고 늦는 야이

 이런 녀석 꼭 있다!

언제나 늦는 상면이

"자! 이번 시간에 쓰는 판본체와 궁체는 지난 시간에 예고한 대로 수행평가 성적에 들어갑니다. 지금부터 지난 시간까지 연습했던 판본체와 궁체를 화선지에 반으로 나누어 쓰기 시작합니다. 자신이 부족하다고 생각하는 사람은 신문지에 연습한

후 씁니다."

"시작!"

5학년 미술 시간! 한 시간 동안 여기저기 다니며 지도하기에 바쁘다. 이 아이가 끝나면 또 저 아이가 봐 달라고 한다. 그러다 40분이 지난 후 내라고 하면 다 쓰지 못한 아이가 꼭 있다. 상면이다. 가만 보면 상면이는 이번만 늦는 것이 아니라 번번이 늦는다.

이런 상면이를 보면 딱하기도 하지만, 화가 먼저 난다.

'도대체 40분 동안 상면이는 무얼 하고 있었던 거야? 수업 시작할 때 예고도 했는데, 연습하다 시간이 되면 제출할 것을 써야 하잖아. 학교를 처음 다닌 것도 아니고 벌써 5학년인데……'

상면이를 보면 나에게도 화가 난다. 상면이가 늦는 게 한두 번이 아닌데 옆에 가서 좀 더 지켜봐 주지 못하고, 여기저기 아이들이 부르는 대로 쫓아다닌 모습이 한심해 보이기도 한다.

매사에 지나치게 오래 걸리고 늦는 상면이를 어떻게 이해하고 변화를 줄 수 있을까?

공부할 때 힘든 아이

2. 그 녀석과 나

반드시 넘어서
다하고 가야 돼!
눈을 부릅뜨고
일일이 확인하자니
피곤하기 그지 없네.

언제나 같은 녀석인데
매일 닥달해 봐야 서로 피곤하니
그냥 포기하고 지나가자.
그래도 한 부분에 대해서는
잘했다고 인정해 주어야지.

왜 같은 시간에
다른 아이들은 완성을 하는데,
얘는 그러지 못할까?
교정하자니 시간이 너무 걸릴 것 같고,
에너지도 많이 소진될 것 같은데,
건드려야 하나 그냥 넘어가야
하나…… 마음이 복잡하네.

넘겨 봐야 피곤하니
그냥 숙제로 내고 끝내자.
해 오면 다행이고,
안 해 오면 점수를
안 주면 그만이지 뭐.

3. 그 녀석의 이유

아이의 능력 부족

하고자 하는 마음은 있으나 실제로 능력이 안되는 경우다. 이것은 누적된 학습 결손이 가장 큰 원인이다. 또래 아이들과 비교해 교사의 지시를 잘 이해하지 못해 지시의 내용 중에서 생략된 부분을 파악하지 못한다.

파악하지 못한 부분에 대해서는 교사나 친구에게 질문을 하는 등 이해하지 못한 부분을 해결해 나가야 함에도 불구하고, 미처 그런 해결 방법이 있다는 것을 생각하지 못한다. 과제를 어떻게 처리해야 할지 그 방법을 모르는 경우도 있다.

매사 의욕 없음

매사에 의욕이 없으며, 학습된 무기력과 관련되기도 한다('04. 아무것도 안하는 아이' 참조).

낮은 자존감과 스스로에 대해 낮은 기대치를 가지고 있다. 다른 영역은 활동성이 강한데 학습 영역만 그런 아이가 있는 반면, 전반적인 생활 영역 자체가 의욕이 없고 활동성이 낮은 아이가 있다. 당연히 학습 수행에서도 의욕 없는 모습을 보인다.

이런 아이에게는 동기화시킬 수 있는 관심사를 찾는 것이 급선무다.

습관의 문제

마무리를 하지 않아도 된다는 것이 습관이 되었다. 학교에서는 예전의 담임 교사들이 포기해 온 시간이 누적되어 마무리를 짓지 않아도 된다는 생각이 습관적으로 배어 있다.

또 입학 이전에는 부모나 유아기관의 교사들을 통해 자신을 대하는 낮은 기대치를 경험하였으며, 마무리를 짓지 않아도 생활하는 데 불편함이 없었던 것이 그대로 습관화되었다. 이러한 아이들의 성장 배경을 살펴보면 과잉보호를 받아 온 경우가 종종 있다.

해당 단위 시간을 적절히 활용하는 방법을 모름

머릿속에서 시간이 구조화되어 있지 않은 경우다. 학교 학습의 특성은 모든 장면에서 일정한 구조화를 요구한다. 따라서 정해진 시간 내에 주어진 과제를 시작하여 시간 내에 마쳐야 한다. 그러므로 명시적이지는 않더라도 아이의 머릿속에 어느 정도 시간의 구조화에 대한 개념이 있어야 하는데, 그렇지 못할 경우 수업 준비에 지나치게 시간이 많이 걸리고, 본 활동을 하기보다는 주변 정리 및 준비에 많은 시간을 보낸다.

남의 일에 지나치게 간섭하며 자기 할 일을 하지 못함

관심의 초점이 과제 중심보다 관계 중심에 있어서 활동성이 강하지만 주어진 시간 안에 할 일을 못한다. 자신의 수행 과제보다 주위 친구들에게 관심이 있기 때문에 매우 부지런해 보이지만 단위 시간 내에 수행 과제를 완결 짓지 못한다.

심한 스트레스 상태

부모의 이혼 과정, 심각한 또래관계 또는 학교폭력에 노출되어 있어서 심한 스트레스 상황에 놓여 있는 경우다. 이 경우 수행이 느린 아이는 평소보다 유난히 더 늦는 모습을 보이게 된다. 평소에도 늦었기 때문에 자칫하면 교사가 무심코 지나가기 쉽지만, 이 경우 교사의 세밀한 관찰이 필요하다.

부모의 낮은 기대치

부모가 아이를 믿지 못하고 아이에 대해 불안하게 생각하는 경우다. 이러한 현상은 아이가 빨리 입학했거나 체격이 왜소하거나 허약할 때 많이 나타난다. 부모의 불안과 염려는 아이에게 그대로 전달되기 때문에, 아이는 자신은 늦어도 괜찮다고 생각하고 그 상황을 아무렇지도 않게 넘기려 한다.

우선순위가 바뀐 완벽주의

완벽주의에 가깝게 지나치게 꼼꼼한 경우에도 수행 속도가 늦다. 아이의 관심사는 해당 과제를 제시간에 해내는 것이 아닌 현재 수행 과제와 관련한 자신의 관심사를 최대한 완벽하고 꼼꼼하게 처리하는 것이다. 예를 들어, 도표를 그릴 때 도표의 내용을 채우기보다는 도표 자체를 자로 정밀하게 그리는 것이 더 급선무다. 과제를 수행하는 데 있어 우선순위가 잘못 형성된 경우다 보니 급우들과 비교할 수 없이 늦은 수행 속도를 보이는 것이다.

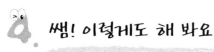

쌤! 이렇게도 해 봐요

안경 바꿔 쓰기

현재 상황에서 아이에게 기대하는 수준을 분명히 하기

먼저 교사가 자신의 기대 수준을 분명히 해야 한다. 수행이 늦는 아이에게 기대해야 하는 것은 주어진 과제에 대한 마무리임을 항상 기억하며, 그 사실을 스스로 되새길 필요가 있다.

아이가 마무리를 짓지 못하는 일이 많아지면 교사의 마음은 다른 생각과 감정들로 복잡해지기 마련이다. '그렇게 열심히 설명했는데, 도대체 무얼 듣고, 무얼 하고 있었을까? 나에게 반항하는 게 아닐까?' 등의 생각으로 자칫하면 아이에 대한 미움이나 부적절한 감정 반응으로 끝날 수 있다.

이처럼 감정적 소모전에 휘말리는 것을 예방하려면, 항상 '내가 이 아이에게 기대하는 것은 과제 수행이다.'라는 것을 상기해야 한다.

아이에 대한 교사 기대치의 한계 정하기

경우에 따라서는 교사의 기대치를 낮추는 것이 필요하다. 시간을 어느 정도 줄지, 해야 할 분량을 어느 정도로 할지에 대해 타협점을 찾는 것이 좋다.

아이의 수행 능력이 분명하게 떨어진다면, 일반적인 아이의 절반 정도 혹은 2/3 정도를 하게 하여 수행 과제의 수준에 맞추어 교사의 기대치를 조정한다. 이렇게 하면 교사와 아이가 불필요한 에너지 소모를 줄일 수 있다. 시간을 설정할 수도 있지만, 그 시점까지 때우기만 하는 부작용도 있으므로 되도록 기대치는 양을 기준으로 정한다.

함께 세우기

학년 초에 마무리에 대한 규칙 정하기

학년 초에 미리 학급 규칙을 정한다. 수업 시간에 하는 그날의 과제를 마무리해야만 귀가할 수 있다는 규칙을 아이들과 합의하여 정하고, 그 내용을 교실에 게시하며, 가정통신문으로 부모에게도 알린다. 이렇게 하여 시작한 일을 마무리하는 게 당연한 것이 되도록 학급 분위기를 만든다.

수업 중에 할 일을 작게 나누어 제시하기

수업 시간에 제시하는 과제의 양을 작게 나누는 것이 필요하다. 특히 단위 시간의 구조화가 되어 있지 않은 아이에게는 교사가 각 단계별로 수행 과제를 내 주고, 짧은 시간을 준 후 확인한다. 예를 들면, 수업이 시작될 때, 교사는 준비할 시간을 준다. "열을 다 셀 때까지 수학 교과서 25쪽을 펴라. 하나, 둘……" 하고 외치는 식으로 아이가 자신의 할 일이 무엇인지 파악하게 한다. 숫자 세기가 끝난 후에는 아이들 사이를 다니면서 수업 준비 완료를 확인한다. 이렇게 하면 아이의 느림이 단위 수업 시간 내에 지속적으로 누적되는 것을 방지할 수 있다.

그리고 수업 시간 동안 계속해서 과제를 작게 쪼개어 주고, 종료 시간을 알려 준다. 단위 과제를 종료할 때는 아이들 사이를 한 바퀴 돌며 눈으로라도 대충 확인하면, 구조화가 되어 있지 않아 느린 아이들이 교사의 이러한 행동으로 많은 도움을 받게 된다.

과제를 잘게 나누어 제시한다.	→	시간을 설정한다. (3분 이내의 시간)	→	교실을 한 바퀴 돌며 눈으로 간단히 확인한다.

그 녀석과 둘이서

변명을 받아 주지 않기

아이가 변명을 하면 교사는 단호한 태도를 보여야 한다. 해야 할 일을 끝내기 전까지는 물러서지 않겠다는 모습을 보여 아이가 교사의 태도에 적응하게 한다. 그러나 이 경우 부모와의 합의가 먼저 있어야 한다. 아이를 방과 후에 남길 때는 부모와 통화하여 동의를 구하고 늦게 보내도 좋다는 확답을 받는다. 교사의 의도가 아무리 좋더라도 경우에 따라서는 부모와 문제가 야기될 수도 있기 때문이다.

아이를 늦게 귀가시킬 때는 그 시간을 따로 기록하고 하굣길의 안전에 대한 대책도 세운다.

동기 부여하기

아이를 동기화시키는 가장 좋은 방법은 '칭찬과 격려'다. 수행이 늦는 아이의 대부분은 다른 생활 영역에서도 그다지 칭찬받을 요소가 없을 때가 많다. 그러므로 교사는 '의도를 가지고' 아이를 칭찬하려는 노력을 해야 한다. 이를 위해 교사는 칭찬에 앞서 하루나 이틀 정도 자세히 아이의 행동을 관찰하여 어느 시점의 어떤 행동을 칭찬할지 파악한다. 그런 다음 적절한 때를 포착하여 아이의 구체적인 행동을 칭찬하면 좋다.

칭찬의 형식은 '구체적인 아이의 행동 + 칭찬의 내용(또는 감탄)'으로 하는 것이 적절하다. 특히 주어진 시간 안에 무엇을 한 징후가 보이면 처음에는 자리 옆으로 가서 개인적으로 칭찬해 주고, 점차 공개적으로 칭찬하는 것이 좋다. 처음부터 공개적으로 칭찬하기 시작하면 주변 친구들의 짓궂은 공격에 노출되기 쉽고, 그 결과 작은 성공은 이루었지만 일반 아이들의 수행 능력에 비해 뒤떨어지는 그 아이를 오히려 위축시킬 수 있다.

청찬과 격려는 아이든 어른이든 의욕을 불러일으킨다.

아이를 자세히 관찰하고, 필요하면 개인 상담하기

수행이 늦는 아이가 유난히 더 늦어진다면, 교사는 아이를 자세히 관찰할 필요가 있다. 등교 시간을 점검하고, 쉬는 시간에 아이의 행동 반경을 자세히 관찰하며, 일기나 발표 등의 활동을 자세히 관찰하고, 혹시 아이에게 무슨 문제가 있는 것은 아닌지 살펴보아야 한다. 경우에 따라서는 아이를 방과 후에 남겨 생활 주변에 무슨 변화가 없는지, 교사가 도와줄 일은 없는지 부드러운 분위기에서 물어보는 시간을 갖는다.

대개 부모가 이혼 과정 중이거나 가족 중에 아픈 사람이 있을 때, 혹은 학교폭력이나 또래관계에 문제가 있을 때 아이의 수행이 유난히 늦어질 수 있다.

늦는 아이 옆에 자주 서 있기

주변에 관심이 많은 아이라면 자주 그 아이의 주변에 서 있는다. 교사가 옆에 있다는 것을 느끼면 아이의 관심은 자연스럽게 수행 과제로 집중할 수 있게 된다. 특히 아이의 관심이 벗어날 때마다 교사가 부드러운 목소리로 유머 있게 자주 지적해 주는 것이 좋다. 이러한 방법을 사용하면 친구를 돌아보거나 친구 행동에 관심이 많은 아이의 초점이 수업 내용과 자신이 해야 할 일로 돌아올 수 있다.

아이가 스스로 변하기를 기다리기보다는 교사가 적극적으로 개입하여 아이가 수행에 집중하도록 한다.

변화가 보이면 아이에게 공로를 돌리기

아이에게 긍정적인 변화가 일어나면 공로를 전적으로 아이 몫으로 돌려 스스로 해냈다는 자신감을 심어 준다. "네가 이렇게 시간 내에 하다니 정말 대단하구나. 어떤 힘이 네 속에 있는 것 같은데……. 그것 봐. 넌 할 수 있어. 그 능력을 잘 키워 봐."와 같은 칭찬은 매우 효력이 있다.

네가 이렇게 시간 내에 하다니 정말 대단하구나. 어떤 힘이 네 속에 있는 것 같은데…… 그것 봐. 넌 할 수 있어. 그 능력을 잘 키워 봐.

 가정과 어깨 맞추기

부모상담하기 & 상담 시 주의 사항

교사의 힘만으로 벅찬 경우에는 부모와 상담 시간을 갖는다. 부모상담을 할 때에는 여러 가지 면에서 신경을 써야 한다.

전화상담이든 일대일 대면상담이든 먼저 시간을 내 준 것에 대해 고마움을 표시한다. 그런 다음 "교사로서 제가 판단하기에 ○○○한 문제가 있는 것 같은데, 부모님의 도움이 필요하며, 제가 아이를 지도하기에 필요한 정보를 얻고 싶습니다."라고 접근하는 것이 "아이에게 ○○○ 문제가 있습니다."라고 접근하는 것보다 낫다.

또한 아이의 문제 행동 자체로만 부모와의 상담을 진행하는 것은 역효과를 가져오기 쉬우므로, 아이를 사전에 잘 관찰하여 아이가 잘하는 다른 행동과 다른 영역에서의 가능성도 함께 제시하면서 수행이 늦는 문제를 꺼내는 것이 부모의 도움을 더 많이 이끌어 낼 수 있다.

┃ **부모상담과정 안내** ┃

1) 시간을 내 준 것에 대한 감사 인사
2) 아이의 잘하는 행동과 가능성도 이야기하기
3) 아이에 대한 정보 얻기
   - 부모에게 말할 기회 주기
     (예: △△를 잘하고 있는데, ○○부분이 더 좋아지면 좋겠는데, 집에서는 어떤가요?)
4) 학교에서의 문제 행동에 대해 부모에게 정보를 제공하는 형태로 제시하기
5) 대안 찾기
   - 교사가 학교에서 할 수 있는 일 제시하기
   - 부모의 도움 요청하기
   - 부모가 기대하는 것과 교사가 할 수 있는 것 서로 조율하기
   ※ 표현법 주의
   - 자녀에 대해 정보와 도움, 협조를 얻고 싶습니다. (○)
   - 자녀에게 문제가 있습니다. (×)

부모에게 안내하기

가정에서 다음과 같은 점에 주의하여 아이를 지도하도록 안내한다.

○ 기대치를 높게 잡지 않는다.

○ 능력보다 적은 양의 과제를 제시하여 과제 수행에 대한 부담감을 줄여 준다.

○ 언제까지 끝낼 것인지 마치는 시간을 아이가 스스로 정한 후 과제 수행을 시작하게 한다.

○ 정해 둔 일은 꼭 끝낼 수 있게 습관을 들인다.

07
성적에 심하게 신경 쓰는 아이

 ## 이런 녀석 꼭 있다!

공부 스트레스로 힘들어요

6학년 주연이는 수업 시간에 필기도 열심히 하고, 수업 태도도 좋다. 늘 진지한 얼굴로 수업에 임해서 시험을 보면 반에서 상위권 안에는 족히 들 것처럼 보인다.

시험 볼 때가 가까워지면 문제가 어려운지 쉬운지도 꼭 묻고, 시험이 끝나면 점수 언제 나오냐고 항상 물어본다. 그런데 막상 시험을 보면 반에서 중간 이하의 성적이 나온다. 일기장을 검사하면 공부도 열심히 하는 것 같고, 영어 학원은 학교에서 먼

시내 중심가까지 다니는 걸로 보아서 집에서도 공부에 신경을 많이 쓰는 것 같은데 성적이 안 나오니 의아했다. 항상 표정이 밝지 않아 걱정이 되어 어느 날 주연이와 일대일로 상담을 하게 되었다. 주연이는 공부에 대한 스트레스를 털어놓았다. 항상 불안하고 잘할 수 있을까 걱정이 된다고 했다. 부모님은 열심히 하라고 하고 자신도 열심히 하는데 왜 성적이 안 나오는지 모르겠다고 눈물을 글썽거렸다.

요즘 어린이들의 가장 큰 고민거리는 '공부'다. 아니, 공부라기보다는 '성적'이라는 말로 표현하는 것이 맞겠다. 흔히들 공부에 대한 스트레스는 중·고등학생 정도 되어야 받는다고 생각할 수 있지만 현실은 그게 아니다. 특목고에 가려면 초등학교 때부터 준비해야 한다는 말이 나올 정도로 요즘 아이들은 초등학생 때부터 성적으로 인한 압박을 받는다. 학원에서는 성적별로 반을 나누어 치열하게 경쟁하고, 집에서도 성적 하나하나에 부모님의 반응이 민감하다. 그러다 보니 주연이처럼 스트레스 때문에 힘들어하는 아이들이 많다. 반면 성적에 너무 신경을 써서 얄미운 아이들도 눈에 띈다.

영준이는 성적에 신경을 많이 쓴다. 언제 시험을 치는지, 범위는 어딘지 반에서 가장 먼저 물어보는 것도 영준이고 시험 보고 나서 언제 결과가 나오는지도 꼬치꼬치 물어본다. 그래도 이런 행동은 얄밉지 않다. 영준이가 제일 얄미울 때는 시험 결과를 알려 주고 나서다. 시험지를 받자마자 본인이 100점을 맞았다고 잘난 척하고는 다른 애들이 몇 점을 맞았는지 돌아다니며 파악하기 바쁘다. 자기보다 공부를 좀 못한다 싶으면 대놓고 무시하기도 하는데, 특히 겉모습이 좀 후줄근하면 영락없다.

간혹 선생님을 시험의 대상으로 삼기도 하는데 어려운 수학 문제를 가져와서 모르겠다고 하고는 선생님이 풀 수 있는지 살펴본다. 그때마다 번번이 문제를 풀어서 본때를 보여 주긴 했지만 왠지 기분은 찜찜하다.

학생이라면 공부에 신경을 쓰는 것이 당연하지만, 그것이 아이의 인성을 해칠 정도가 된다면 바람직하지 못하다. 어떻게 하면 이런 아이들에게 도움을 줄 수 있을까?

2. 그 녀석과 나

공부는 열심히 하는데
성적은 왜 이럴까? 공부 방법이
잘못된 것 같기는 한데.
일일이 지도해 주기도
쉽지 않고…… 어쩌지?

시험지에 부모님 확인
받아 오라니까 걱정이 되어서 우는구나.
선생님이 보기에는 잘했는데.
좀 더 노력하면 다음엔 더 잘할 수
있을 거야.

항상 자신감이
없어 보이고 기가 죽어 있네.
내 앞에 와서도 늘 우물거리고……
안쓰럽고 측은하기는 한데
나는 왜 그런 모습을 보면 짜증이
날까? 답답해서 그런가?

애는 왜
시험만 보고 나면 졸졸
따라다니면서 귀찮게 굴까.
때가 되면 점수를
알려 줄 텐데……

또 잘난 척하겠네.
100점 맞았다고 한바탕 자랑이
늘어지겠군. 시험을 망친 애들도
있는데 저러고 싶을까?

3. 그 녀석의 이유

공부 방법의 문제

열심히 공부하는데도 성적이 그만큼 나오지 않는 아이들은 공부하는 요령이 부족한 데서 그 원인을 찾을 수 있다.

- 수업 시간에 필기를 제대로 못함
- 중요한 것과 그렇지 않은 것을 구분하지 못함(핵심 개념을 찾지 못함)
- 암기 방법이 잘못됨
- 문제가 무엇을 묻는 것인지 제대로 파악하지 못함

시험 불안

시험 불안이란, 시험을 볼 때 불안이 고조되어 자신의 실력을 발휘하지 못하는 것을 말한다. 수학 시험지만 보면 눈앞이 캄캄해진다거나(신체적인 반응), 틀리지 않을까 하는 염려로 안정된 상태에서 시험을 치르기 어려워지는 것(심리적 반응) 등이 시험 불안의 증상이다. 시험 불안이 지속되면 자기 자신을 믿지 못하게 되고, 이는 시험뿐만 아니라 학습을 할 때도 불안 요소로 작용하여 성적이 계속 떨어지는 등의 악순환으로 이어진다.

시험 불안이 높은 아이들의 특징

○ 자신감이 부족하다.　　　　　　　　　○ 시험에 대해 지나치게 걱정한다.

○ 다른 사람을 지나치게 의식한다.　　　　○ 시험 결과에 대해 끊임없이 염려한다.

○ 시험에 대한 자신의 준비가 부족하다고 생각한다.

시험 불안으로 발생하는 결과

　긴장에 따른 당황, 불안, 초조감, 빠른 심장 박동, 소화 장애, 공황에 가까운 극심한 불안 상태와 이와 관련된 생리적 반응 등을 보인다.

출처: 최정원 · 이영호(2006). 학습치료프로그램 지침서. p. 208.

성적으로 줄 세우는 사회

　'좀 더 비싼 너로 만들어 주겠어. 네 옆에 앉아 있는 그 애보다 더'

－ 서태지와 아이들의 '교실 이데아' 중에서 －

　인간의 가치는 성적으로만 결정되는 것이 아닌데도, 요즘 사회는 마치 인간의 가치가 돈이나 외모, 성적(학벌) 등으로만 결정된다고 여기는 것 같다. 성적이 자신의 가치를 결정하는 핵심 요소가 된다는 잘못된 생각이 아이들에게도 퍼져 아이를 성적의 노예로 만든다.

　공부에 신경을 쓰지만 그에 걸맞은 성취를 이루지 못해 위축이 된 아이나 성적이 잘 나오면 눈에 띄게 잘난 척하는 아이는 언뜻 보면 전혀 다른 아이들로 보인다. 그러나 두 부류의 아이들 모두 공부가 자신의 가치를 결정하는 기준이 된다는 가치관 때문에 그와 같은 행동을 보이는 것이다. 그것이 양극단으로 나타나 전혀 다르게 느껴지는 것뿐이다.

아이가 이와 같은 생각을 갖게 된 것은 무엇보다 부모의 양육 태도 때문이다. 많은 부모가 내 자녀는 다른 아이들보다 뒤처져서는 안 된다는 조바심을 가지고 아이를 여러 학원에 보내고, 성적으로 압박한다. 부모의 이러한 양육 태도에 대해 좀 더 생각해 보자.

성적에 집중된 부모의 칭찬과 꾸중

부모의 칭찬이나 꾸중이 성적에만 집중되어 있다면 아이는 성적에 벌벌 떨게 된다. 성적이 잘 나오면 아이가 원하는 휴대전화 같은 물건을 사 주고, 성적이 못 나오면 매질이나 폭언을 반복하는 부모가 있다. 이러한 부모의 기준은 자녀의 성취도 향상이 아닌 주변 아이들인 경우가 많다.

과도하게 높은 기대

부모의 기대가 높고 아이도 그것을 따라 준다면 그것보다 좋은 일은 없을 것이다. 그러나 자신을 위해서가 아닌(자신을 위한 것이 무엇인지도 모르고) 부모의 기대에 부응하기 위해 열심히 노력하는 아이가 얼마나 행복할지는 생각해 보아야 할 문제다.

많은 부모가 자녀에게 100점을 원한다. 아이들은 이 기준을 만족시키기 위해 노력하지만 결코 쉬운 일은 아니다. 이렇게 아동의 성취가 부모의 기대에 미치지 못하는 경우에 부모는 아동에 대하여 부정적인 태도를 보이게 된다. 그리고 아이는 부모의 태도를 은연중에 받아들여 자기 자신을 보잘것없이 생각하기 시작한다.

'이런 것도 못하다니 나는 바보인가 봐!'라는 태도는 아이를 시험뿐 아니라 매사에 자신 없는 사람으로 만들 수 있다.

과도한 목표 설정

부모의 높은 기대를 받으며 자란 아이는 목표를 세울 때 스스로의 능력보다 과도하게 높은 수준의 목표를 설정하기 쉽다. 따라서 계속적인 실패를 경험할 수 있으며, 실패는 아이에게 엄청난 스트레스가 되고, 이러한 악순환은 반복된다. 자신의 수준보다 약간 높은 정도의 목표를 설정하면, 설령 스트레스를 받는다 해도 긍정적인 스트레스로 작용할 수 있지만, 과도하게 높은 목표는 반드시 실패하기 때문에 결과적으로 어떠한 도전에도 반응하지 않는 무기력한 아이로 만들 수도 있다.

과정보다 결과를 중시함

공부에 관련된 것뿐만 아니라 다른 일에서도 과정보다 결과를 중시하는 부모가 있다. 입으로는 과정이 중요하다고 할 수 있는데, 결과가 좋을 때만 칭찬하고 결과가 좋지 않을 때는 마지못해 칭찬하는(아이들은 부모의 이러한 면을 정확히 알고 있다.) 태도는 아이에게도 결과를 중시하는 가치관을 심어 준다. 자신의 노력보다 결과에 초점을 맞추기 때문에 부정행위를 해서라도 결과가 좋으면 상관없다고 생각하는 아이들이 생겨난다.

'엄친아'와 비교당하는 아이들

'엄친아'는 '엄마 친구 아들'의 준말로, 엄마가 자녀에게 곧잘 "엄마 친구 아들은……" 하며 비교하는 데서 나온 말이다. 아이를 있는 그대로 보지 않고 누구와 비교하여 보는 태도는 아이에게 건전한 자아존중감을 길러 주지 못한다. 흔히 다른 아이보다 못하다고 비교하는 것만 나쁘다고 생각하는데, 다른 아이보다 잘했다는 비교도 좋지 않다. 다른 아이보다 더 낫다는 이야기를 많이 듣고 자란 아이는 자신의 성취를 늘 누군가와 비교하고, 그보다 더 높은 성취를 얻지 못하면 자신이 아무리 잘했더라도 그것을 받아들이지 못하기 때문이다.

엄마는 완벽주의자

무엇이든지 잘해야 하는 완벽주의 부모는 무엇이든 잘해야 스스로에 대해 자부심을 가지는 완벽주의 어린이를 만들어 내기 쉽다. 완벽을 추구하는 부모의 모습을 보고 자랐기 때문에 아이는 그것을 당연한 것으로 느끼며 자랄 가능성이 높다. 완벽함이 기준이 되면 자신이 완벽함에 부합하지 못했을 때 힘들어하는 것은 당연한 일이다. 이에 따라 성적이 자신이 원하는 것만큼 나오지 않았을 때 다른 친구들보다 더 큰 스트레스를 받게 된다. 또한 이분법적 사고로 극단적인 행동을 취할 수도 있다.

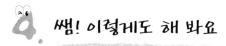
쌤! 이렇게도 해 봐요

안경 바꿔 쓰기

인정받고 싶은 욕구 충족시켜 주기

시험으로 잘난 척하는 아이들이나 이런 아이들 때문에 위축된 아이들이 가진 공통의 욕구는 인정에 대한 욕구다. 권위자나 또래에게 인정을 받고 싶은 욕구를 충족시켜 주는 것도 필요하다.

잘난 척하는 아이에게 인정을 해 주면 더 기고만장하지 않을까 하는 생각이 들 수도 있지만, 인정을 받아 내적인 힘이 생긴 아이는 다른 아이를 배려해 주는 여유도 생기기 마련이다.

따로 이야기할 기회를 포착하여(굳이 따로 부르지 않아도 좋고 오랜 시간도 필요 없다.) "항상 높은 점수인 걸 보니 열심히 노력하는구나." "지난번 그 문제 틀린 건 아까웠어. 그렇지?" 하는 짧은 말로도 충분히 아이의 인정의 욕구를 채워 줄 수 있다.

시험 불안의 긍정적인 면 바라보기

만약 시험 불안이 있다면, 이는 곧 배움에 대해 관심이 있고, 성취에 대한 동기가 있다는 것을 나타내 주는 것이기도 하다. 아이가 공부에 관심이 없고 포기해 버렸다면 아예 불안을 느끼지도 않았을 것이다. 공부에 관심조차 없는 아이를 가르치는 것보다 불안을 느끼더라도 관심이 있는 아이를 가르치는 것이 교사에게는 훨씬 수월하다는 것을 기억하자.

함께 세우기

시험 일정 공지하기

시험 일정은 반 아이들 모두가 궁금해하는 관심사다. 평가 계획이 잡히면 칠판에 게시하여 아이들이 모두 볼 수 있도록 함으로써 궁금증을 해소해 주는 것이 좋다.

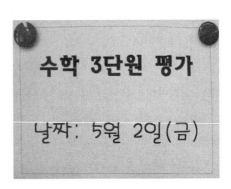

시험 결과 알려 주기

시험이 끝나면 결과가 궁금한 것은 당연하다. 시험이 끝날 때 언제 결과가 나오는지 미리 알려 주면 개인적으로 물어볼 때마다 일일이 대답하는 수고를 덜 수 있고, 교사의 일처리(채점)도 빨라지는 효과가 있다.

시험의 채점은 반드시 교사가 하도록 하는데, 이는 직접 채점하는 것이 아이들의 실력을 파악하기에 용이하고 아이들 간에 점수 때문에 일어나는 문제를 미연에 방지할 수 있기 때문이다.

시험 결과에 대한 공지는 다양한 방법이 있는데, 일단 아이들의 점수가 서로 알려지지 않도록 하는 것이 좋다. 저학년의 경우에는 별다른 수치심 없이 자신의 점수를 공개하는 경우가 많지만, 고학년으로 갈수록 민감한 문제일 수 있으므로 교사는 아이가 자신의 점수만 알도록 배려해야 한다.

시험지를 받자마자 "100점이다!"라고 외쳐서 시험을 못 본 아이들을 속상하게 하는 아이들도 종종 있다. 시험을 잘 본 친구는 그렇지 않은 친구들을 배려해야 함을 일깨워 주며 차분히 시험 점수를 확인하도록 한다.

오답공책 기록하기

아이들이 시험의 결과를 아는 것은 중요하다. 그러나 점수만을 강조하면 아이들은 수단과 방법을 가리지 않고 좋은 점수를 받으려 노력하게 될 뿐이다. 점수보다는 시험을 통해 자신의 실력을 점검하고 부족한 점은 보충하는 것이 더 필요하다. 자신이 왜 틀렸는지를 알고 그것을 고쳐 나가려고 노력하다 보면 실제적인 실력 향상과 더불어 시험 과정 중의 실수도 줄어들게 된다.

오답공책 지도 방법에 대한 예는 다음과 같다. 오답공책(A)을 준비한 후, 아이들과 함께 문제를 틀리는 이유에 대해 알아보고, 그것을 정리하여 공책 앞면에 붙인다(B). 오답공책을 쓸 때마다 틀린 문제를 고치고 틀린 이유도 쓰게 한다. 공책에 쓰기 어려운 경우에는 문제지에 사인펜이나 볼펜 등으로 답을 고치고 틀린 이유를 쓰게 하면 된다(C).

그 녀석과 둘이서

시험 불안이 있는 아이에게는 교사의 일대일 지도가 적합하다. 일대일 지도는 교사와 아동의 관계를 친밀하게 만들어 아동으로 하여금 안정감을 느끼게 하고, 실질적으로 시험 불안을 해결하는 데 도움이 된다.

시험 불안의 정도 알아보기

시험을 앞두고 어느 정도의 불안을 느끼는 것은 자연스러운 일이다. 적절한 불안은 시험을 준비하는 데 긍정적인 영향을 미친다. 그러나 정도가 지나치면 시험 준비와 결과에 부정적인 영향을 미치게 되어 스트레스가 커지고, 결국 불안이 더 심해지는 악순환이 일어난다. 아이의 시험 불안이 심하다는 생각이 들면 그 정도를 알아보는 것이 필요하다([활동지 7-1] 참조).

생각 바꾸기

시험 불안은 자신에 대한 비합리적인 사고에 의한 경우가 많다. 이러한 사고를 합리적으로 변화시킴으로써 불안을 줄일 수 있다. 다음에 제시되는 활동을 아이와 함께 꾸준히 실천해 보자.

비합리적 사고 찾기

시험 때나 공부를 할 때 아이가 자주 하는 생각을 자연스럽게 쓰게 하고, 그 안에 시험과 관련된 비합리적 사고는 없는지 찾아보자.

시험 불안과 관련된 비합리적 사고

○ 난 머리가 나쁜가 봐. 난 잘하는 게 하나도 없어.

○ 이번 시험도 100% 망칠 거야.

○ 이번 시험은 반드시 성적이 올라야 해.

○ 내가 시험을 못 보면 엄마가 많이 실망하시겠지?

○ 시험을 못 봐서 지영이가 나를 무시하는 거야.

○ 성적이 안 나오면 많이 야단맞을 텐데.

○ 시험 볼 때 머리 감으면 시험 못 보는데.

합리적인 생각으로 바꾸기

합리적인 생각은 사람에게 안정감을 주고 논리적이기 때문에 목표를 이루는 데 도움이 된다. 그러나 비합리적 생각은 부정적 감정(불안, 초조 등)을 갖게 하고 비논리적이기 때문에 목표를 이루는 데 방해가 된다. 아이의 비합리적 생각을 찾아 주고, 이것을 합리적 사고로 바꾸는 것을 함께 연습해 보자.

○ 상황: 애들이 내 앞에서 수군거린다.

○ 비합리적 사고: 시험을 못 봐서 애들이 내 흉을 보나 봐.

○ 합리적 생각:

　– 자기네들끼리 비밀 이야기 할 게 있나 봐.

　– 내가 잘못한 게 없으니 내 흉을 볼 리가 없어.

　– 나랑 친한 아이들도 아닌데 일일이 신경 쓰지 말자.

합리적인 생각 연습하기

불안은 자기도 모르게 마음속으로 반복하는 부정적인 생각에서 출발한다. 앞에서 살펴본 비합리적 사고가 그 예다. 합리적이고 긍정적인 생각을 습관화하면 어느새 부정적인 생각을 몰아낼 수 있다.

○ 나는 열심히 하니까 더 나아질 수 있을 거야.
○ 시험이 내 인생을 결정짓는 건 아니잖아. 힘내자!
○ 걱정한다고 성적이 좋아지는 건 아니야. 다음 시험이 있는데 뭐.

긍정적인 장면 떠올리기

우리에게 마음속으로 반복되는 부정적인 언어가 영향을 미치는 것처럼 머릿속에 떠오르는 장면도 영향을 미친다. 부정적인 언어를 긍정적으로 바꾼 것처럼 부정적인 장면을 긍정적인 장면으로 바꾸면 더 안정된 모습으로 시험을 준비할 수 있다. 아이가 원하는 긍정적인 장면을 떠올릴 수 있도록 도와주자.

 시험 성적을 발표하니 친구들이 모두 나를 부러운 눈으로 바라본다.

더불어 아이에게 불안감을 주는 장면은 무엇이 있는지 물어보고, 만약 그런 일이 생긴다면 어떻게 대처하면 좋을지도 물어보자. 감옥에서 상상만으로 골프를 연습한 사람이 실제로 골프를 매우 잘 쳤다는 이야기처럼 머릿속으로 상상하는 것만으로도 우리는 실제 상황을 준비할 수 있다.

 ○ 불안한 상황: 공부한 내용인데 전혀 기억이 안 난다.
○ 나의 대처 방법: 심호흡을 하고 일단 쉬운 문제부터 풀어 보자. 그리고 다른 문제에 힌트가 있는지 찾아보자.

생각 멈추기

부정적인 생각이 떠오르면 즉시 '그만'을 외치고 생각을 멈춘다. 이런 것이 얼마나 도움이 되겠냐고 하겠지만, 실제로 이러한 의식적인 노력이 부정적인 생각을 멈추게 한다. 특히 당장 어떻게 해결할 수도 없는 문제 때문에 걱정이 시작되었을 때 매우 유용하다. '그만'을 입으로 소리 내어 말하는 연습을 먼저 한 후, 익숙해지면 속으로 외치거나 다른 행동을 신호로 정하여 생각을 멈춘다.

가정과 어깨 맞추기

공부 방법 안내하기

자녀의 공부 습관을 기르는 데는 부모의 역할이 크다. 무조건 공부하라고 다그치거나 시험 점수만 가지고 혼을 내도록 하지 말고 자녀의 학습을 지원하는 방법을 안내하여 가정에서의 효과적인 지도가 이루어지도록 돕는다.

▌아이의 시험 불안을 예방하는 부모 12계명 ▌

○ 옆집 아이와 비교하지 마세요.
○ 모든 것에 완벽한 어린이가 되라고 등 떠밀지 마세요.
○ 칭찬은 진심을 듬뿍듬뿍 담아 구체적으로 하세요.
○ 진심이 아닌 칭찬은 부담보다 더 큰 짐이에요.
○ 성적 말고 다른 것으로도 자주 칭찬하세요.
○ 다음에는 잘할 수 있을 것이라는 말은 자녀를 더 불안하게 해요.
○ 단정적인 말은 하지 마세요(예, 이런 것도 못해? 너 바보야?).
○ 아이와 함께 성공 가능한 목표를 세우세요.
○ 시험공부는 계획부터 함께하세요.
○ 공부하라고만 하지 말고 집중할 수 있는 환경을 만들어 주세요.
○ 100점은 당연한 점수가 아니라 대단한 점수임을 기억하세요.
○ 시험 결과보다 노력한 과정을 칭찬하세요.

함께하는 시험공부

공부 방법을 간단히 알림장에 기록하거나 작은 유인물로 만들어 부모와 공유할 수 있다. 공부 계획을 세우고 실천할 때도 검사를 받도록 하여 부모의 참여를 자연스럽게 유도한다.

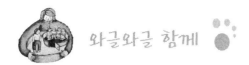

와글와글 함께

학습 방법 점검

아이의 학습 방법이 어떤지 먼저 점검해 보자. 시험 불안 아이들 중에는 단지 불안 때문이 아니라 학습 방법을 잘 몰라서 노력한 만큼의 성취를 거두지 못하고, 계속된 실패 경험으로 시험 불안에 이른 아이들도 많다.

검사지 활용하기

활동지로 제시한 검사지를 활용하여 검사를 하고 검사 결과를 그래프로 그려 보게 함으로써 자신에게 부족한 학습 기술이 무엇인지 쉽게 파악할 수 있도록 돕는다([활동지 7-2] 참조).

항 목	내 용	점 수	항 목	내 용	점 수
A	동기 및 실천력	20	E	노트하기	20
B	시간 관리	18	F	기억하기	19
C	수업 듣기 및 태도	20	G	집중하기	15
D	책 읽기	13	H	시험기술	15

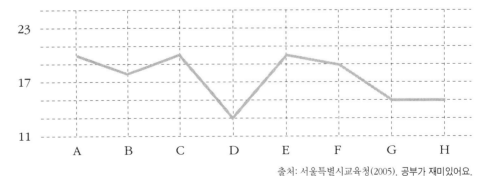

출처: 서울특별시교육청(2005). 공부가 재미있어요.

[그림 7-1] 학습 습관 검사 결과지(예시)

  공부할 때 힘든 아이

인터넷을 이용한 학습 전략 검사도 있다

컴퓨터실 이용 시간에 검사를 하고 바로 결과를 볼 수 있어서 효과적이다.

공부 계획 세우기

요즘 대부분의 학교에는 성취도평가(또는 중간고사, 기말고사)가 있다. 이에 대비하여 아이들과 함께 공부 계획을 세우고 실천한다면 차근차근 공부를 할 수 있어 불안감도 줄어들고 꾸준히 공부하는 습관을 기르는 데도 큰 도움이 된다.

먼저 시험 범위를 확인한 후 목표를 세우고 과목별로 알맞은 공부 방법에 대해 생각해 본다. 그 다음 시험 범위를 고루 나누어 공부 계획을 세우는데, 계획은 구체적이고 실천 가능한 것이 가장 좋다. 처음 계획을 세울 때는 부모와 함께하다가 몇 번해 보고 나면 혼자 계획을 세울 수 있다. 계획을 실천하면 체크를 하고 매일 부모의확인을 받게 하면 꾸준히 스스로 공부하는 습관이 길러진다. 다음 그림은 초등학교3학년 어린이들이 부모님과 함께 실천한 내용이다(활동지 7-3l 참조).

시험 보는 방법 안내하기

공부는 열심히 하지만 시험을 볼 때 실수하여 정작 좋은 결과를 얻지 못하는 아이들이 많이 있다. 시험을 잘 치르기 위해 공부만 열심히 해서는 2% 부족하다. 시험 상황에서 주의할 점을 안내하는 것은 시험에 차분하게 임하게 함과 동시에 실수를 줄여 아이들이 자신의 실력을 유감없이 발휘하도록 도와준다([활동지 7-4] 참조).

결과 정리하기

시험이 끝나면 결과를 공지하고 오답공책을 쓰는 것뿐만 아니라 시험에 대해 돌아보는 시간을 가진다. 이러한 과정을 통해 아이들은 결과뿐 아니라 과정에 대해서도 돌아보게 되고 스스로를 발전시킬 방법을 찾게 된다.

결과를 정리하는 방법은 다양하지만, 기본적으로 목표 달성 여부와 그 이유, 다음 시험에서 개선하고 발전시킬 점 등을 생각하여 정리해 본다([활동지 7-5] 참조).

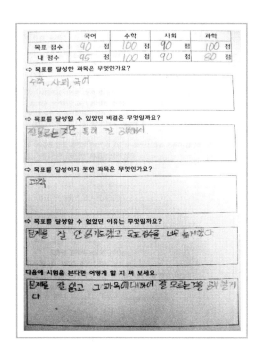

호흡법

깊은 호흡은 불안과 긴장을 감소시키고 주의 집중력을 향상시키는 데 도움이 된다. 시험을 보기 전뿐만 아니라 규칙적으로 반 아이들과 함께하면 아이들이 차분해지는 것을 느낄 수 있다([활동지 7-6] 참조).

나의 시험 불안 정도는?

학년   반   이름:

0점 전혀 그렇지 않다	1점 어쩌다 그렇다	2점 보통 그렇다	3점 대체로 그렇다	4점 아주 그렇다			

번호	내 용	0	1	2	3	4
1	시험에는 자신이 없고, 긴장하게 된다.					
2	시험 기간에는 줄곧 마음이 편하지 못하다.					
3	시험 점수 생각에 시험공부가 잘 안 될 때가 있다.					
4	시험 걱정에 매달려 마음에 여유가 없다.					
5	시험을 치는 동안 내 성적으로 원하는 학교에 진학할 수 있을지 걱정이 된다.					
6	문제를 푸는 순간에도 걱정이 되어 애를 태운다.					
7	혹시 틀리지 않을까 하는 생각 때문에 주의 집중이 잘 안 된다.					
8	시험을 칠 때는 안절부절못하고 몹시 서둔다.					
9	시험공부를 아무리 많이 해도 시험 시간만 되면 초조해진다.					
10	시험 점수를 알기 전에는 도무지 마음이 놓이지 않는다.					
11	답을 쓰는 순간 손발이 떨린다.					
12	이제 시험이나 성적 걱정에서 벗어났으면 좋겠다.					
13	식욕을 잃고 속이 불편할 정도로 신경이 날카로워진다.					
14	시험은 나에게 좌절감과 패배감을 갖게 한다.					
15	시험을 치는 동안 몹시 당황한다.					
16	시험일자가 다가오면 나도 모르게 몸과 마음이 굳어진다.					
17	시험 치는 순간에도 성적이 떨어질까 봐 마음 졸인다					
18	시험 치는 동안 가슴이 두근거리고 입이 마른다.					
19	시험을 치고 난 다음에도 시험 걱정을 한다.					
20	몹시 긴장해서 아는 것도 생각나지 않을 때가 있다.					

합계 점수	반응 상태	결과 해석
0~30점	정상적인 시험 불안	적절한 이완감을 유지해서 자신의 실력을 충분히 발휘할 통제력을 가지고 있음
31~50점	가벼운 시험 불안	부담감을 가지고 있지만, 자기통제 능력을 상실하지는 않음
51~60점	중간 시험 불안	긴장과 부담으로 행동, 정서, 사고의 통제력을 점차 잃어가며 과제 수행의 효율성을 떨어뜨릴 수도 있음 이완 훈련 및 교사, 부모의 적극적인 도움이 필요함
61~80점	심한 시험 불안	과도한 부담감으로 인해 행동, 정서, 사고의 통제력이 손상됨 / 전문가와의 상담이 필요

출처: 신경정신과 마음누리 신경정신과, 가톨릭의대 여의도 성모병원 정신과교실.

학습 습관 검사

학년   반   이름:

● 이 검사는 시험이 아니고 여러분의 공부 습관에 대한 정보를 얻기 위한 검사이므로 편안한 자세로 솔직하게 문제에 따라 답하시면 됩니다. 다음 문장을 읽고 다음의 보기 중에서 가장 비슷한 경우의 숫자를 점수표에 적으세요.

그렇지 않다	그렇지 않은 편이다	가끔 그렇다	자주 그렇다
1	2	3	4

1. 공부를 잘하기 위해서는 예습과 복습이 필요하다고 생각한다.

2. 공부를 하기 전에 공부할 양과 공부를 끝낼 시간을 미리 정한다.

3. 수업이 시작되기 전에 자리에 앉고 다음 수업에 필요한 책을 준비한다.

4. 공부하다가 중요한 부분은 밑줄을 긋거나 표시를 한다.

5. 나는 그날그날 필요한 공책을 잘 준비해 온다.

6. 공부하고 이해한 것 중 중요한 것은 외운다.

7. 공부할 때 TV나 라디오, 컴퓨터 등은 끄고 공부한다.

8. 시험 준비를 할 때 어떤 내용이 시험에 나올지 예상하면서 한다.

9. 나는 복습이나 예습을 해 본 적이 있다.

10. 방과 후 집에 와서 놀기보다는 숙제나 해야 할 일을 먼저 한다.

11. 수업 중에 선생님께서 강조하는 내용이 무엇인지 생각하며 듣는다.

12. 책을 읽은 후에 내가 읽은 내용이 무엇인지 정리하며 생각해 본다.

13. 나는 공책 정리를 열심히 한다.

14. 외워야 할 부분을 읽은 후에 보지 않고 소리를 내어서 외워 본다.

15. 집에서 공부를 시작하기 전에 주변을 정리하고 공부 분위기를 만든다.

16. 시험 문제를 다 푼 후에는 다시 한 번 실수한 것이 있는지 확인한다.

17. 나는 수업 시작 전에 조금이라도 미리 배울 내용을 살짝 본다.

18. 여러 가지 일을 해야 할 때는 우선순위를 정하고 중요한 일부터 한다.

19. 수업 중에 모르는 내용은 질문을 하거나 다른 방법으로 알아본다.

20. 책을 처음 볼 때 전체 내용이 무엇인지 알기 위해 앞부분의 책 순서를 먼저 본다.

21. 공책은 나중에 보아도 알아보기 쉽게 정리되어 있다.

22. 중요한 부분을 외울 때 좀 더 편하게 외울 수 있는 방법을 사용한다.

23. 하루 중 주로 같은 시간에 같은 장소에서 공부하는 편이다.

24. 시험 볼 때 쉬운 문제를 먼저 풀고, 풀기 어려운 문제는 나중에 푼다.

25. 나는 공부를 끝낸 후에 내가 공부한 것 중 중요한 내용이 무엇인지 생각해 본다.

26. 매일 규칙적으로 공부한다.

27. 수업 시간에 손들고 발표하기를 좋아한다.

28. 책을 읽을 때 그림이나 그래프, 표 등을 자세히 본다.

29. 선생님이 수업 중 정리해 주신 내용은 공책이나 책에 잘 적는다.

30. 나는 외운 것을 잊어버렸어도 실망하지 않고 다시 외운다.

31. 공부할 때 딴 생각을 하지 않으려고 노력한다.

32. 시험을 보기 전에 시험 범위 내용을 공부하고 시험을 본다.

33. 나는 숙제를 하거나 책가방을 챙길 때 다음 날 배울 내용을 생각한다.

34. 공부를 하기 전에 먼저 공부 계획을 세우고 공부를 한다.

35. 나는 수업 중에 선생님과 눈이 잘 마주친다.

36. 책을 쓴 글쓴이가 무슨 내용을 전하려고 하는지 생각하면서 책을 읽는다.

37. 선생님이 중요하다고 한 것은 따로 표시하거나 메모해 둔다.

38. 중요한 부분을 외우기 전에 먼저 그 내용을 이해하려고 한다.

39. 일단 공부하기 시작하면 오래 앉아서 꾸준히 하는 편이다.

40. 시험이 끝나고 채점이 다 되면 틀린 문제를 다시 풀어 보고 틀린 이유를 생각해 본다.

  공부할 때 힘든 아이

학습 습관 검사 점수표

학년   반   이름:

A	B	C	D	E	F	G	H
1	2	3	4	5	6	7	8
9	10	11	12	13	14	15	16
17	18	19	20	21	22	23	24
25	26	27	28	29	30	31	32
33	34	35	36	37	38	39	40
계	계	계	계	계	계	계	계

학습 습관 검사 결과표

항목	내 용	점 수	항목	내 용	점 수
A	예습 및 복습	/20	E	공책 정리	/20
B	시간 관리	/20	F	기억하기	/20
C	수업 태도	/20	G	집중하기	/20
D	책 읽기	/20	H	시험 기술	/20

나의 좋은 학습 습관	바꾸어야 할 학습 습관
1위 :	1위 :
2위 :	2위 :
더 나은 학습을 위한 나의 목표	

출처: 서울특별시교육청(2005). 공부가 재미있어요.

성취도 평가 공부 계획

학년   반   이름:

시험 일자	월 일 (요일)						
시험 범위	국어		사회		수학		과학	
목 표	국어			점	사회			점
	수학			점	과학			점
공부 방법	국어							
	사회							
	수학							
	과학							

공부 계획

날짜	국어	확인	사회	확인	수학	확인	과학	확인	부모님

날짜	국어	확인	사회	확인	수학	확인	과학	확인	부모님

시험 시간에는 이렇게!

학년   반   이름:

● 시험 준비

　① 시험을 치를 때 연필, 지우개, 자 등을 꺼내 두기

　② 시험을 볼 마음의 준비하기(예, 심호흡, 마음 가라앉히기)

● 시험 시작

　① 시험지에 이름 쓰기

　② 시험지 훑어보기(전체 문항 수, 인쇄 상태 확인)

　③ 쉬운 문제부터 풀기(어려운 문제는 ✓ 표시하고 넘어가기)

　④ 문제를 정확하게 읽고 이해하기(예, 아니요, ＋, － 등 지시문이나 부호에 줄 긋기)

　⑤ 어려운 문제 풀기

　⑥ 시험지 다시 훑으며 검토하기(안 푼 것처럼 답을 가리고 검토하기)

　⑦ 모르더라도 짐작하여 빈칸을 채워 넣기 → 시험지에 힌트가 나와 있을 경우가 있으니 꼼꼼히 읽어 보기

　⑧ 풀지 않은 문제가 있나 확인하기

　⑨ 답안지에 제대로 옮겨 썼나 확인하기

　⑩ 답안지에 빈칸이 있나 확인하기

● 꼭 기억하기

　① 글씨는 남이 알아보게 깔끔하게 쓰기

　② 국어: 답은 시험지 안에
　　　　　맞춤법 틀리지 않도록 주의하기

　③ 수학: 계산한 것이 안 섞이게 줄 긋고 문제 바로 옆에 계산 과정 쓰면서 풀기

　④ 한 번 쓴 답은 그 답이 잘못되었다는 확신이 들 때만 고치기

평가 결과 돌아보기

학년   반 이름:

	국 어	수 학	사 회	과 학
목표 점수	점	점	점	점
내 점수	점	점	점	점

● 목표를 달성한 과목은 무엇인가요?

_____

● 목표를 달성할 수 있었던 비결은 무엇인가요?

_____

_____

_____

● 목표를 달성하지 못한 과목은 무엇인가요?

_____

● 목표를 달성할 수 없었던 이유는 무엇인가요?

_____

_____

_____

● 다음에 시험을 본다면 어떻게 준비할지 써 보세요.

_____

_____

호흡 훈련

학년   반 이름:

* 교사와 아이들이 함께하거나 쉬는 시간에 전체 아이들과 함께해도 좋다.

● 호흡 훈련 1단계
 ① 몸을 가볍게 풀고 편안한 자세로 앉기
 ② 눈을 가볍게 감고 한 손은 배꼽 위에, 다른 한 손은 가슴 위에 놓는다.
 ③ 부드럽게 호흡하면서 어떤 손이 움직이나 살펴본다.
 ④ 되도록 가슴 위의 손은 움직이지 않고 배 위의 손이 움직이도록 호흡해 본다.
  • 각 단계는 1~2분 지속한다.
  • 수차례 반복하여 자신의 호흡 패턴을 느낄 수 있도록 한다.
 ⑤ 이제는 가슴 위의 손은 내리고 배 위에만 손을 얹고 호흡해 본다.
 ⑥ 배가 어떻게 부풀어 오르고 가라앉는지를 잘 느끼며 호흡한다.
  • 배의 움직임에 주의 집중하여 호흡한다.
  • 익숙해지면 배 위의 손을 내린다.
  • 초반에는 숫자를 세는 것도 도움이 된다.
   – 들이쉴 때 ‘하나’, 내쉴 때 ‘둘’을 세면서 ‘열’ 까지 가고, 다시 처음부터 하면서 점점 깊이 호흡하게 한다.
  • 이 과정을 약 10~20분 지속한 후, 호흡 훈련 2단계로 넘어간다.

● 호흡 훈련 2단계
 ① 되도록 온몸의 긴장을 풀고 호흡한다.
 ② 들숨과 날숨을 고르게 해 본다.
 ③ 배를 이용한 호흡이 어느 정도 익숙해지면 숨을 내쉴 때 속으로 ‘편안한 느낌이다.’라고 되뇌면서 온몸의 근육이 이완되는 느낌을 갖도록 한다. 실제로 몸(특히 어깨와 목)의 힘을 빼면서 숨을 쉬어 본다.

O8

조별활동에 참여 안 하는 아이

 ## 이런 녀석 꼭 있다!

선생님, 수진이는 빼 주세요!

3교시 역할극 시간이다. 미숙이가 갑자기 소리친다.

"선생님, 수진이는 빼 주세요. 아무 역할도 안 하고 협조도 안 해서 속상해요! 수진이가 우리 모둠에 있으면 우리 모둠 점수만 낮아져요!"

가까이 가 보니 다른 아이들도 모두 수진이를 매우 못마땅하게 바라보고 있다. 수진이는 무슨 역할을 맡겨도 안 한다며 아이들의 아우성이 말이 아니다. 모두 한 가지씩 역할을 맡기로 했는데 아무것도 안 한다고 고집을 부리고 있으니 나머지 아이들이 싫어하는 것도 당연하다.

난 내 일이 더 급해

잘난이는 오늘도 조별활동에 어울리지 않고 혼자 앉아 있다. 가까이 다가가서 보니 수학문제집을 풀고 있다.

"잘난아! 다른 애들과 함께 활동해야지?"

"전 재미없어요. 그리고 학원 숙제 해 가야 돼요."

"학원 숙제를 하기 위해 조별활동을 안 한다고?"

"그러면 안 되나요?"

"……."

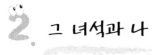
2. 그 녀석과 나

너는 왜 같이 어울리지
못하는 거니? 마치 물 위에 뜬
기름처럼!

이것은 너희 모둠의 문제다.
시간 내에 알아서 해결하도록
하거라.

너희가 뭔가 수진이
기분을 나쁘게 한 건 아니야?
웬만한 건 조금씩 양보하며
함께 어울려야지.

아까 집중해서 듣지도 않고
딴전을 피우더니 거 봐라.
무슨 내용의 역할극을 하는지
모르고 있잖니?
얘들아, 수진이가 아무것도 몰라서
그런다. 너희가 다시 설명 좀
해 주거라.

3. 그 녀석의 이유

혹시 왕따?

어쩌면 평소에 왕따를 당하는 아이일지도 모른다. 교사는 파악이 잘 안 되어도 아이들끼리는 눈치 작전이 진행되고 있을 수도 있다. 누가 누구를 왕따 시키는지, 누가 동조하는지, 동조를 안 하면 자신이 왕따를 당할까 불안하여 가해자 편에 서는 아이가 누구인지, 혹시 자신이 왕따가 되지는 않을지……. 아이들은 이러한 신경을 쓰느라 마음이 매우 복잡하다. 조별활동을 하려고 해도 같은 조의 구성원들이 은근히 압력을 넣어서 아예 참여를 못 하게 할 수도 있다. 즉, 따돌림을 당하는 아이인 것이다.

고집쟁이 기질

집에서 귀여움을 독차지하고 관대한 대우를 받고 자란 아이는 밖에 나와서도 모두가 자기만 위해 주기를 바란다. 이러한 아이는 모둠에서 역할을 나눌 때 자기가 원하는 역할을 다른 아이가 먼저 선택하게 되면 협조를 안 하는 고집쟁이가 되고 만다.

잘났어! 정말

재미있는 활동에만 참여하고 조금이라도 흥미가 떨어지는 활동에는 참여를 안 하는 아이가 있다. 이처럼 까다로운 아이는 과연 누가 그 욕구를 채워 줄 수 있을지 걱정이 된다. 이런 아이들에겐 '잘났어! 정말 밥맛이야.'라는 말이 아이들의 입에서 절로 나온다.

반응이 늦는 아이, 활동성이 약한 아이

아이들 중에서는 주변 상황의 변화에 둔감하여 자신이 무엇을 해야 하는지 재빨리 파악을 못 하는 경우가 있다. 주변의 아이들이 무언가 재미있는 활동을 해도 분위기를 파악하지 못 하다가 한참이 지나서야 슬그머니 반응하는 느린 행동을 보인다. 이런 아이에게는 주변 사람이 좀 기다려 주는 아량이 필요하다.

맘에 안 들면 아무것도 안 하는 아이

조별활동의 내용이 맘에 들지 않아서 몸이 움직이지 않는 아이일 수도 있다. 이것은 고집이 센 것과는 다른 문제인데, 이런 아이들은 마음이 먼저 움직이지 않으면 결코 아무 행동도 하지 않는다. 자칫 오해를 하여 고집 센 아이로 보지 말고, 동기 부여할 다른 방법을 찾은 후에 서서히 접근해야 한다.

학습장애를 가진 아이

학습장애는 여러 가지 다양한 장애 집단을 지칭하는 포괄적인 용어로, 듣기, 말하기, 읽기, 쓰기를 비롯하여 논리적 사고나 수학 능력을 습득·사용하는 데 심한 어려움을 보이는 경우를 말한다. 이런 장애는 그 원인이 개인에게 내재되어 있는데, 지각-운동 및 그 밖의 신경체계적인 역기능 같은 기본적인 내적 과정의 장애를 보인다. 하지만 시각·청각장애, 운동장애, 지적장애, 정서장애 혹은 문화적·환경적·경제적 실조에 의한 학습 문제 행동은 포함하지 않는다. 아무것도 안 하는 아이가 학습장애를 가진 아이일 수도 있다.

학습된 무기력

학습된 무기력으로 인해 조별활동에 참여하지 않을 수도 있다.

*학습된 무기력은 '04. 아무것도 안 하는 아이' 참조

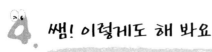

쌤! 이렇게도 해 봐요

안경 바꿔 쓰기

6인 1조를 4인 1조로 구성하기

6인 1조로 구성하는 경우, 조별활동에 잘 참여하지 않는 아이는 적절한 활동이나 책임이 주어지지 않으면 아무 역할도 하지 않으려고 한다. 그러므로 이러한 일을 방지하기 위해서는 4인 1조로 모둠을 구성한다. 각각의 구성원들이 확실히 책임을 분담하면 자신이 책임을 다하지 않을 때 곧바로 표시가 나기 때문에 활동에 주도성을 발휘할 수 있다. 즉, 무임승차(기여하는 활동 없이 결과를 얻는 것)하는 학생이 없도록 미리 고려해서 모둠 구성을 해야 한다.

예를 들어, '주어진 본문의 핵심을 파악하여 역할극으로 표현해 보라.'는 과제가 모둠별로 주어진다면 다음과 같이 역할을 나누어 볼 수 있다.

- 영진: 본문을 실감나게 읽는 역할
- 순미: 등장하는 인물의 수와 각각의 역할을 배당하는 역할
- 수철: 역할극을 통해 전달해야 하는 핵심 주제를 찾는 역할
- 민석: 역할극을 하고 나서 소감문을 발표하는 역할

이와 같이 각각의 역할을 제시해 주면 책임의 한계가 분명하여 조별활동의 참여도를 높일 수 있다.

경쟁 환경 조성하기

아이들은 경쟁하는 분위기를 조성해 줄 때 이기고 싶은 심리가 활성화되어 더욱 의욕적으로 참여하게 된다. 모둠별로 선의의 경쟁을 하도록 환경을 조성하면 조별활동에 잘 참여하지 않던 아이도 적극적인 모습을 보이게 된다. 이때 교사는 세밀하게 관찰을 하고 적절한 인정을 해 주어야 한다. 행동에 변화를 보인다는 것이 그 아이에게는 매우 어색한 일이 될 수 있으므로 시도해 본다는 것 자체가 큰 변화이기 때문이다.

궁금한 것을 바로 질문하는 습관 들이기

아이들이 교사의 설명을 들으면서 잘 이해가 되지 않는 부분들이 있다. 그런데 쑥스럽기도 하고 용기도 부족하여 질문을 안 하게 되면 모르는 내용이 점점 많아지고, 이것이 거듭되면 차츰 학습에 흥미를 잃고 무관심하게 된다. 그러므로 이해가 되지 않는 내용에 대해 손을 들고 질문하는 자세와 습관을 길들이는 것은 학업에서 성공을 기대할 수 있는 중요한 요소다. 이와 같은 습관 형성을 통해 혹시 내용을 몰라서 조별활동에 참여하지 못하는 일이 없도록 한다.

모둠 구성을 하기 전에 아이의 의견을 물어보기

마음에 맞는 친구가 없어서 활동을 안 하는 아이도 있다. 친한 친구가 있는 모둠에 가기를 원했는데 따로 떨어지게 되어 실망과 불만으로 마음의 문을 꽁꽁 닫고 있으면 무슨 활동인들 하고 싶겠는가? 이런 경우를 예방하기 위해 조별 구성을 할 때 미리 물어보고 모둠을 구성한다면 적극적인 활동을 유도하는 데 도움이 될 수 있다. 사실 교사가 이러한 것까지 신경 쓰기에는 역부족이지만, 조금만 더 배려한다면 더욱 멋있는 학급 분위기를 형성할 수 있다.

교사와 아이들이 함께하는 특별한 배려

인지 수준과 이해 수준에 차이가 있어서 활동에 적극적으로 참여하지 않는 것이라면, 개별적으로 교사 또는 모둠의 리더가 활동 내용을 친절하게 안내해 주는 것이 좋다. 이러한 과정을 위해 교사와 아이들이 함께 많은 인내와 학습자의 개별 사정을 고려하는 배려심을 가져야 한다. 다소 늦은 아이들에게 배려심을 발휘하게 되면, 그 아이에게는 매우 소중한 기회를 주는 셈이 된다.

모둠별 구성원의 활동 내용을 표로 적어 확인하기

모둠을 어떻게 구성하였든지 각 구성원의 좌석에 번호를 매겨서 각 좌석에 앉은 아이에게 고유의 역할을 부여하고 각각의 역할을 어떻게 수행하였는지 그 결과를 모둠활동을 할 때마다 역할수행 기록표에 적도록 한다. 중요한 것은 이 표를 반드시 교사가 확인하고 그 내용을 모든 아이가 알도록 하며, 그 결과에 따라 알맞은 보상을 주어야 한다. 즉각적인 보상을 해 주지 않으면 형식적인 기록이 될 수 있고, 아무 효력도 없게 된다. 또한 개별 상황을 살펴보아 조금이라도 향상된 부분이 있으면 즉시 보상을 해 주어야 한다. 개별적인 인정을 해 주거나 학급 전체 앞에서 칭찬을 해 주어 수행 결과에 대한 성취감을 느끼게 한다. 이러한 기회가 바로 자신감을 싹 틔울 수 있는 순간이다.

‖ 우리 모둠의 역할수행 기록표(예시) ‖

번호	이름	역할	하는 일	수행 정도		
				아주 잘했음	잘했음	노력하고 있음
1	김○○	나눔이	자료를 나누어 줌			
2	한○○	이끔이	주어진 시간 내에 과제가 끝나도록 모둠원들을 잘 이끔			
3	이○○	알림이	선생님의 지시 사항을 모둠원에게 알림			
4	신○○	기록이	의견이나 진행 상황을 정리함			

공부할 때 힘든 아이

친한 친구가 있는 곳으로 자리 배치해 주기

친구를 많이 의지하는 아이는 친한 친구가 곁에 없으면 위축되거나 의기소침해지는 경우가 있다. 학급 아이들에게 특별히 배려해야 할 필요를 설명하고 "○○는 당분간 □□와 함께 앉도록 도와주자."라고 설득해야 한다. 그러나 이것으로 끝나면 안 되고, 어느 정도의 기간이 지나면 그렇게 해 주지 않아도 스스로 학급 친구들과 어울릴 수 있는 마음을 갖도록 지도하는 것이 중요하다.

혼자 놀아 봐!

조별활동을 안 하는 아이에게 혼자 놀이를 시켜 본다. 교실 한구석에서 공기놀이를 하라며 공깃돌을 주어 보자. 처음에는 좋아하다가 혼자서 하니까 재미가 없어서 결국 안 하겠다며 교사에게 다시 돌아올 것이다. 실제로 자기 뜻대로 안 되면 어울리기 싫어하는 아이가 있었는데 혼자 놀이를 통해 결국 혼자서는 아무 재미도 느낄 수 없음을 경험하고 원래의 모둠으로 돌아가 자기 뜻을 굽히고 다른 아이들과 어울리게 되었다. 처음에는 혼자 놀이를 하게 되니 특별 대우를 받는 느낌이 들어 좋아하다가 곧 혼자 노는 것이 재미없음을 깨닫게 한 교사의 재치가 자기 모둠으로 돌아가 활동에 참여하게 하는 효과를 가져왔다.

강점 발견으로 서로를 인정하고 높여 주는 학급 분위기 조성하기

요즘은 저출산 문제로 외동아이를 둔 가정이 늘면서 다른 사람과 어울려 즐겁게 상호 작용하는 기술의 부족으로 친구들 사이에서 어려움을 겪는 아이가 많아지고 있다. 자기 마음에 들면 아무 문제가 없지만 조금이라도 자기 뜻과 다르면 받아들이기 힘들어 하는 경우를 종종 볼 수 있다.

조별활동을 할 때도 이런 자세가 그대로 반영되어 활동 내용이 마음에 들지 않거나 모둠 구성원 중에 싫어하는 아이가 있을 때, 또는 나름대로 참여하긴 했으나 인정을 받지 못하였을 경우 등 여러 가지 이유로 협조를 안 할 수 있다. 한두 번은 그냥 지나칠 수 있지만 이런 행동이 거듭되면 학급 아이들에게 낙인이 찍혀서 "쟤는 원래 그래요."라는 말을 듣게 된다.

이렇게 되면 한 아이의 잠재력이 발현되기 어려우므로 이러한 상황이 일어나기 전에 조별활동에 참여하지 않는 아이의 다른 강점을 찾아 여러 친구 앞에서 인정해 주도록 한다.

"○○는 생각을 오래도록 해서 실수를 줄이려고 그런단다."
"○○는 아마 다른 사람들이 하는 것을 잘 보고 있다가 자기가 도울 일이 있을 때 움직일 거야."
"○○는 직접적으로 참여하지는 않지만 지금 머릿속으로 많은 생각을 하고 있단다."
"○○는 혼자 생각을 많이 하면서 자신의 생각을 표현하는 활동에서 아주 돋보이고 있단다. 일기장을 읽을 때마다 선생님이 감탄을 했지."

교사는 사람마다 강점이 있다는 것을 강조한 다음, 눈을 크게 뜨고 그 강점을 찾아보도록 노력하는 태도를 길러 주어야 한다. 약점을 지적하는 것이 습관이 되면 다른 사람을 비난하거나 고자질하는 학급 분위기가 형성된다. 강점을 찾아 인정해 주는 학급 분위기가 형성되면 조별활동에 참여하지 않던 아이도 점점 모둠에 동화되어 열심히 참여하게 될 것이다.

그 녀석과 둘이서

개인 상담하기

개인 상담은 원인에 따라 달라져야 한다. 왕따를 당하는 아이라면 아이에게 힘을 실어 주어 자기 주장을 할 수 있도록 도와주고, 고집이 센 아이라면 자신의 고집으로 친구가 모두 떠나가는 것을 상상하게 하여 생각과 태도를 자발적으로 바꾸도록 하여야 한다. 이렇게 아이의 개별 특성을 고려하여 상담의 목표를 설정한 후 상담을 진행한다(자세한 상담 진행 방법은 '04. 아무것도 안 하는 아이' 참조).

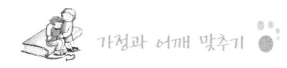

가정과 어깨 맞추기

형제 관계를 알아보고 부모면담으로 대안 찾기

외동아이의 경우 가정에서 의존심이 형성되어 학교 생활이 원만하지 못할 수도 있다. 이런 경우는 부모면담을 통해 가정의 양육 방식이나 양육 환경을 알아보고 학교 생활에서의 문제점을 알려 주어 가정의 협조를 구한다.

꼭 외동아이가 아니더라도 방과 후에 학원을 가는 일로 서로 바빠서 형제간에도 상호 작용의 기회가 줄어들고, 이에 따라 인성 형성에 문제가 발생하기도 한다. 또한 맞벌이 가정이 많기 때문에 자신의 자녀가 다른 친구들 속에서 문제없이 잘 지내고 있는지에 관해 객관적이고 정확한 상황을 모르는 부모가 많다. 교사가 부모면담을 요청하여 정확한 근거에 의해 관찰한 자료를 토대로 대화를 나누면 부모도 수긍을 하고 교사의 관찰과 면담 요청에 긍정적으로 협조하게 된다.

09

수업 시간에 학원 숙제하는 야이

이런 녀석 꼭 있다!

수업 시간에 학원 숙제하는 영민이

5학년인 영민이는 오늘도 수업 시간에 두 개의 책을 책상 위에 펴고 있다. 한 권은 교과서, 또 한 권은 교과서 밑의 학원 문제집이다. 영민이는 겉으로는 수업을 듣는 척하지만, 내가 잠시라도 칠판이나 모니터로 주의를 돌리면 학원 문제집을 푸는 데 여념이 없다.

청소 시간이 되자 영민이가 쭈빗쭈빗 앞으로 나온다.

"선생님, 저 오늘 청소 못하는데요."

"무슨 일이 있니?"

"청소하고 가면 학원 시간에 늦어요. 늦게 가면 혼난단 말이에요."

또 다른 사례를 보자.

2학년 교실. 오늘도 주훈이는 나에게 자주 타이름을 받았다. 자습도 하지 않았고, 국어 시간에 짧은 글짓기도 하지 않아서였다. 3교시 수학 시간이 되어 간단한 덧셈에도 대답을 못하는 주훈이에게 끝내 내가 화난 목소리로 말했다.

"너, 그렇게 정신 안 차리고 공부해서 어떡할래?"

그러자 주훈이는 후다닥 가방을 싸더니 씩씩거리며 일어났다. 너무도 순간적이라 놀라 쳐다보는데 주훈이는 아랑곳하지 않고 뒷문으로 가더니,

"씨~~, 나 학교 끊을 거예요."

하고 나가면서 문을 '쾅' 닫아 버렸다.

학원이 학교보다 중요하고, 학교와 학원의 차이도 없으며, 청소 시간에는 학원에 늦는다고 하고, 쉬는 시간에는 학원 숙제에 바쁘며, 교사가 뭐라고 하면 학원이 더 잘 가르쳐 준다고 항변하는 아이들을 어떻게 지도해야 하는가?

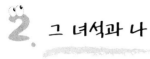

2. 그 녀석과 나

수업 시간에 지켜야 할
규칙이 있는데 다른 책을 꺼내
풀이하고 있다니. 규칙대로 벌을 주는 게
좋아. 그게 다른 아이들 보기에도
공평한 거야. 그런데 저 녀석,
내 수업을 무시하는 거 아냐?

왜 학교에 열중해야
하는지 설명할 필요가 있구나.
언제 한 번 시간을 잡고 공교육과
사교육에 대해 차근히
설명해야지.

얘들아,
학원을 왜 다니는지 아니?
다 학교 공부 잘하려고 하는 거야.
그런데 학교에서
학원 공부하니?

학교를 끊는다고?
그냥 웃고 넘어가자.
다른 아이들도 저렇게 웃고
있는데 그냥 넘어가자.
그런데 기분이 참
쓸쓸하다.

3. 그 녀석의 이유

불안한 부모의 영향

아이는 부모의 영향을 가장 많이 받는다. 학교를 무시하고 학원을 존중하는 것은 아이의 선택이라기보다는 부모의 영향이 크다.

왜 부모들은 학원을 선호하는가? 그것은 경쟁이 심한 우리 사회에서 보다 나은 생활을 하기 위해서는 좋은 대학에 진학시키는 것이 유리하기 때문이다. 그래서 부모는 자녀의 성적을 고3까지만 올려 좋은 학교에 진학시키면 어느 정도 부모로서의 의무를 다했다고 생각하기 쉽다.

좋은 학교로 진학하자면 좋은 성적이 필요한데, 너나없이 시키는 현실에서 공교육만을 의지하고 사교육을 무시하기에는 부모는 불안하다. 더구나 많은 사교육 기관들이 부모의 불안감을 증폭시키는 전략을 택하고 있기 때문에, 부모 입장에서는 공교육만으로는 만족할 수 없게 된다.

학교는 평가 횟수도 적을 뿐더러, 통지 결과가 명확한 등급으로 전달되는 것도 아니고, 눈에 보이는 점수만으로는 정확한 비교도 어렵다. 그렇기 때문에 부모는 자녀의 학습 진행 과정과 수준을 명확하게 파악하는 것이 힘들다.

반면에, 학원은 결과를 즉시 확인할 수 있도록 교육활동을 전개하는 경우가 많다. 또한 평가 위주로 활동을 전개하고, 평가 결과에 따라 나머지 공부를 시키고 재시험을 보는 등 눈에 보이는 것들을 주로 한다. 부모는 이런 것이 공부를 열심히 시키는 과정이라 생각하게 되고, 자녀의 점수를 명확하게 확인할 수 있어서 불안하지 않아 좋아한다.

그래서 학교는 눈에 보이는 결과를 쥐여 주려 애쓰는 학원에 비해, 당연히 선호도가 떨어질 수밖에 없다. 부모의 이와 같은 생각은 그대로 아이에게 전달되어 아이는 학교보다 학원을 더 중요하게 생각한다.

대한민국은 사교육 공화국

대한민국이 사교육 공화국이라는 소리는 예전부터 있어 왔다. 우리나라의 사교육비 지출은 GDP(2004년 기준)의 2.9%로 OECD 회원국 30개국 중 1위를 차지하며, 이는 회원국의 평균 0.7%에 비해 약 4배가 넘는 수치다. 2005년 통계청 통계에 따르면, 자녀 1인당 사교육비는 월평균 13만 5,000원으로 전체 교육비의 절반 가량(47%)을 차지한다. 이를 통계 발생 4년 전과 비교해 보면 75.3%나 증가한 것으로, 같은 시기에 학교 납입금이 6% 증가한 것과 비교하면 큰 폭으로 증가한 것을 알 수 있다.

또한 소득 상위 10%와 하위 10%의 사교육비 지출 격차가 10배에 달하여 교육 격차가 심한 나라이기도 하다.

사교육이 주는 효율성

공교육은 사교육과 비교할 때 보다 광범위한 능력을 향상시킨다. 학교는 장차 맞닥뜨릴 사회를 경험하는 사회 생활의 예비 장소로서 포괄적인 경험을 통해 얻을 수 있는 것들을 아이들에게 제공한다. 서로 돕고, 경쟁도 하며, 싫지만 참고 섞여 사는 법도 배우고, 진한 우정도 누릴 수 있는 등 집단 생활을 통해 인간관계 형성 능력, 문제 해결력, 생존 능력 등을 배울 수 있다.

그러나 단기간에 집중적인 능력 향상을 위해서는 제한된 목표와 범위만을 추구하는 사교육이 때로는 더 효율적일 수 있다.

따라서 성적 지상주의가 된 사회에서 성적 향상만이 목표일 때, 부모뿐 아니라 아이 스스로도 사교육의 효율성에 의지하고 때로는 더 적극적으로 의존하게 되는 것이다.

압박이 심한 학원

학원에서는 주로 다량의 숙제를 통해 학습시키는 경우가 많다. 학원 선생님이 무섭고, 과제를 하지 않는 경우 부모에게로 피드백이 빠르기 때문에 학원 숙제는 아이에게 상당한 압박이 될 수 있다. 특히 나이가 어린 초등학생일수록 압력을 많이 받는 쪽의 말을 잘 듣기에 수업 시간에 학원 숙제를 하게 된다.

폼 잡기 딱 좋은 선행학습

사교육이 문제되는 경우는 예체능 영역보다는 학습 영역, 특히 선행학습과 관련된 문제가 많다. 선행학습을 한 아이는 학습 태도가 흐트러지기 쉬운 부작용이 있다.

지나친 선행학습을 하게 되면, 아이는 수업 시간에 자신이 다 알고 있다는 것을 자랑하고 싶은 마음에 교사보다 앞질러 대답을 해 버리고, 결과적으로 친구들의 학습 과정을 방해하게 된다. 그러나 아이의 입장에서는 친구들에게 으쓱하는 경험을 내세울 수 있는 좋은 기회다. 더구나 학원을 통해 친구들보다 앞선 학년의 과정을 나가게 되면, 당해 학년의 내용을 얼마나 심도 깊게 이해하는 것과는 별개로 학원에서 나가는 자신의 진도가 자신의 실력을 증명하는 것처럼 스스로 속을 수 있다.

새로운 교육기관의 등장

외국어고등학교가 등장하고 국제중학교가 생기면서 여기에 진학하는 것은 소위 말하는 명문대학교를 가기 위한 사전 작업으로 필수적인 과정이 되었다. 그러다 보니 입학을 위한 경쟁률은 높아 가고, 결과적으로 이들 교육기관에서 원하는 입학 요건은 일상적인 공교육만으로는 터무니없이 부족한 높은 수준이 되었다. 더구나 이를 기회로 입시전문기관이 극도로 발달되었다.

이 같은 교육기관이 원래의 설립 목적과 무관하게 인식이 되다 보니 당연히 초등학교 시절부터 이 교육기관의 입학을 위한 사교육이 확대되는 것이다.

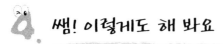

쌤! 이렇게도 해 봐요

안경 바꿔 쓰기

교사의 열린 사고로의 전환

제도교육의 형태로 학교가 도입되기 이전에도 교육은 인간 생활의 어느 장소에나 있어 왔다. 엄밀히 말하면, 교육의 목적에 부합하는 곳은 학교가 더 가깝지만 공교육인 학교만이 교육을 전담할 수 있는 곳은 아니다.

요즈음 사교육이 부모의 마음을 얻게 된 것에 대해서는 교사의 지혜가 필요한 부분도 있다. 학원에 몰입하는 아이를 비난하기에 앞서 아이가 학교와 학원에서 경험하는 것이 다를 수도 있음을 생각해 보자.

학원은 아이들이 그만두면 경제적 손실이 있기 때문에, 학업과 더불어 아이의 마음을 잡기 위해 많은 노력을 기울인다. 예를 들면, 달란트 파티, 간식 제공, 많은 칭찬과 격려, 아이 기 살리기 등 필사적이다. 그에 비해 학교는 아이들이 교실에 와 앉아 있는 것을 당연하게 생각하고, 학원에 비해 아이의 마음을 얻는 것에 소홀한 경우도 있다. 물론 학원이 아이의 마음을 얻기에 힘을 쓴 탓에 아이들이 자기중심적이 되고, 가르치는 대상에 대해 존경심이 없으며, 배우는 이가 가져야 할 바른 태도를 갖추기에 부족하기도 하다. 그러나 학교가 권위와 당위만으로 주장하기에는 이미 시대가 많이 달라졌으므로 교사는 변화를 모색해야 한다.

교사가 학원에 몰입하는 아이에 대해 무조건 거부 반응만 보일 것이 아니라 유연한 사고를 가질 때 오히려 아이들의 마음을 얻을 수 있다.

함께 세우기

학교가 가지는 의미, 학교에 다녀야 할 이유 가르쳐 주기

'○○함에도 불구하고 학교에 다녀야 하는 이유 두 가지 대기'와 같은 활동을 한다. 이때 '학교를 다녀야 하는 이유'뿐 아니라 ○○의 내용도 아이들이 찾게 한다. ○○의 내용과 학교에 다녀야 하는 이유는 서로 상반되기 때문에 아이들이 스스로 내용을 찾는 활동을 통해 가치 기준을 정하고 내면화할 수 있다. 이 활동은 개인상담 시간에 해도 좋고, 학급 전체를 대상으로 토론 주제로 제시해도 좋다.

사교육의 부작용 설명해 주기

사교육에 치중하는 아이는 장기적으로 자율성의 결핍과 문제 해결력의 부족에 빠지기 쉽다. 지나치게 '친절'해서 성적을 올리기에만 초점을 맞추는 학원 강의와 부모의 사교육 목표는 결과적으로 아이가 키워야 할 자율성과 문제 해결력을 앗아 간다.

최근 매스컴의 보도를 통하여 대학생, 대학원생들도 사교육을 받는 것은 물론 직장초년생조차 직장일에 부모가 개입하고 상사를 찾아온다는 웃지 못할 이야기를 듣곤 한다. 이것은 우선 편한 것에 길들여지고, 부모의 선택에 따라 자신의 활동 반경을 정하게 되어 장기적으로 자율성에 치명적인 손상을 입게 되는 경우다.

학원에서 선행학습을 한 아이는 이미 자기가 다 아는 내용을 교사가 수업 시간에 가르치니 따분한 마음에 딴짓을 해서 수업 분위기를 망칠 수 있다. 이것은 전체 학습 분위기에도 도움이 되지 않으며, 집중하지 않는 나쁜 태도는 그대로 아이의 습관으로 굳어져 장기적으로는 아이의 발전에 전혀 도움이 되지 못한다.

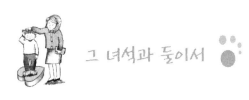

그 녀석과 둘이서

"학교 끊을래요." 하는 저학년 아이

부모님도 그러길 원하시니

저학년이라면 교사가 이론적 설명을 하기보다는 아이의 생활 환경에서 교사의 지원 세력을 찾는다. 아이에게 부모님도 학교를 끊기 원하시는지 묻는다.

엄마가 왜 학교를 끊지 않고 보내는지 알아 와라

부모의 영향을 받아 학교를 다소 가볍게 생각하는 아이에게는 부모에게 가서 학교를 다녀야 할 이유를 알아 오게 한다.

학교를 끊으면 무슨 일이 생기게 될까

학교를 다니지 않으면 무슨 일이 생기게 될지 일어날 결과를 예측하게 하여 아이 스스로 학교에 다니는 것이 중요하다는 것을 인식하게 돕는다.

"학원이 더 중요해요."라고 학원 숙제만 하는 고학년

아이의 불안감 공감해 주기

고학년 아이가 수업 시간에 학원 숙제를 하는 것은 학원 숙제에 대한 부담감이 있는 경우도 있지만, 자발적으로 학교보다 학원을 우선순위에 두어서이기도 하다.

후자의 경우라면 교사는 좀 더 성의를 갖고 지도해야 한다. 성적에 욕심이 있는 아이일 수 있으며, 때로는 교사가 보기에 이기적인 아이로 비칠 수도 있다. 공부하려는 의지가 있는 아이의 입장에서 보면, 학교는 소란스러워서 원하는 만큼 집중할 수도 없고, 대집단이며, 학습 분위기도 잡히지 않고, 학습 진도도 원하는 만큼 나갈 수 없는 곳이다. 자신의 진도만큼 학교 진도도 속도감 있게 나가길 원하는데, 학급 친구들의 실력은 서로 간에 차이가 많이 나고, 선생님은 비교적 못하는 아이들 위주로 수업 진도를 나가는 게 못마땅하다. 이런 아이들일수록 비교적 학원을 골라서 다니는데, 자신과 마찬가지로 학원을 골라 온 같은 학원의 다른 친구들에게 뒤처질까 봐 불안한 것이다.

이런 아이들은 일대일로 불러 상담하는 시간을 갖는다. 또는 '내가 다니는 학원', '학원 아이들' 등의 주제로 일기를 쓰게 해 교사가 하고픈 말을 댓글로 친절하게 공감하며 달아 준다.

아이를 열린 마음으로 수긍해 주기

학교는 사교육 체계가 아닌 공교육 체계이므로 아이가 지적하는 공교육에 대한 불만들이 일부 맞을 수 있다. 그러나 아이가 초등학생임을 기억하자. 아이에게는 능력에 대한 욕구뿐 아니라 정서적으로 교사에게 인정받고 싶은 욕구도 있다. 잘하고 싶어 하는 아이의 욕심과 욕구를 존중해 주고 칭찬해 준다. '아이와 교사 간에 정서적 유대관계'가 생기면 학원에 대한 우선순위를 적어도 표면상으로는 교실에서 잠재울 가능성이 높다. 이런 아이일수록 교사에 대한 신뢰와 애정이 생기면 수업 시간에 집중하고, 수업 태도가 안정적인 아이로 되돌아올 확률이 높다.

논리적으로 접근해 보기

아이가 생각하기에 별 볼 일 없는 학교는 그만두고 학원만 다녀보자. 그러면 어떤 점이 좋을까? 어떤 세상이 펼쳐질까?

아이는 대개 현상만 집중하고 결과까지는 미처 생각하지 못할 수 있다. 아이가 생각하는 결과에 대해 그 후는 어떻게 될까, 또 그 후는 어떻게 될까? 계속 '그 후'라는 질문을 함으로써 현재 자신의 관점을 재조명할 수 있게 하는 것이 필요하다.

가정과 어깨 맞추기

부모 면담하기

아이는 부모의 영향을 가장 많이 받는다. 특히 수동적인 아이일수록 부모의 선택에 따라 자신의 시간 관리를 맡기는 경우가 많다.

학원 성적보다 학교 성적이 낮은 아이

사교육과 관련하여 자주 보는 사례는 학원에서 보는 시험 결과는 일정 수준이 유지되는데, 학교 시험에서는 일정 수준 이하로 나오는 경우다. 이 아이를 염두에 두고 부모와 어떻게 대화할 것인지 생각해 보자.

먼저, 생각할 수 있는 아이의 문제는 다음과 같다.

학원에서 일정 수준 성적이 나온다는 것은 아이가 학습 원리를 이해하였다기보다는 일정 패턴의 문제 유형에 익숙해졌다는 것이다. 이런 아이일수록 교과서 문제일지라도 단어와 숫자를 조금만 달리 출제하면 틀리는 경우가 많다. 이런 아이를 자세히 살펴보면 수업 태도가 좋지 않다. 건성으로 듣거나 대충 넘겨 버린다. 그래도 문제를 틀리게 푼다든지 묻는 말에 대답을 못 하지는 않는다. 그렇지만 우선 묻는 말에는 대답을 잘하는데, 다시 한 번 '왜 그렇게 될까?'를 질문하면 대답을 못 하는 경우가 많다.

이러한 사실을 부모에게 알리면 부모는 속상해한다. 학교 성적을 올리기 위해 학원에 보내는데 결과가 뒤바뀌어 나오기 때문이다. 하지만 그렇더라도 학원 공부를 더 시키면 언젠가는 학교 성적도 그것에 비례해 잘 나오리라 생각하고 오히려 자녀를 학원 공부에 더욱 매진하게 하는 부모가 많다. 더군다나 과거 아이의 낮은 학업 성취로 교사와 상담한 것이 자존심을 건드리는 불쾌한 경험으로 남아 있다면 이를 만회하기 위해서라도 더 학원에 매달리게 된다.

교사는 부모를 존중하며, 아이가 원리를 이해하기 위해서는 학교 수업에 집중하는 것이 더 유리함을 알려 주고, 아이가 학교 수업에 집중할 수 있도록 부모의 도움을 요청한다.

사교육에 지나치게 치중하는 아이

부모와 상담을 해야 하지만 그렇더라도 사교육에 대한 부모의 믿음을 단번에 바꾸기는 힘들다. 대신 아이가 가진 수업 태도의 문제(이때 선행학습이 아이의 태도에 미치는 영향을 알려 준다)와 장기적 관점에서 문제 해결력과 관련된 아이의 자율성 문제를 말하고 적절한 방법을 대안으로 제시한다. 특히 스스로 계획을 세우고 집중할 수 있는 학습과 관련된 방법을 많이 안내한다. 시중에 출간된 공부 방법 관련 책들을 소개하거나 아이가 스스로 체크해 가며 실천할 수 있는 시간관리법을 안내한다([활동지 9-1] 참조).

일대일의 대면상담이 꺼려지면 학년 초 학부모 총회 시간을 이용해 공개적으로 설명한다. 담임 교사의 지도 방향을 이야기할 때 사교육과 공교육의 장단점에 대해 비교·분석하여 소개한다.

 와글와글 함께

학교를 결석했어요

학교에 나오지 않은 날을 가상하며, 하루, 한 달, 일 년 등 기간을 늘려 생각하면서 학교를 다니지 않았을 경우 일어날 일들을 생각하게 한다([활동지 9-2] 참조).

학교 경험이 나에게 준 도움 찾기

학교에서 이루어지는 다양한 활동을 찾아본 다음, 그 활동이 자신에게 어떤 도움을 주었는지 찾게 한다([활동지 9-3] 참조).

학교에 꼭 가야 하나요? ― 친구 상담해 주기

학교를 다니고 싶지 않은 아이의 사례를 제시하고, 그 친구를 어떻게 도와줄 수 있겠는지 개인 또는 모둠별로 방법을 찾게 한다([활동지 9-4] 참조).

┃ **학교 가기의 중요성에 대한 참고문헌** ┃

(저학년용)
1. 마띠유 드 로비에 외(2006). 학교에 꼭 가야 해?. 비룡소.

(고학년용)
2. 하르트무트 폰 헨티히(2003). 왜 학교에 가야 하나요?. 비룡소

시간 계획표(월   일 ~   월   일)

학년   반 이름:

번호	영역	목표량	월	화	수	목	금	토
1								
2								
3								
4								
5								
6								
7								
8								
9								
10								
보상								
반성 및 계획								

* 목표대로 하면 ○표 하기

시간 계획표 예시(3월 10일~ 3월 15일)

학년   반   이름:

번호	영역	목표량	월	화	수	목	금	토
1	국어 문제집	매일 3쪽 풀기	♥	♥	♥			
2	책 읽기	매일 20쪽 읽기	♥	♥	♥			
3	숙제	선생님이 내 준 대로	♥	♥	♥			
4	줄넘기	매일 10분	♥	♥				
5	수학 문제집	매일 2쪽	♥	♥				
6	사회 공부	사회과탐구 매일 2쪽	♥					
7		사회과부도 매일 1쪽 보기	♥					
8	컴퓨터	주2회(월, 금) 40분씩	♥					
9	한자 공부	주3회(화, 목, 토) 5글자 10번 쓰기		♥				
10								
보상	♥ 50개	놀이공원에 놀러 가기, 원하는 책 1권 사 주기 등						
반성 및 계획								

* 목표대로 하면 ♥표 하기

준수의 하루

학년   반   이름:

몸이 아픈 준수는 오늘 학교를 가지 못했습니다. 그렇잖아도 요즘 학교가 슬슬 지겨워졌는데, 오늘은 쉬는 게 좋겠다는 엄마 말씀을 듣는 순간 준수는 속으로 '만세'를 불렀습니다.

좋았던 기분도 잠시, 2시간이 지나자 집에서의 생활은 심심했습니다. 더구나 부모님이 모두 출근하고 나자 같이 놀 사람도 없었습니다.

준수는 슬슬 학교 생각이 나기 시작했습니다.

'지금쯤 2교시 끝나고 영어실로 이동하겠다. …… 영어 끝나고 도서관 수업 시간인데 재미있는 책을 많이 보겠지.'

이것저것 여러 생각을 하는 동안 벌써 점심시간이 되었습니다. 혼자 먹는 점심은 맛이 없었습니다. 평소에 툴툴댔던 급식 때 나온 나물 반찬이 생각났습니다.

● 준수처럼 학교에 가지 않는다면 내 느낌은 어떠할지 써 보세요.

하루를 가지 않았어요.	한 달을 가지 않았어요.	일 년을 가지 않았어요.

● 내가 만약 학교에 다니지 않는다면 20년 후 나는 무엇을 하고 있을까요?

학교의 다양한 경험

학년   반 이름:

● 학교에서 이루어지는 여러 경험(예, 학예회, 운동회, 체험학습 등)을 생각해 보세요.

● 특히 기억에 남는 활동은 무엇이며 그것이 나에게 어떤 도움을 주었는지 생각해 보세요.

● 1학년부터 지금까지 학교의 여러 장소에서 이루어진 활동들은 여러분의 성장 발달에 도움을 주었습니다. 가장 기억에 남는 장소와 활동을 생각해 보고, 그 활동들이 나에게 어떤 변화를 가져왔는지 적어 보세요.

• 보기: 컴퓨터실, 과학실, 영어실, 강당, 급식실, 운동장, 자료실, 교실, 교무실, 방송실

장소	활동 내용	나의 변화

출처: 서울시교육연구원(2006). 알롱달롱 엮어가는 우리의 꿈.

학교에 꼭 가야 하나요

학년   반   이름:

● 다음과 같은 고민을 이야기하는 친구가 있다면 어떻게 상담해 주고 싶나요?
  모둠별로 함께 토론하여 상담한 내용을 적어 주세요.

여러분! 저는 만화가가 되고 싶습니다. 그러기 위해서는 만화를 많이 읽고 또 많이 그려야 합니다.

학교에 가지 않고 집에서 만화책을 읽고, 만화를 그리고 싶은데 꼭 학교에 가야 하나요? 학교에서는 만화를 그릴 시간이 많지 않아요. 또 공부 시간에 만화를 그리다가 선생님께 꾸중 들은 적이 많아요. 학교에 가지 않고 만화가로 성공하고 싶은데, 어른들은 학교에 꼭 가야 한다고 말씀을 하십니다. 그 이유가 무엇인지 궁금해요.

이렇게 상담해 주고 싶어요
● 상담 모둠:
● 상담 내용: 만화가가 되려고 하는데 꼭 학교에 다녀야 하나요?
● 제 안: 꼭 학교에 다녀야 하는 이유

출처: 서울시교육연구원(2006). 알롱달롱 엮어가는 우리의 꿈.

생활 속
별난 아이

10 온 교실에 자기 물건이 돌아다니는 아이

11 컴퓨터 앞에 붙어사는 아이

12 급식 시간을 힘들게 하는 아이

13 학교가 불안한 아이

14 훔치는 아이

15 위험한 곳을 돌아다니는 아이

16 내 것, 네 것 구별이 없는 아이

17 안 씻는 아이

18 가출하는 아이

19 지나치게 뚱뚱한 아이

20 건들지 말아요, 난 사춘기라니깐요

온 교실에 쟈기 물건이 돌야다니는 야이

 이런 녀석 꼭 있다!

여기저기 흩어져 있는 근호 물건

근호는 우리 반 회장이다. 착하고 너그러운 성품에 유머 감각도 있어 친구들에게 인기 만점이다. 그런데 믿음직한 근호에게 결정적인 단점이 있으니 그것은 정리 정돈이 안 된다는 사실이다.

아이들이 모두 집에 간 후 편안한 마음으로 교실을 둘러보는데 한 자리가 눈에 띄었다. 책상 위에는 휴지랑 연필 두 자루가 놓여 있고 책상 옆에는 뭔가 주렁주렁 걸

려 있다. 누구 자리인가 해서 다가가 봤더니 근호 자리가 아닌가?

그 후 살펴보니 근호의 자리는 항상 정신이 없다. 책상 위에는 언제나 너저분한 각종 용품들이 흩어져 있고, 책상 밑에는 3주 전 음악 시간에 썼던 멜로디언이 팽개쳐져 있다. 책상 옆 가방걸이에는 지난달에 했던 서예 도구와 미술 용품들이 아직도 걸려 있는데 잔소리를 해도 '네.' 대답만 잘하지 가져갈 생각을 안 한다. 서랍 속에는 각종 교과서와 파일이 있는데 정리가 되어 있기보다는 물건이 많이 끼워져 있다는 표현이 더 어울릴 듯하다. 사물함을 열면 사물함 안에도 정신없이 책과 각종 학용품들이 쌓여 있다. 도대체 이 속에서 어떻게 필요한 물건을 찾을까 싶은데 희한하게도 근호는 자신이 필요한 물건을 잘 찾아낸다.

자기 자리만 이렇게 정신이 없으면 그런대로 참을 만하다. 문제는 사물함 위나 책꽂이 위에서도 심심찮게 근호의 물건을 볼 수 있다는 것이다. 미술 시간이 끝나면 팔레트와 붓은 사물함 위에 있고, 책꽂이 위에는 근호가 그리다 만 그림이 올려져 있다. 수업이 끝나도 내가 잔소리를 하기 전에는 치우는 적이 없고 치우더라도 얼마나 속도가 느린지 속이 터질 것 같다. 그러다 보니 제가 정리 못 한 건 생각 않고서 심심찮게 물건이 없어졌다고 도움을 요청한다. 그래도 다행인 건 인간성이 좋은 근호의 부탁이라 친구들이 발 벗고 찾아 주어 잃어버린 물건은 거의 없다.

이런 근호에 대해 근호 엄마는 이미 포기했나 보다. 잔소리를 해도 나아지지 않아 아이 기분만 상하게 하는 것 같아서 그냥 두기로 했다고 학부모 총회에 와서 이야기한다. '나도 확 포기해 버려?'라고 마음먹었다가도 근호 자리만 보면 저절로 인상이 찌푸려지면서 잔소리가 나간다. 무슨 방법이 없을까?

2. 그 녀석과 나

다음에도 또 이러면
이 물건들 쓰레기인 줄 알고
다 버릴 거야!

아무래도 학부모
상담 때 보여
드려야겠어. 사진을
찍어 두어야겠다.

친구 자리 좀 봐.
얼마나 정리가 잘 되어
있니? 보고 배워.

은주야, 여기
근호 자리
좀 정리해 주렴.

(물건을 다
바닥으로 쏟으며)
당장 정리해!

여기 다 정리하고
선생님한테 검사
맡으러 와.

얘들아, 모두 여기 와서
근호가 버린 물건
주워 가라.

3. 그 녀석의 이유

물건에 대한 책임감 부족

물건이 아쉬운 아이들이 많지 않은 이유는 무엇일까? 대부분의 아이는 물건에 대한 책임을 져 본 적이 거의 없다. 요즘은 자전거와 같은 고가의 물건이 아니라면 물건을 잃어버려도 부모님이 별로 꾸중하지 않고 다시 사 주신다. 자신의 물건을 잘 정리하지 않는 아이들 대부분은 물건을 잃어버리는 일이 허다한데, 그래도 자신이 생활하는 데는 별 지장이 없으니 물건을 잘 관리해야 하는 필요를 느끼지 못하는 것이다.

부모가 먼저 치워 줌

많은 부모가 아이의 방이 어지럽혀져 있으면 잔소리를 한다. 그러다가 결국 아이가 스스로 치우기 전에 부모가 먼저 치워 준다. 아이가 정리하는 것이 못 미더워 다시 한 번 손이 가야 하기 때문에 '차라리 내가 금방 해 버리지.' 하면서 정리를 해 주는 것이다. 그렇기 때문에 아이는 스스로 물건을 정리해 본 적이 별로 없고, 정리를 안 해서 불편함을 느낀 적도 없다. 경험도 없고 불편함도 없는데 아이가 왜 정리하는 데 시간을 사용하겠는가?

정리하는 방법을 모름

정리하고 싶은 마음이 있어도 방법을 잘 몰라서 정리하지 못하는 경우다. 예를 들어, 집에서 큰 상자에 장난감을 쓸어 담는 것만으로 장난감 정리를 했다고 하자. 장난감을 종류별로 분류하지도 않고 그저 눈에 보이지 않게만 담으면 되기 때문에 큰 수고가 필요하지 않다. 그러나 학교에서는 상황이 다르다. 사물함과 책상 서랍 안에는 책과 물건들을 보이지 않게 그냥 넣어 놓는 것만으로는 정리가 다 되지 않기 때문이다. 정리도 기술이 필요하다.

한 가지 일을 마무리하고 다른 일을 하는 습관의 미형성

아이가 정리할 시간도 주지 않고 다른 일을 바쁘게 시키면, 어느새 아이는 정리는 안 하고 이 일 저 일 정신없이 하는 아이가 되고 만다. 아이는 집중 시간이 짧기 때문에 블록을 가지고 놀다가 장난감 자동차를 가지고 놀다가 하면서 장난감을 여기저기 흩어 놓기 쉽다. 이때 레고 블록을 다 정리한 다음 장난감 자동차를 꺼내어 노는 습관을 길렀다면 다른 일을 할 때도 그 습관이 적용된다. '정리'를 잘하는 사람은 한 가지 일을 다 마무리하고 다른 일을 시작하는 습관을 가진 사람이다.

산만하고 집중을 못하여 다른 생활에서도 문제가 많음

아이가 다른 일은 다 잘하는데 정리만 못한다면, 정리하는 습관이 잘 길러지지 않은 것이다. 그러나 다른 일에서도 집중을 못하고 산만하다면, 그것은 단순히 정리 습관이 길러지지 않은 것이 아니라 아이의 기질이나 다른 면에 문제가 있는 것이다. 더불어 아이가 매사에 의욕이 없고 우울하며 심리적인 문제가 있는 경우에도 정리를 안 하는 모습이 나타날 수 있다. 단지 정리만 못하는 것인지, 아니면 다른 면에도 문제가 있는지를 살펴보면서 아이를 돕는 방법을 강구해 보자.

남학생 성적은 가방 보면 안다!

"가방 안 좀 볼까?"

미국에서 학원을 운영하는 애나 호메이윤(28) 씨는 남학생들이 학원에 오면 먼저 가방 안부터 살펴본다고 한다. 대부분 남학생의 가방 속은 책과 자료들이 뒤죽박죽이다.

호메이윤 씨는 공부를 가르치기 이전에 먼저 남학생들에게 정리 정돈하는 방법을 가르친다. 자신의 학생들에게 과목별로 바인더를 갖게 하고, 각 바인더를 필기와 숙제, 제출물, 시험, 빈 종이 등 5개로 분류해 학습 관련 자료를 각각 제 위치에 넣어 두도록 하는 것이다. 그 이후에 일일계획표를 만들어 지키고 숙제를 집중해서 하는 등의 방법을 지도한다.

『뉴욕 타임즈(NYT)』는 남학생들의 성적 향상을 위해 정리 정돈부터 가르치고 있는 사례를 소개하였다. 미국의 남학생들은 여학생보다 낮은 성적을 거두고 있는데 일부 교사들은 그 원인을 정리 정돈에서 찾고 있다. 남학생 대부분은 여학생보다 정리 정돈을 잘 못하고 동시에 여러 과제를 수행하는 능력이 떨어진다. 그래서 미국 중산층 지역에서 남학생에게 정리 정돈하는 방법과 시간 관리 및 공부하는 방법을 알려 주는 학원이 인기라고 한다.

과학적으로 입증이 되지는 않았지만 실제로 성적이 오른 남학생이 적지 않다고 하니, 오늘부터 정리 정돈법을 가르치는 것은 어떨까?

출처: 동아일보(2008. 01. 02) 재구성.

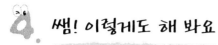
쌤! 이렇게도 해 봐요

단순히 정리를 못하는 것이 아니라 심리적인 문제가 있는 아이의 경우에는 먼저 그 문제를 해결하는 것이 우선이다. 여기서는 심리적 문제가 있는 경우는 다루지 않고, 단순히 정리 습관이 길러지지 않은 아이를 중심으로 바른 습관을 길러 주는 것에 대해 함께 생각해 보고자 한다.

안경 바꿔 쓰기

아이에 대한 기대 수준 낮추기

근호와 같은 아이는 한 해에 한두 명씩 꼭 볼 수 있다. 물건이 여기저기 흩어져 있으면 보기에도 정신이 없음은 물론이고, 주변의 아이들에게도 알게 모르게 피해를 끼치기 때문에 반드시 바로잡아야 하는 습관이지만, 이것은 쉽사리 고쳐지지 않는다. 7~12년 동안 가정에서도 못 기른 습관을 하루 아침에 기른다는 것은 결코 쉬운 일이 아님을 기억하며, 정리하는 습관을 한 단계 한 단계 길러 주자.

나의 책상 주변 살펴보기

교사의 책상 위는 빈틈이 안 보일 정도로 어지러우면서 아이들에게 깔끔한 정리를 요구하는 것은 '눈 가리고 아웅' 하는 것과 같다. 먼저 교사의 책상과 책꽂이부터 정리하자.

함께 세우기

정리하는 습관의 좋은 점 알려 주기

무조건 정리하라고 말하기 전에 정리하는 습관의 좋은 점을 알려 주면 도움이 된다. 정리가 '귀찮은 것'에서 '꼭 해야 하는 것'으로 생각이 바뀌는 데 도움이 되기 때문이다.

정리를 하면 자신의 물건을 필요할 때 잘 찾아 사용할 수 있어서 편리하다. 뿐만 아니라 정리하는 습관을 가진 사람은 무엇을 하든지 한 가지 일을 정리하고 다른 일을 시작하는 것이 몸에 배어 있다. 따라서 공부나 일에 체계가 생기고 능률도 오르며 기억력과 집중력을 높여 주는 데 도움이 된다. 또 다른 사람의 도움 없이 스스로 정리하기 때문에 자립심과 책임감을 길러 주고, 다른 사람을 배려하는 사회성도 길러 준다.

정리 방법 연습하기

학년 초에 정리하는 방법을 아이들에게 가르치고 실제로 해 보는 활동을 반복한다. 이것이 습관화되면 1년 내내 교실이 깔끔하게 유지될 수 있다.

책상 서랍 정리하기(예시)

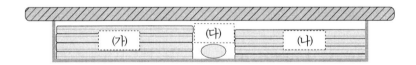

교과서

교과서를 제일 위부터 수업 순서대로 넣는다. 수업이 끝난 교과서는 가장 아래쪽에 넣어 항상 제일 위에는 다음 시간의 교과서가 오도록 한다. 책상 서랍에 들어가는 크기의 납작한 바구니를 준비하여 정리하도록 하기도 한다.

공책과 파일

수업과 학급의 여러 활동에 관련된 공책이나 파일을 정리한다.

리코더 등 기타 물품

리코더와 같은 기타 준비물 중 그림의 (가)와 (나) 사이의 공간에 들어갈 수 있는 물품을 놓는다.

책상 서랍이 복잡해지는 가장 첫 번째 원인은 그날 공부한 책을 빼지 않은 상태에서 다음 날 공부할 것들이 들어가기 때문이다. 수업이 끝나면 공부했던 책은 사물함에 넣거나 가방에 바로 넣는다. 그리고 다음 날 등교를 하고 나서 오늘 공부할 책을 서랍에 넣는 것을 습관화한다.

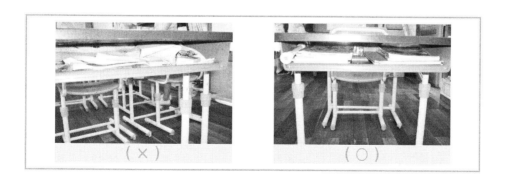

(×)   (○)

책상 위 정리하기

책상 위에는 그 시간에 공부할 책과 관련 공책(또는 파일), 필기구만 올려 놓도록 한다. 책상 위에 여러 물건을 놓으면 수업 시간에 집중을 방해할 뿐이다. 리코더와 같은 물건은 책상 바깥쪽에 두면 바닥에 떨어질 수 있으므로 짝끼리 앉았을 때 책상 안쪽에 두도록 지도한다.

책상 주변 정리하기

책가방 정리

책가방은 책상 옆 가방걸이에 걸어 둔다. 이때 A와 같이 가방을 걸면 책상 사이의 통로에서 아이들이 가방에 걸려 넘어져 다치는 사고를 당할 수 있다. B와 같이 가방의 지퍼가 있는 쪽이 안쪽을 보게 하고, 가방이 책상 안쪽으로 들어가도록 지도한다.

멜로디언이나 실로폰 정리

멜로디언이나 실로폰과 같은 준비물을 자기 자리에 두게 하면 아이들의 자리가 복잡해지고 보기에도 좋지 않다. 잘 관리하지 않는 아동은 한 학기 내내 두고 다니기도 하기 때문에, 교실 뒤 사물함(또는 책꽂이, 청소함 등) 위에 모둠별로 함께 모아 두어 관리한다(C 참조).

사물함 정리하기

사물함 정리는 D와 같이 책을 아래부터 쌓지 말고 E처럼 세워서 꽂아 놓아야 하며(바인더 활용), 남은 자리에는 아이들이 두고 다니는 다른 학용품(물감 등)을 두도록 한다(정리상자 활용). F와 같이 사물함 문 안쪽에 시간표를 붙여 두면 공부할 책과 공책을 챙기는 데 도움이 된다.

정리 바구니(주머니) 활용

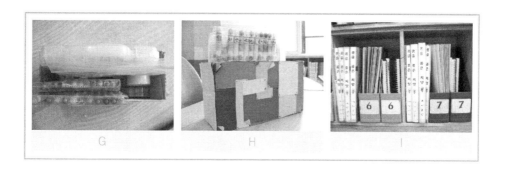

학교에 두고 다니는 물품 중 가위, 풀, 네임펜, 테이프, 자, 색연필, 크레파스, 색종이 등은 따로 정리 바구니(G, H 참조)에 넣어서 보관하고 해당 물품을 사용할 때는 정리 바구니 채로 꺼내어 사용하면 편리하고 물건도 흐트러지지 않는다. 정리 바구

니 대신 헝겊 주머니에 필기구를 넣어 책상 한쪽에 매달아 두고 사용할 수도 있다.

아이들이 공통적으로 쓰는 파일 등은 교실 한편에 따로 파일꽂이(I 참조)를 두어 개인별 또는 조별로 관리하면 효율적이다.

꾸준히 관리하기

정리 방법은 학년 초에 한 해의 기틀을 잡을 때 알려 줘야 1년 동안 이어질 수 있다. 한꺼번에 다 설명하고 아이들이 해 보게 하는 것이 아니라 차근차근 알려 주는 것이 효과적이며, 더불어 습관이 될 때까지 꾸준히 관리해야 한다. 3월 한 달간은 칠판에 아침 자습과 더불어 교실에 들어와서 할 일을 순서대로 적어 주는 것도 한 방법이다. 아예 종이 하나에 정리하여 칠판에 붙여 놓는 것도 편리하다.

┃ 아침에 할 일 ┃

○ 책가방(또는 사물함)에서 오늘 공부할 책과 공책을 꺼냅니다.
○ 책상 서랍을 선생님이 알려 주신 방법대로 정리합니다.
○ 책가방은 안쪽을 향하도록 겁니다.
○ 자리에 앉아 조용히 아침 자습을 시작합니다.

교사가 일일이 점검하기 어려우면 책상 검사하는 날을 일주일에 한 번씩 정하고, 교사나 검사 당번을 맡은 아이가 번갈아 가며 책상 검사를 할 수도 있다.

수업이 끝난 준비물은 집에 가져가기

아이들의 자리가 어질러지는 원인 중 하나는 수업이 끝났는데도 사용한 준비물을 집으로 가지고 가지 않아서다. 이럴 때는 알림장을 쓸 때 '멜로디언 가져가기' 등의 문구를 적어 주면 효과적이다.

생활 속 별난 아이

한 가지를 정리하고 다른 일을 하도록 충분한 시간 주기

정리할 시간을 충분히 주지 않으면 아이들의 주변은 흐트러진다. 특히 정리를 잘 못하는 아이는 정리에 더 많은 시간이 걸리기 때문에 충분한 시간이 필요하다. 이런 아이에게는 다음 시간에 필요한 준비물 등을 미리 알려 주고, 쉬는 시간에 정리와 준비가 이루어지도록 도와주어야 한다(1인 1역으로 한 명을 정하여 칠판에 적게끔 해도 효과적이다). 한꺼번에 여러 가지 일을 주어도 마찬가지로 정리가 쉽게 이루어지지 않는다. 아이들이 한 번에 한 가지의 일을 할 수 있도록 수업 시간과 정리 시간을 조직화하여 운영하여야 한다.

깨끗한 교실 만들기

깨끗한 거리에는 휴지 한 조각이라도 바닥에 버리지 못하지만, 지저분한 거리에는 쓰레기를 버려도 아무런 거리낌이 없다. 또 집에서는 잘 치우지 않는 아이도 깨끗하게 정리된 친구 집에 놀러 가면 무척 조심스럽게 놀고, 놀고 나서도 원래대로 잘 정리를 한다. 잘 정리된 공간은 잘 정리된 사람을 만드는 힘이 있기 때문이다.

교사가 교실을 깨끗하게 잘 정리된 공간으로 만들면 정리 정돈을 못하는 아이들이 줄어든다.

정리 콘테스트 열기

물건이 잘 정리된 모습, 아이들의 사물함과 책상 등을 사진으로 찍어 아이들에게 보여 주고 정리가 잘된 것을 찾아보게 한다. 아이들은 자신들의 책상 서랍과 사물함이 나오는 것에 대해 관심을 보이며 쉽게 동기화된다.

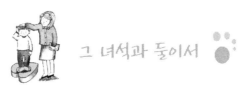

그 녀석과 둘이서

한 단계 한 단계씩 정리하기

자기 물건을 정리 정돈하기 어려워하는 아이에게 앞서 말한 모든 것이 한꺼번에 정리되기를 바라는 것은 욕심이다. 일주일간 하나의 목표만을 정해서 하나씩 목표를 이루어 가며 한 달간 지도하는 식의 인내가 필요하다.

"이번 주는 책상 서랍 정리 하나만 잘해 보자." 하며 그것을 잘했을 때 칭찬해 주면 성공과 칭찬을 경험한 아이는 좀 더 신경을 써서 자기에게 주어진 과제를 수행하게 된다.

잃어버린 물건에 대해서는 책임지기

정리 정돈을 소홀히 하여 잃어버린 물건에 대해서는 스스로가 책임을 지도록 한다. 자신이 잘못해서 잃어버렸으면서도 없어졌다고 떼를 쓰는 아이에게는 명백히 자신의 책임임을 인정하고 그것을 받아들이도록 해야 물건에 대한 책임감이 생길 수 있다.

가정과 어깨 맞추기

가정에서 지도하는 정리 정돈

교실에서 심각하게 자신의 물건을 정리 정돈하지 못하는 아이는 가정에서도 그러는 경우가 대다수다. 물건 정리를 못하는 원인의 대부분은 가정에 있기 때문이다. 가정에서 지도하는 방법을 알려 주며 아이의 지도를 요청하면 가정과 학교에서 모두 아이의 행동을 지도할 수 있기 때문에 더 효과적이다.

정리 정돈 이렇게 가르치세요!

① 부모부터 솔선수범합니다. 먼저 집 안의 모든 물건의 자리를 정하고, 사용 후 반드시 제자리에 갖다 두는 규칙을 만들어 가족 모두가 지키도록 합니다.

② 아이가 엄마처럼 정리하는 것은 불가능합니다. 처음에는 서툴러도 일단 물건을 제자리에 갖다 두는 것으로 시작하는 것이 좋습니다.

③ 아이가 정리한 것이 마음에 안 들어도 그냥 두어야 합니다. 부모가 대신 정리해 주기 시작하면 아이는 자기 물건을 치우지 않아도 된다고 생각하거나, 잘 치우지 못할 것을 겁내 치우기를 꺼립니다.

④ 반복을 통해 정리하는 습관이 몸에 배도록 합니다. 쉬운 것부터 정리하는 데 익숙해지면 점차 정리하는 습관이 생깁니다. 습관이 생기면 자연스럽게 지저분한 것을 싫어하게 됩니다.

⑤ '귀찮은' 정리를 열심히 하는 아이는 칭찬받아 마땅합니다. 칭찬을 받은 아이는 정리를 즐겁게 생각하게 되며 깨끗해진 방을 보고 만족감을 느낍니다.

⑥ 장난감을 갖고 놀 때에는 모든 장난감을 한곳에 쏟아부어 놓고 정신 없이 갖고 놀게 하지 말고, 종류별로 다른 바구니에 담아 와서 가지고 놀 수 있게 합니다.

⑦ 자신에게 작아져 버린 옷이나 더 이상 보지 않는 책, 어렸을 때 가지고 놀던 장난감을 가려내어 재활용 가게나 쓸 수 있는 다른 사람들에게 주는 것도 정리 정돈을 잘하는 방법임을 가르쳐 줍니다.

출처: 조선일보(2004. 03. 15).

11

컴퓨터 앞에 붙어사는 아이

 이런 녀석 꼭 있다!

게임만 하며 살고 싶은 강철이

오늘도 강철이는 하루 종일 멍하니 앉아 있다. 공부 시간에 아무것도 안 하고 억지로 시키면 성의 없이 긁적거릴 뿐이다. 어떤 때는 책상을 손가락으로 치며 키보드를 치는 흉내를 내다가 그것도 지겨우면 의자를 반쯤 뺀 상태로 엎드려 있을 때도

있다. 하루 종일 지겨운 눈빛을 하고 있다가 하교 시간이 가까워지면 컴퓨터 게임을 할 수 있다는 희망으로 조금씩 생기가 돌아온다.

학교에 입학하면서부터 바쁜 부모님 때문에 방과 후에 늘 혼자 집에 있어야 했고, 그럴 때마다 컴퓨터 게임이 강철이의 유일한 친구였다. 무료한 시간을 달래기 위해 시작한 게임이 이제는 강철이에게 없어서는 안 될 생활의 전부가 되어 버렸다.

강철이가 이렇게 된 것에는 부모님의 잘못이 컸다. 강철이 부모님은 강철이가 집에서 컴퓨터 게임을 하면서 혼자 잘 지내는 것이 늘 고마웠다. 그리고 혼자 있게 한 것이 늘 미안했기에 강철이가 원하는 게임 CD 등을 거리낌 없이 사 주었던 것이다. 전 학년 담임 선생님이 강철이 문제의 심각성에 대해 이야기하고 부모님의 도움을 요청했을 때 부모님도 나름대로 집에서 컴퓨터 게임을 못하도록 컴퓨터를 치워 버렸다고 한다. 하지만 이미 강철이에게 컴퓨터 게임은 없어서는 안 될 존재가 되어 있었다. 집에 컴퓨터가 사라진 후 강철이는 컴퓨터 게임을 하려고 매일 PC방에 갔고, 집에 들어오지 않고 PC방에서 지내는 날도 있었다고 한다. 아들이 밖으로 돌아다니는 것보다 집에 있는 것이 더 낫다고 생각한 부모님은 다시 강철이에게 컴퓨터를 사 주었다고 한다. 그 후 강철이는 예전처럼 학교가 끝난 시간부터 부모님이 들어오시는 늦은 밤까지 컴퓨터 앞에 붙어 있는 것이다.

강철이의 소원이 있다면 하루 종일 게임만 하는 것이다. 게임 외엔 모든 것이 무료하고 지겨울 뿐이다. 학교도 친구도…….

어떻게 하면 컴퓨터에서 강철이를 자유롭게 할 수 있을까?
컴퓨터 게임이 전부인 강철이에게 세상에는 컴퓨터 게임 외에 재미있는 것이 많다는 것을 어떻게 알려 줄 수 있을까?

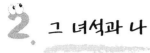

2. 그 녀석과 나

숙제도 안 해 오고
수업 시간엔 멍하니 아무것도
안 하고, 저 녀석을 도대체
어떻게 하지?

저 녀석, 집에 가면
밤새도록 게임만 할 텐데
어떻게 게임을
못하게 한담?

부모님이 아무리 바쁘셔도
그렇지, 애가 밤늦도록
PC방에 있는데도 내버려 두다니……
오히려 PC방 가라고
돈을 준다니 어이가 없다.

게임 얘기만 하면
두 눈을 반짝이는 저 아이와
얘기하려면 내가 게임에 대해 뭘 좀
알아야 할 텐데, 게임을
해 봤어야 알지. 사이버 머니,
아이템, 레벨업……
이게 다 뭐야?

3. 그 녀석의 이유

매력적인 인터넷

인터넷에서는 얼마든지 자신을 숨기거나 새롭게 창조해 낼 수 있다. 또 메일을 보내거나 인터넷에 글을 올리면 곧바로 답장이나 답글을 받을 수 있다. 한편 인터넷에서는 다양한 사람과 쉽게 만날 수 있다. 인터넷에서는 나이, 장소, 시간을 뛰어넘어 여러 사람과 쉽게 사귈 수 있다. 그래서 아이들은 점점 인터넷으로 빠져든다.

너무나 일찍 인터넷에 노출된 아이들

지금 초등학생 자녀를 둔 대부분의 부모는 어른이 되어서야 인터넷을 접하게 되었다. 자신의 통제력이 발달된 후에 인터넷을 접하게 되었기에 매력적인 인터넷 앞에서도 자신에게 필요한 것만 취하며, 인터넷을 유용하게 사용하고 있다. 하지만 아이들은 다르다. 아이들은 내적 통제력이 생기기 전부터 인터넷을 접하면서 자라기 때문에 인터넷에 있는 재미있는 활동에 자신을 조절하지 못한 채 빠져드는 것이다.

자녀에게 무관심한 부모님

인터넷 중독에 빠지는 대부분의 아이는 부모가 바빠서 자녀의 시간을 관리하지 못하는 경우가 많다. 통제가 없는 상태에서 재미있는 인터넷으로부터 자신을 스스로 조절하기란 매우 힘든 일이다. 또한 부모가 집에 있다 하더라도 자녀의 인터넷 사용에 대해 잘 알지 못해서 적절히 대처하지 못하기도 한다.

친구가 되어 주는 컴퓨터

자존감이 낮거나 내성적인 아이는 인터넷 중독에 더 쉽게 빠져든다. 현실 세계에서는 자신감도 없고 친구도 없지만 인터넷에서는 모든 것이 얼마든지 가능하기 때문이다.

시간도 없고 놀 것이 없는 아이들

요즘 아이들은 학교가 끝나면 학원을 오가고, 학습지를 하느라 잠시도 쉴 틈이 없다. 학원에 가는 사이에 잠깐 시간이 났을 때 친구를 불러 놀 수도 없고, 혼자 밖에 나가 놀기도 힘들기 때문에 아이들은 손쉽게 컴퓨터 게임을 찾게 된다. 자투리 시간을 보내기에 인터넷만큼 편리하고 재미있는 것은 없다.

이와 같이 시간에 쫓기는 아이들, 그리고 시간이 있다 하더라도 마땅히 놀 것이 없는 아이들에게 인터넷 게임은 최고의 놀이가 된다.

인터넷 중독

인터넷 중독이란

인터넷의 지속적 사용으로 통제력을 잃어 사용하는 사람의 생활 양식이나 기능 수행에 대해 부정적인 영향을 미치는 것을 뜻한다.

인터넷 중독의 종류

온라인 게임 중독, 음란물 중독, 채팅 중독 등이 있다.

인터넷 중독이 의심되는 아이들이 보이는 증상

- 지각이나 결석을 자주 한다.
- 학교에 와서도 하루 종일 인터넷 생각만 한다.
- 집에 가자마자 인터넷에 접속한다.
- 과도한 인터넷 사용으로 성적이 떨어지거나 숙제를 거의 안 해 온다.
- 인터넷을 하기 위해 가족이나 다른 사람에게 거짓말을 한다.
- 인터넷 사용으로 부모님과 다투거나 꾸중을 듣는다.
- 게임을 많이 하여 눈이 충혈되고, 신체적 · 생리적으로 이상이 나타난다.
- 가끔 현실과 게임 속의 세계를 구분하지 못할 때가 있다.

온라인 게임, 왜 중독성이 강할까?

○ 역할 수행 게임(Role Playing Game: RPG-바람의 나라, 리니지, 뮤, 라크나르크, 거상 등)은 자신의 캐릭터와 역할을 정하여 수행하는 과정에서 레벨이 올라가는 게임이다. 이 게임에서 자신의 캐릭터에 부여되는 힘이 커질수록 현실에서도 자신에게 힘이 생기고 사회적인 지위가 상승하는 느낌을 갖기에 캐릭터의 힘이 커질수록 점점 포기하기 힘들어진다. 그에 반해 머리를 써서 다양한 전략과 전술을 응용해 승부를 겨루는 전략 시뮬레이션 대전 게임(스타크래프트)은 중독성이 강하지 않다.

○ 역할 수행 게임을 하는 과정에 필요한 다양한 아이템을 사고 팔면서 돈을 벌 수도 있다.

○ 게임을 하면서 만나는 사람들과 아주 친해지게 된다. 게임을 하는 사람들끼리 공동체를 형성하게 되는데, 이 공동체에는 길드, 혈맹, 클랜이 있다. 같은 소속원끼리는 친밀감, 소속감, 강한 연대의식을 가지면서 친해지게 된다.

○ 대부분 온라인 역할 게임은 시작이나 끝이 없고, 이기고 지는 단순한 승부도 없고, 오래 접속할수록 자신의 캐릭터의 능력이 향상되기에 접속 시간이 계속해서 늘어나게 된다.

출처: 이형초, 심경섭(2006). 인터넷중독 완전정복. pp. 27-39.

 생활 속 별난 아이

음란물 중독의 위험성

요즘의 음란물은 과거와 차원이 다르다. 비현실적인 성관계 장면을 동영상으로 보여 주거나, 특정한 신체 부위를 노출하거나, 변태에 가까운 성 관련 영상을 보여 준다. 성인도 포르노에 빠지면 스스로 절제하기 매우 어려운데, 성적 호기심과 욕구가 왕성한 시기의 초등학교 고학년에게는 두말할 나위가 없다. 이것을 성장 과정이라고 간과하기엔 너무도 큰 위험이 숨어 있다. 더욱더 걱정스러운 것은 초고속 인터넷의 보급 이후 음란물 사이트를 처음 경험하는 연령이 점점 낮아지고 있다는 것이다.

한 조사에 따르면, 초등학교 4~6학년 학생 중 32.8%가 음란물을 접했다고 응답했다. 그리고 음란사진 및 동영상을 본 초 · 중 · 고등학생을 대상으로 한 음란물을 보고 난 후의 느낌에 대한 설문(복수응답)에서는 50.5%가 "실제로 해 보고 싶은 호기심이 생긴다."라고 응답했으며, 34.7%는 "더 자극적이고 새로운 것을 찾고 싶다."라고 답했으며, 30.2%는 "불쾌하고 더럽다.", 23.3%는 "아무런 느낌이 없다."고 조사됐다.

– 전자신문(2004. 06. 01) 재인용

음란물에 중독되면 성장기에 제대로 형성되어야 할 성적 정체성에 문제가 생긴다. 특히 내성적인 성격의 아이들이 음란물에 빠진 경우, 성적인 호기심과 성행위에 대한 집착에서 벗어나지 못하기도 한다. 그러다 보면 이성을 인격체가 아닌 성적 대상으로 인식하여 충동적인 성범죄를 촉발시키거나 왜곡된 성 의식을 갖게 되기도 한다. 이성 및 동성과 친밀하고 건강한 대인관계를 맺을 수 있는 기회를 박탈당하고, 혼자서 성적인 공상에 빠지거나 부적절한 시도를 하도록 내적 압력을 받게 된다. 그래서 자신에 대한 심한 자책감과 절망, 분노가 조절되지 못하여 심각한 정신과적인 병이 될 수도 있다.

출처: 이형초, 심경섭(2006). 인터넷중독 완전정복. pp. 88-91.

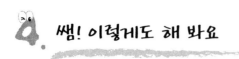

쌤! 이렇게도 해 봐요

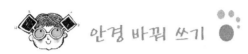

안경 바꿔 쓰기

아이들의 문화 이해하기

교사는 컴퓨터 게임에 열광하는 아이들을 이해하지 못할 수 있다. 성인이 되어 컴퓨터를 접한 교사는 자신의 경험에 비추어 아이들을 바라보기 쉽고, 그런 교사의 눈에는 정보화 시대에 태어나 자란 아이들과의 사이에서 두꺼운 벽 같은 것을 느낄 수도 있다.

교사 자신의 경험에 비추어 아이들을 해석하려 하면 점점 이해할 수 없는 일만 많아질 뿐이다. 그러므로 정보화 시대에서 자라는 아이들의 문화를 객관화하여 바라볼 수 있는 안목을 키우는 것이 필요하다.

게임 관련 용어

○ **아이템(Item)**: 게임 속 캐릭터의 좋은 갑옷이나 칼, 마법, 약과 같은 것

○ **아이템 현금 거래**: 게임상의 아이템을 현금으로 거래하는 것

○ **사이버 머니**: 인터넷에서 사용되는 화폐, 게임에 따라 실제 세계의 현금과 교환할 수 있는 가치가 있기도 함

○ **유저(User)**: 게임 이용자

○ **아바타(Avatar)**: 사이버 세계 속에서 나를 대변하는 인형과 같은 것. 자신이 원하는 대로 꾸미고 다른 사람과 대화할 수 있음

○ **캐릭터**: 게임 안에서 개개인의 플레이어가 조종하여 움직일 수 있는 등장인물

- **롤플레잉**(Role Playing Game): 게이머가 게임상의 한 캐릭터로서 특정 역할을 맡아 주어진 목표를 수행하는 게임, RPG 게임이라 함
- **MMORPG**(Massively Multi-player Online Role Playing Game): 수많은 사람이 각각 자신의 취향에 맞게 캐릭터를 고르고 게임 세계 안에서 각자가 선택한 직업이나 역할을 맡아 게임 속 세계 안에서 다른 사람의 캐릭터와 협동하기도 하고 싸우며 생활하는 게임
- **길드**(Guild): 서양 중세시대의 같은 직업을 가진 사람들끼리 동맹을 맺은 조합인 '길드'에서 따온 것으로, 여러 게임 이용자들이 게임 속의 정보를 공유하거나 협동하는 등의 이유로 만든 모임 혹은 동아리와 같은 것. 이용자는 기존의 길드에 들어갈 수도 있고 친구들과 같이 특정 길드를 만들 수 있기도 함. 온라인 게임의 팀플레이가 활성화되면서 많이 생김
- **맵**(MAP): 게임상에서 캐릭터들이 있는 '중세 분위기의 마을', '우주' 등의 장소 또는 환경에 따라 게임 이용자가 맵을 선택할 수 있음
- **PK**(Player Killing): 게임 안에서 다른 사람의 게임 캐릭터를 죽이는 행동
- **카오 캐릭터**: PK를 범한 캐릭터로 다른 캐릭터가 공격했을 때 이 카오 캐릭터는 자신이 가진 아이템을 떨어뜨리는(이때 떨어뜨린 것은 다른 캐릭터가 주울 수 있음) 등 PK에 상응하는 어떤 대가를 치름
- **경험치**(Experience=EX): 게임을 하면서 캐릭터가 얻게 되는 경험의 수치가 일정 수준에 도달하면 레벨이 상승함
- **레벨**(Level=LV): 게임상의 캐릭터의 능력을 나타내는 수치
- **배틀넷**(Battlenet): 블리자드 사의 스타크래프트나 워크래프트 게임의 온라인 연결 터널과 같은 것으로, 게임을 실행하고 배틀넷을 연결하면 각 개인은 전 세계의 배틀넷에 접속한 다른 유저들과 게임을 펼치는 것이 가능함
- **버그**(Bug): 컴퓨터가 잘못된 동작을 일으키도록 하는 프로그램의 오류

출처: 게임문화진흥협의회(2003). 학부모 · 교사에게 들려주는 게임 이야기. pp. 86-89.

함께 세우기

인터넷의 장단점 알아보기

인터넷은 우리에게 많은 편리함을 주고 다양한 인터넷 문화를 만들어 내었다. 하지만 그에 못지않게 인터넷 중독, 온라인 사기, 해킹, 불법복제 등의 부작용도 만만치 않다. 이는 인터넷 사용에 대한 교육이 제대로 이루어지지 않은 채 인터넷 문화가 양적으로만 급속도로 팽창하였기 때문이다.

그러므로 학교에서는 아이들에게 인터넷 사용의 장단점을 알려 주고 우리 생활에 도움이 될 수 있는 유용한 도구로 활용할 수 있게 가르쳐야 한다.

네티켓 알려 주기

많은 아이가 인터넷에서 지켜야 할 예절이 있다는 것을 모른 채 인터넷을 사용하고 있다. 인터넷이 가지는 익명성을 이용해 이름을 밝히지 않고 게시판에 비어나 속어, 욕설 등을 마구 남겨 상대방에게 상처를 주는 일도 비일비재하다. 그러므로 아이들에게 인터넷에서의 예절인 네티켓(network+etiquette)을 반드시 지도해야 한다.

네티켓을 지도할 때는 먼저 인터넷에서 상대방의 글로 상처를 받았거나 피해를 당했던 경험을 나누도록 한다. 그리고 우리가 지켜야 할 네티켓에는 어떤 것이 있을지 의논하여 발표하고 난 후 교사가 부족한 부분을 보충해 준다([활동지 11-1], [활동지 11-2] 참조).

채팅, 번개의 네티켓(여자아이들에게 특히 주의)

○ 가입할 때는 실제 이름을 사용하지 않는다(불순한 의도자의 악용을 막기 위해 애칭 사용).

○ 늦은 시간에 만나지 않는다(낮에 공개된 장소에서 만나기, 밤에 만나면 위험에 처할 때 도움받기 힘듦)

○ 음란 대화방은 참여하지 않는다(컴섹, 폰섹, 번섹 대화방은 피한다).

○ 만나서 술을 절대 마시지 않는다(나쁜 의도로 술을 권할 수 있음).

○ 번개를 할 때는 보호자나 친구에게 알린다.

○ 상대방의 집이나 여관에 따라가지 않는다.

○ 아는 곳에서 만난다.

○ 주소나 전화번호를 알려 주지 않는다.

출처: 고정자 외(2005). 상담으로 풀어 가는 교실이야기. p. 388.

 그 녀석과 둘이서

아이와 관계 맺기

학급의 아이지만 인터넷 중독에 빠져 있는 아이를 지도하기 위해서는 특별한 만남이 필요하다. 이 아이들에게 교사는 별로 반갑지 않은 존재일 수 있는데, 부모와 마찬가지로 자신을 혼내려는 한 어른으로만 비춰질 수 있다.

그래서 먼저 교사가 아이의 관심을 불러일으킬 만한 주제로 대화를 시작한다.

"요즘 유행하는 게임이 많던데 너는 어느 게임 좋아하니?"

"레벨은 어느 정도 되니?"

이런 말로 아이를 안심시킨 후 간단한 인터넷 중독 검사지나 인터넷 게임 중독 검사지를 통하여 아이의 상태를 확인한다([활동지 11-3] 참조).

인터넷 사용에 대해 구체적으로 탐색하기

아이를 돕기 위해선 아이가 어떻게 인터넷을 이용하고 있는지 다음과 같은 구체적인 정보가 필요하다([활동지 11-4] 참조).

○ 언제 인터넷을 시작하게 되었니?

○ 인터넷을 왜 하게 되었니?

○ 하루 중 인터넷을 언제, 얼마나 하니?

○ 인터넷을 주로 하는 곳은 어디니?

○ 인터넷 사용으로 너의 생활에 변화가 있다면 무엇이니?

○ 인터넷을 할 때 주위에 누가 있니?

○ 요즘 어떤 스트레스가 있니?

○ 가족 간의 친밀감은 어느 정도고, 대화는 많이 하는 편이니?

○ 학교에 친한 친구가 있니?

○ 사이버상의 대인관계에 대해 얼마나 친밀감을 느끼니?

○ 즐겨 하는 인터넷 활동을 통해 어떤 스트레스가 해소되니?

목표 세우기

아이에 대한 파악이 끝났다고 교사가 무조건 목표와 계획을 세우기보다는 아이 스스로 자신을 변화시키려는 의지가 있어야 한다. 그렇지 않으면 오히려 역효과가 날 수 있다. 교사는 아이 스스로 변화하고자 하는 마음이 들 때까지 계속해서 공감해주고 수용을 해야 한다.

아이의 변화 의지를 이끌어 내기 위해서는 다음과 같은 질문을 할 수 있다.

교사는 아이에게 과다한 인터넷 사용으로 얻은 것과 잃은 것을 살펴보고 자신의 미래 모습도 생각해 본 후 어떻게 변화하고 싶은지 목표를 세워 보게 한다.

목표를 세울 때는 교사가 정하는 것이 아니라 아이와 충분히 의논하여 아이가 직접 정하도록 하며, 교사는 아이의 수준에 맞는 목표인지, 지나치게 이상적인 것은 아닌지를 검토해 준다. 예를 들어, 하루에 인터넷 게임을 5시간 하는 아이가 1시간만 한다는 것은 불가능한 일이다. 이럴 경우 교사는 '하루에 10분 줄이기' 등 점진적인 계획을 세우도록 한다.

방법 탐색하기

목표를 세웠다면 그것을 어떻게 실천할지 방법을 함께 생각해 본다. 인터넷 사용 시간을 줄이기 위해 예전에 즐겼던 활동을 찾아보고, 그 활동을 다시 어떻게 일상생활에서 할 것인지 생각해 본다. 그리고 인터넷을 하는 시간을 어떻게 체크할 것이며, 더 하고 싶은 유혹이 생길 때 어떻게 대처할 것인지에 대해 구체적으로 이야기하고 방법을 생각해 본다.

교사는 이 단계에서 아이와 논의하였던 것을 반드시 가정에 알려 긴밀한 협조를 얻어야 한다.

관심과 지지 보내기

목표와 계획이 세워지고 방법이 탐색되었다면, 교사는 학생이 잘 실천할 수 있도록 끊임없이 관심과 지지를 보내 준다. 초기에는 매일매일 확인하여 잘하였으면 아낌없이 칭찬을 해 주고, 실패하였을 때는 그 원인을 살펴보고 미흡하였던 부분을 보완해 준다.

    아이가 잘 실천해 가면 시간 간격을 점차적으로 늘려 가며 확인한다. 하지만 완전히 인터넷 중독에서 벗어날 때까지는 지속적인 관심과 지지를 보여 주어야 한다([활동지 11-5] 참조).

전문가에게 의뢰하기

    만약 교사가 이와 같은 노력을 했음에도 불구하고 아이의 문제 행동이 줄어들지 않고 지속된다면 전문 상담기관이나 전문가에게 의뢰하는 것이 바람직하다.

가정과 어깨 맞추기

    아이의 인터넷 중독을 예방하기 위해서는 가정에서의 부모 역할이 절대적이다. 교사가 아무리 학교에서 지도하더라도 가정에서 통제가 되지 않으면 모든 것이 허사가 되고 만다. 교사는 부모의 긴밀한 협조를 얻는 동시에 부모가 자녀의 인터넷 중독 예방 및 치료에 앞장서도록 이끌어야 한다.

인터넷 중독 예방을 위해 가정에서 할 일

┃ 인터넷 중독 예방을 위한 가정에서의 수칙 ┃

○ 컴퓨터를 가족과 함께 사용할 수 있는 공개적인 장소에 설치한다.
○ 컴퓨터라는 매체의 사용 목적을 자녀에게 정확히 알려 주는 것이 중요하다. 컴퓨터는 게임을 하기 위한 오락기가 아닌 정보의 도서관, 생활도구, 문화도구라는 인식의 전환이 필요하다.
○ 해야 할 일을 마치고 난 후 컴퓨터를 한다.
○ 꼭 필요한 정보(학습이나 과제)를 찾기 위해 컴퓨터를 활용하도록 한다.

○ 컴퓨터 사용 시간과 내용을 정하여 사용한다.

○ 인터넷 때문에 잠자는 시간을 어기지 않게 한다.

○ 컴퓨터 외에 자신에게 맞는 취미 활동을 한다.

○ 차단 프로그램을 활용하여 유해 사이트를 차단한다.

○ 이상한 사이트에 접속했을 때 고민하지 말고 부모님과 상의하게 한다.

○ 게임을 무조건 못 하게 하는 것이 아니라 자녀의 연령에 적합한 게임을 선택하도록 돕고 시간을 정하여 하도록 한다.

○ 게임 이외에 가족, 친구와 함께하는 시간을 늘린다.

○ 인터넷 게임은 여가 선용으로만 이용하고 지나친 승부욕을 보이거나 집착하지 않는다.

○ 시간이 많아지는 방학 동안 인터넷 과다 사용의 문제가 생기지 않도록 주의한다.

인터넷 중독에서 벗어나게 하기 위한 부모의 역할

부모의 초점 바꾸기

대부분의 부모는 "우리 아이가 어떻게 하면 컴퓨터를 안 할까요?"라고 물어본다. 여기서 주의해야 할 것은 어떻게 하면 컴퓨터를 안 하고, 컴퓨터 게임에 몰두하는 시간을 줄일 수 있을까 하는 생각에서 초점을 바꾸어 게임을 하지 않는 시간을 늘리는 것에 관심을 갖게 하는 것이다.

부모는 아이가 더 재미있는 일상생활을 하게 되어 게임을 하지 않고도 지낼 수 있도록 방향의 초점을 바꾸어 주어야 한다.

게임을 하는 시간을 줄이는 것		게임을 하지 않는 시간을 늘리는 것

인터넷 제대로 알기

자녀를 이해하고 지도하기 위해서는 부모가 인터넷에 대해 제대로 알고 대처해야 한다. 다음 사항을 부모가 알고 있는지 확인해 보고, 모르면 반드시 알아두도록 한다.

○ 온라인상의 주민등록증인 자녀의 ID가 무엇인지 알고 있는가?

○ 자녀가 온라인상에서 어떤 활동을 하는지 알고 있는가?

○ 자녀의 온라인상의 용돈인 사이버 머니의 온라인 사용 결제 방식을 알고 있는가?

○ 자녀들이 온라인상의 아이템을 잘 관리하도록 지도하는 능력을 가지고 있는가?

○ 자녀가 자주 다니는 PC방을 알아 놓고 주인과 연락을 하고 있는가?

○ 자녀가 온라인상에 가입한 카페, 팬클럽에 대해 알고 있는가?

○ 자녀가 주로 다니는 사이트를 점검할 수 있는 능력이 있는가?

○ 자녀의 온라인 음란물 접속 경험을 파악하고 음란물 차단 시스템을 설치하였는가?

○ 자녀의 온라인상에서의 대인관계, 특히 낯선 친구와의 만남에 대해 알고 있는가?

지속적으로 관찰하고 지지하기

인터넷 중독에서 벗어나기 위해서는 부모의 지속적인 관찰과 지지가 필요하다. 부모는 자녀의 인터넷 접속 시간과 접속 사이트 등을 관리하고, 자녀가 잘하고 있을 경우에는 아낌없는 지지를 보여 주여야 한다.

아이와 같이 즐거운 시간 보내기

인터넷 중독에 빠지는 아이들 중에는 별로 할 일이 없어서 무료함을 달래기 위해 시작하였던 것이 중독으로 빠지는 경우가 많다. 그러므로 부모는 주말이나 시간 나는 대로 자녀와 함께 운동을 하거나 등산, 영화 보기 등 자녀와 즐거운 시간을 보내도록 노력해야 한다.

아이가 음란물을 봤다면 터놓고 얘기를 나눠요

아이들이 우연히 혹은 호기심으로 포르노 사이트를 접했을 때, 가장 문제가 되는 것은 성에 대한 왜곡된 지식을 갖게 되는 것이다. 포르노 사이트에서는 아주 큰 성기를 갖고 있는 남성을 보편적인 것처럼 묘사하거나 자연스럽지 못한 성관계를 사실적으로 보여 준다. 상담실을 찾은 한 남학생은 "여자 친구가 원할 것 같아서 강제로 성관계를 했는데, 그 뒤 만나 주지 않는다."라고 호소했다. 음란물에 등장하는 여성들은 대부분 일단 성관계를 하면 즐거워하고 그 뒤로 여성이 더 적극적인 경우가 많았기 때문에 여자 친구도 그럴 것이라고 짐작했다는 것이다.

아이가 포르노 사이트를 접했다는 짐작이 들면, 보면서 어떤 느낌이 들었는지, 어떤 장면이 특히 기억에 남는지에 대해 적극적으로 이야기를 나눠야 한다. "모든 성인이 기구를 가지고 자위를 하는가?", "어린아이와 관계를 갖는 것이 더 쾌감을 주는가?" 등 부모를 당혹하게 하는 질문이 쏟아질지도 모른다. 그러나 이런 이야기까지 나누었다면, 포르노 사이트와의 전쟁에서 일단 승리한 셈이다. 이를 계기로 아이가 부모에 대한 믿음을 갖고, 성적으로 궁금한 것을 우선 부모에게 묻고 의논하는 습관을 들인다면 전화위복, 금상첨화다.

출처: 한겨레신문(2006. 01. 23)

인터넷 중독에 대한 부모교육 자료 제공하기

왜 아이들은 그토록 게임에 집착하는 것인지, 자녀의 올바른 인터넷 습관을 만들기 위해 어떻게 해야 하는지에 대한 답을 주는 좋은 자료가 있다.

'EBS 다큐프라임 아이의 사생활 2' 제2편 미디어-미디어 통한 새로운 관계 맺기

이 동영상은 문제를 겪고 있는 아이의 부모는 물론 인터넷에 빠져 있는 자녀를 이해하기 원하는 학부모에게 권한다면 자녀 교육에 많은 도움이 되리라 생각된다.

와글와글 함께

컴퓨터 휴일제

컴퓨터 휴(休)일제는 아이들이 컴퓨터를 하느라 낭비되는 시간을 직접 느껴 보게 하는 것이다.

> 일주일 동안 텔레비전이나 컴퓨터 켜지 않기
> (학부모에게 협조를 구하는 안내의 글 보내기)
>
> ⬇
>
> 텔레비전이나 컴퓨터를 켜지 않았을 때의 생활의 변화나 장점 이야기하기
>
> ⬇
>
> 학급 전체가 컴퓨터를 안 하는 요일을 정하고 다짐의 시간 갖기
>
> ⬇
>
> **컴퓨터 휴일제 실시하기**

이 활동이 효과가 있으려면 컴퓨터를 하지 않는 대신 자신의 발전을 위해 무엇을 할 것인지 미리 생각해 보는 과정이 필요하다. 그리고 텔레비전이나 컴퓨터를 켜고 싶은 유혹이 생겼을 때 어떻게 할 것인지에 대한 대처 방안도 충분히 생각한 후에 실시한다.

특히 이 활동은 가정의 적극적인 협조와 함께 교사의 지속적인 점검과 확인이 꼭 필요하다는 것을 유의해야 한다([활동지 11-6], [활동지 11-7] 참조).

재미있는 놀이하기

컴퓨터 게임에 빠져 있는 아이들은 컴퓨터 게임 외에는 재미있는 것이 없다고 생

각한다. 하지만 이런 아이들은 실제로 재미있는 놀이를 경험하지 못해서 게임 외에는 모든 것이 따분하다고 생각할 수 있다. 학급 아이들에게 친구들과 함께할 수 있는 다양한 게임이나 놀이 등을 소개하는 것이 필요하다. 여기에서 공기놀이, 칠교놀이, 체스, 바둑, 텀블링 멍키, 도미노, 젠가, 할리갈리, 블루마블 등을 활용할 수 있다.

또 점심시간이나 하교 후에 친구들과 어울려 함께 놀 수 있도록 분위기를 만들어 주어 컴퓨터 게임 외에 재미있는 것이 있음을 알게 한다.

우리에게 필요한 네티켓

학년   반   이름:

● 건강하고 유익한 인터넷 사용을 위한 네티켓을 알아봅시다.
   다음 빈칸에 알맞은 말을 보기에서 찾아 쓰세요.

1. 자신의 (   )나 (   )를 타인에게 절대 공개하지 않는다.
2. 타인의 아이디(ID)를 도용하거나 다른 사람의 신상 정보를 누출하지 않는다.
3. 제목은 메일의 내용을 함축하여 (   ) 쓴다.
4. 타인에게 피해를 주는 (   )이나 (   )을 하지 않는다.
5. 행운의 편지, 메일폭탄 등에 절대 말려들지 않는다.
6. 수신 메일을 송신자의 허락 없이 다른 사람에게 다시 (   ) 않는다.
7. 문법에 맞는 표현과 올바른 맞춤법을 사용한다.
8. 잘못된 정보를 (   )하지 않는다.
9. 공지 사항을 미리 확인하고, 각 게시판의 (   )에 맞는 글을 올린다.
10. 욕설, 음란물, 내용 없는 글, (   )을 침해하는 글 등을 올리지 않는다.
11. 프로그램을 올릴 때에는 사전에 (   ) 감염 여부를 점검한다.
12. 유익한 자료를 받았을 때에는 올린 사람에게 감사의 편지를 보낸다.
13. 다른 사람이 만든 정보를 사용할 때는 반드시 (   )를 밝힌다.
14. 공동으로 사용하는 컴퓨터에 다른 사람이 사용할 수 없도록 (   )를 걸어 놓거나 컴퓨터의 환경
    설정을 함부로 변경하지 않는다.
15. 게임 중에 일방적으로 (   )하는 것은 무례한 일이다.
16. 온라인 게임은 온라인상의 오락으로 끝나야 한다.
17. 상업용 소프트웨어를 올리지 않는다.
18. (   )을 올리지 않는다.

〈보기〉 아이디, 비방, 욕설, 유포, 음란물, 출처, 암호, 퇴장, 바이러스, 저작권, 성격, 간략하게, 비밀번호,
       전송

네티켓 말판 놀이

출처: 한국정보문화진흥원(2004). 선생님과 함께하는 깨끗한 정보세상.

나의 인터넷 게임 의존도는?

학년   반   이름:

문항 내용	전혀 그렇지 않다	때때로 그렇다	자주 그렇다	항상 그렇다
1. 게임으로 학교 생활이 재미없게 느껴진다.	1	2	3	4
2. 게임을 하는 것이 친한 친구와 노는 것보다 더 좋다.	1	2	3	4
3. 게임 속의 내가 실제의 나보다 더 좋다.	1	2	3	4
4. 게임에서 사귄 친구들이 나를 더 알아준다.	1	2	3	4
5. 게임에서 사람을 사귀는 것이 더 편하다.	1	2	3	4
6. 내 캐릭터가 다치거나 죽으면 실제로 내가 그렇게 된 것 같다.	1	2	3	4
7. 게임을 하느라 학교 숙제를 할 시간이 없다.	1	2	3	4
8. 게임을 하느라 해야 할 일을 못한다.	1	2	3	4
9. 게임하는 시간이 점점 길어진다.	1	2	3	4
10. 처음에 계획했던 게임 시간을 지키기 어렵다.	1	2	3	4
11. 게임을 그만하라는 말을 듣고도 그만두기가 어렵다.	1	2	3	4
12. 게임하는 시간을 줄이려고 하지만 잘 안 된다.	1	2	3	4
13. 게임을 안 하겠다고 마음먹고도 다시 게임을 하게 된다.	1	2	3	4
14. 게임을 하면서 전보다 짜증이 늘었다.	1	2	3	4
15. 다른 할 일이 많아도 게임을 먼저 한다.	1	2	3	4
16. 게임을 하지 못하면 하루가 지루하고 재미없다.	1	2	3	4
17. 게임을 안 할 때도 게임 생각이 난다.	1	2	3	4
18. 야단을 맞더라도 게임을 하고 싶다.	1	2	3	4
19. 게임을 하지 못하면 불안하다.	1	2	3	4
20. 누가 게임을 못하게 하면 화가 난다.	1	2	3	4
합 계				
총 점				/ 80

일반 사용자	35점 이하	잠재적 위험 사용자	36~45점	고위험 사용자	46점 이상

점수에 따른 인터넷 게임 사용자의 특징

유 형	분류 기준	특 성	비 고
고위험 사용자	46점 이상	• 현실 세계보다는 가상의 게임 세계에 몰입하여 게임 공간과 현실 생활을 혼동하거나, 게임으로 인해 현실 세계의 대인관계나 일상생활에 부적응 문제를 보이며, 부정적 정서를 나타낸다. • 혼자서 하루 2시간, 주 5~6회 이상 게임을 하며, 게임 행동을 조절하는 데 어려움을 보인다. • 일반적으로 자기 통제력이 낮아 일시적인 충동이나 즉각적인 만족을 추구하며, 인내력과 효율적인 문제 해결력이 부족한 경향을 보인다. 또한 공격적 성향이 높으며 자신에 대해 부정적으로 생각하는 경향이 강하다.	전문적 치료 지원 및 상담 요망
잠재적 위험 사용자	36~45점	• 고위험 사용자에 비해 낮은 수준이지만 가상 세계에 대해 더 많은 관심을 두고 게임에 몰입하는 경향을 보이며, 게임과 현실 생활을 혼동하거나, 게임으로 인해 현실 세계의 대인관계, 일상생활에 문제를 나타내기도 한다. • 하루 1시간 30분, 주 3~4회 정도 혼자서 게임을 하는 경향이 있다. • 공격적 성향을 보이고, 자기 통제력이 낮고 충동적이며, 자기 위주로 생각하고, 말보다는 행동이 앞서는 경향이 있다. 자신에 대해 부정적으로 생각하는 경향을 나타내기도 한다.	게임 중독 행동 주의 및 예방 프로그램 요망
일반 사용자	35점 이하	• 게임 습관을 스스로 조절할 수 있으며, 게임과 현실 세계에 대한 구분이 명확하여 게임으로 정서적인 영향을 받지 않는다. • 하루 1시간 이하, 주 1~2회 이하, 친구와 형제 등 주변 사람과 함께 게임을 하는 등 인터넷 게임 사용을 적절하게 조절할 수 있다. • 자신의 욕구를 조절하고 효율적으로 문제를 해결하는 경향을 보인다. 일시적인 충동에 의하거나 즉각적인 만족을 주는 문제 행동을 회피하고 인내할 수 있는 능력이 높다. 자신에 대해 긍정적으로 생각하는 경향이 강하다.	지속적 자기 점검 요망

인터넷 사용일지

학년   반   이름:

요일	월	화	수	목	금	토	일
인터넷 이용 시간 (시작 시각 ~ 마친 시각)	1. 2. 3. 4. 5.	1. 2. 3. 4. 5.	1. 2. 3. 4. 5.	1. 2. 3. 4. 5.	1. 2. 3. 4. 5.	1. 2. 3. 4. 5.	1. 2. 3. 4. 5.
인터넷 이용 내용	1. 2. 3. 4. 5.	1. 2. 3. 4. 5.	1. 2. 3. 4. 5.	1. 2. 3. 4. 5.	1. 2. 3. 4. 5.	1. 2. 3. 4. 5.	1. 2. 3. 4. 5.
하루 총 이용 시간	( )시간 ( )분	( )시간 ( )분	( )시간 ( )분	( )시간 ( )분	( )시간 ( )분	( )시간 ( )분	( )시간 ( )분
인터넷 이용 장소	① 내 방 ② PC방 ③ 친구 집 ④ 기타	① 내 방 ② PC방 ③ 친구 집 ④ 기타	① 내 방 ② PC방 ③ 친구 집 ④ 기타	① 내 방 ② PC방 ③ 친구 집 ④ 기타	① 내 방 ② PC방 ③ 친구 집 ④ 기타	① 내 방 ② PC방 ③ 친구 집 ④ 기타	① 내 방 ② PC방 ③ 친구 집 ④ 기타
일주일 총 이용 시간	주중	총 ( )시간 ( )분					
	주말	총 ( )시간 ( )분					
평 가	이번 주에 "나는						

* 인터넷 이용 내용의 예: 메일 확인, 버디버디, 싸이월드, 게임, 숙제 등

출처: 인터넷중독예방상담센터(2007). 인터넷중독예방가이드북(학생용) '즐겨라'.

멋진 나를 위해

학년   반   이름:

● 일주일 단위로 '인터넷 사용 행동 기록표'를 작성하여 실천 정도를 점검합니다. 조금 해 보다가 잘 안 된다고 절대로 포기하지 말고, '꾸준함과 인내가 성공으로 가는 길'이라는 점을 명심합시다! 가족의 도움을 받아 작성하는 것도 좋습니다.

날짜	요일	나의 목표	유익한 점	예상되는 목표 방해요소와 대책	잘 지켰나요? (○ X)
7/2	목	오늘 컴퓨터는 30분 이하로 한다.	숙제를 여유 있게 할 수 있다.	동생이 컴퓨터를 하는 걸 보면 하고 싶어질 것 같다. • 대책:동생의 컴퓨터 사용 시간을 체크해 준다.	○
	월				
	화				
	수				
	목				
	금				
	토				
	일				

출처: 인터넷중독예방상담센터(2007). 인터넷중독예방가이드북(교사용) '키워라'.

텔레비전, 컴퓨터가 없는 세상

학년   반   이름:

● 일주일 동안 텔레비전이나 컴퓨터를 켜지 않고 생활해 본 후 느낀 점을 적어 보세요.

	지켰나요? (O, X)	텔레비전을 보거나 인터넷을 하지 않은 대신 한 일	부모님 확인
월			
화			
수			
목			
금			
토			
일			
느낀 점			

오늘만은 컴퓨터와 이별을

학년   반   이름:

● 일주일 중 하루를 정해 컴퓨터를 켜지 않고 지내보세요. 내 생활에 어떤 변화가 있을까요?

날짜	무엇을 할까요?	성공 했나요?	무엇을 했나요?	느낀 점	확인

급식 시간을 힘들게 하는 아이

 이런 녀석 꼭 있다!

전쟁터 같은 급식 시간??

급식 시간은 전쟁터나 다름없다. 급식 줄을 설 때도 내가 앞이니 네가 앞이니 하며 싸우고, 불공평하게 배식한다고 이르기 바쁘며, 누구는 또 많이 먹는다고 난리다. 이건 절대 못 먹는다고 한 시간 내내 식판을 붙들고 앉아 있는 아이도 있고, 급식 시간이 끝날 때가 다 되었는데도 아직도 미적미적 여유를 부리며 밥도 안 먹고 놀고 있는 아이도 있다.

이런 아이들과 같이 밥을 먹자니 밥이 입으로 들어가는지 코로 들어가는지 모를 지경이다.

2. 그 녀석과 나

툭하면 서로 더 먹겠다고 싸우니 정말 신경 쓰이네. 다른 애들이 돼지라고 놀리는 건 안중에도 없나 봐. 한참 크는 애들이니 좀 적게 먹으라고 하기도 그렇고 말이야.

또 한 시간 동안 밥을 먹고 앉았네. 대체 언제쯤 저 버릇이 고쳐지는 거야?

편식이 저렇게 심하니 어쩐다? 먹고 싶은 것만 먹게 하면 편식 습관은 안 고쳐질 텐데……

제발 우아하게 밥 좀 먹고 싶다.

못 먹는 음식이라고 일부러 땅에 떨어뜨리다니…… 괘씸한 녀석! 지난번에는 몰래 화장실에 가서 뱉고 오더니……

생활 속 별난 아이

3. 그 녀석의 이유

급식 시간에 교사를 힘들게 하는 아이들은 여러 부류가 있다. 먼저 편식하는 아이에 대해 생각해 보자. 편식하는 아이가 싫어하는 음식을 먹기 위해 물과 함께 꿀꺽 삼키거나 코를 막고 먹는 모습은 종종 볼 수 있다. 사실 이렇게라도 먹으면 다행이다. 어떤 아이들은 혼날까 봐 말도 안 하고 싫어하는 음식을 일부러 바닥에 버리거나 입안에 물고 있다가 세면대에 버려 문제를 일으킨다. 아무 대책 없이 식판에 음식을 남긴 채로 버티다가 다음 수업에 방해를 주는 아이도 있다.

아이들이 편식을 하는 원인은 다음과 같다.

편식의 원인

○ 이유기에 다양한 음식을 먹지 못해서
○ 음식의 냄새, 맛, 혀에 닿을 때의 느낌이 싫어서
○ 다양한 음식을 먹어 보지 못해서
○ 먹기 싫은 음식을 강제로 먹게 하거나 계속 줘서
○ 좋아하는 것만 계속 먹고 싶어서
○ 음식을 먹고 나서 구토나 설사와 같은 불쾌한 경험을 해서
○ 밥 대신 군것질을 많이 하면서 편식 습관이 생겨서
○ 가족 중에 편식하는 사람이 있어서
○ 과보호하는 부모 밑에서 자라서
○ 부모나 교사의 관심을 끌기 위해서

식탐이 많은 아이의 경우에는 식탐 자체가 문제가 되지는 않는다. 그보다는 많이 먹으려고 친구와 다툼을 벌이는 것이 문제다.

아이에게 지나친 식탐이 있는 원인은 대체로 다음과 같다.

지나친 식탐의 원인

○ 비만 아동의 경우 평소에 먹지 말라는 제재를 많이 받기 때문에 좋아하는 음식 앞에서 유난히 식탐을 보일 수 있다.

○ 욕구 불만이 음식이나 물건에 대한 강한 집착으로 표현될 수 있다. 예를 들면, 부모가 아이의 마음을 잘 알아주지 않으면, 아이는 그 불안을 음식에 대한 집착으로 표현한다.

○ 가정 환경이 열악하여 좋아하지만 집에서는 충분히 못 먹어 본 음식이 급식으로 나오면 식탐을 보이기도 한다.

식사 시간이 보통의 급식 시간을 훌쩍 넘기는 아이도 있다. 한두 번 그러면 괜찮지만, 일주일에 반 이상 이런 태도를 보인다면 교사의 개입이 필요하다. 오후 수업이 있다면 수업의 진행에 방해가 되고, 수업이 없다 하더라도 하교 시간이 늦어져 문제가 되기 때문이다.

식사를 늦게 하는 아이들이 가진 원인은 다음과 같다.

매우 늦은 식사 속도의 원인

○ 편식하는 습관 때문에 싫어하는 음식은 먹지 않고 버틴다.
○ 먹는 일에 집중을 못하고 친구와 놀거나 다른 것을 한다.
○ 밥 먹는 것 자체에 별로 흥미가 없다.
○ 밥을 늦게 먹는 게 습관이 되었다.
○ 음식을 입안에 넣고 씹지 않는다.

쌤! 이렇게도 해 봐요

무조건 다 먹어야 한다는 고정관념 버리기

물론 받은 음식을 다 먹는 것이 가장 좋다. 그러나 상황에 따라 융통성 있게 대처하는 것도 필요하다. 편식하는 습관을 고친다는 생각에 싫어하는 음식을 억지로 먹이면, 아이는 평생 그 음식을 입에도 안 댈 수 있다. 오히려 그 음식을 조금이라도 맛보게 하고 먹은 것을 칭찬해 주는 것이 도움이 된다.

알레르기가 있어요

특정 음식에 알레르기가 있는 아이들이 있다. 따라서 학년 초 '가정환경조사서'에 관련 항목을 넣어 미리 조사하는 것이 필요하다. 아이들에게도 급식에 관한 규칙을 안내하면서 못 먹는 음식은 반드시 사전에 교사에게 와서 이야기하도록 주지시킨다.

급식을 다 먹어야 하는 이유 알아보기

균형 잡힌 식사

음식에는 우리를 건강하게 자랄 수 있게 하는 다양한 영양소가 들어 있다. 음식을 골고루 먹지 않으면 영양소가 고르게 섭취되지 않아 키가 잘 자라지 않고, 비만이 되거나 몸이 아플 수 있다. 학교 급식은 영양 교사가 아이들이 골고루 영양소를 섭취하도록 식단을 짠 것으로 집에서 먹는 것보다 영양적인 면에서 더 균형 잡혀 있기 때문에 다 먹는 것이 좋다.

버려지는 음식물 처리 비용

음식을 버리는 것은 지구를 오염시키는 것이며, 돈을 버리는 것과 같다. 일차적으로 우리가 내는 급식비를 낭비하는 것이고, 이차적으로는 버려진 음식을 처리하는 데 비용이 든다. 이러한 쓰레기는 결국 지구를 오염시킨다. 오른쪽의 포스터나 관련 통계 등을 인용하여 설명하면 도움이 된다.

출처: 공익광고 협의회
http://www.kobaco.co.kr〉사업소개〉공익광고〉인쇄 공익광고〉1997년

연간 음식물 쓰레기 처리 비용 15조 원(상암동 월드컵 경기장 70개를 지을 수 있음)

결식아동

우리에게는 흔한 음식이지만, 전 세계 곳곳에는 하루 한 끼도 제대로 먹지 못해 죽는 아이들이 있다.

가난한 나라에서는 하루에 5세도 안 된 어린이 약 3만 명이 제대로 먹지 못해 죽는다. 1,500명 규모의 초등학교 20개가 매일 사라지는 것이다. 북한이나 인도에서는 천 원이면 7명이 한 끼를 먹을 수 있다.

우리가 버리는 15조 원으로 배고프고 죽어 가는 어린이들을 도울 수 있다. 15조 원을 아끼는 일은 먹을 만큼 받고 깨끗이 다 먹는 데서 시작된다.

빈 그릇 송('올챙이송' 개사곡) 부르기

빈 그릇 송

밥상 위에 맛있는 음식

남김없이 먹고 나니

밥풀떼기 싹~

양념까지 싹~

깨끗 깨끗 빈 그릇 됐네

먹을 만큼 적당하게

몸과 마음 건강하게

밥풀떼기 싹~ 양념까지 싹~

깨끗 깨끗 빈 그릇 됐네

출처: 에코붓다 빈 그릇 운동 홈페이지 http://www.ecobuddha.org

참고 자료 사이트

- 월드비전 http://www.worldvision.or.kr 〉자료실 〉영상자료
- 환경부 사이버 홍보관 http://www.me.go.kr/inform
- 빈그릇 운동 http://www.ecobuddha.org

급식 관련 규칙 정하고 실천하기

식탐이 있거나 편식을 하는 아이뿐만 아니라 일반적인 아이에게도 급식 지도 방

법은 동일하다. 원칙을 세우고 그것을 단호하게 꾸준히 지키는 것이다. 다음의 내용은 교실에서 급식하는 경우를 예로 하여 정한 규칙이므로 학교 식당에서 급식을 실시할 때는 그에 합당한 내용의 규칙을 정한다.

급식 먹는 순서

급식 당번과 급식 받는 순서를 미리 정하고(예, 모둠 순서, 모둠 안에서는 번호 순서대로, 요일별로), 급식 시작 전에 앞에 표시해 둔다.

줄 서기

질서 있고 차분하게 음식을 받을 수 있는 방법을 강구한다. 줄 서기만 잘해도 급식 시간에 일어나는 다툼이 훨씬 줄어든다.

> ○ 모둠원 전체가 함께 줄 서기(자기 번호대로 매일 돌아가며 선다.)
> ○ 교실 뒤쪽에 줄을 서 있다가 차례가 되면 뒷문으로 나가서 급식 받기
>   (선생님 눈에 보이기 때문에 복도에 서는 것보다 더 질서 정연하다.)
> ○ 인어공주 급식 받기(말을 안 하고 급식을 받으며, 말하면 맨 뒷자리로 간다.)

배식 및 식사

① 기본 양 정하기: 급식 시에 밥은 줄을 그어 균등 분할, 김치 3조각, 나물 2 젓가락, 국(건더기 포함) 1 국자 하는 식으로 음식의 기본 양을 정한다. 그리고 남으면 추가 설명 후 희망자에게 추가로 배식한다. 어떤 방법으로 배식을 하건 기본 양이 확실하면 다툼도 적고, 아이들은 당연한 것으로 받아들이고 먹게 된다.

② 아프거나 알레르기가 있으면 미리 말씀드리고 받지 않는다. 받아 놓고서 못 먹겠다고 하면 결국 쓰레기가 되기 때문에 미리 말하도록 지도한다.

③ 기본 양보다 더 먹고 싶을 때: 원칙을 정해 더 먹을 수 있도록 한다.

> ○ 자신이 다 먹은 것만 더 먹기
> ○ 처음 받아간 양(선생님이 정해 주시는 양)만큼만 더 받기
> ○ 경쟁이 치열한 음식은 가위바위보로 더 받을 사람 정하기

④ 좋아하는 것(예, 음료, 과일, 떡)이 나와도 밥을 먼저 먹도록 지도하면 음식을 잘 안 남기게 된다.

⑤ 식사 시간을 충분히 주어 편안한 마음으로 음식의 맛과 영양을 느끼면서 먹도록 배려해야 한다.

급식을 다 먹었는지 검사하기

① 교사가 직접 하기도 하지만 그보다는 맡은 아이들이 검사하거나 스스로 체크하는 것이 좋다. 교사의 수고도 덜 수 있으며, 아이들이 검사하면서 스스로 본을 보이려고 노력하고, 검사 또한 더 철저하다.

② 릴레이 왕주걱: 제일 먼저 밥을 먹은 사람을 교사가 검사하면 그 이후에 나오는 아이들은 릴레이로 검사하는 방법도 있다. 왕주걱 ('맛있게 먹어요'를 쓴 왕주걱)을 검사하는 아동이 가지고 다음 사람에게 넘기게 하면 책임감도 느끼고, 질서 있게 검사가 진행된다.

③ 상점 및 쿠폰 제도 시행: 다 먹은 아동은 상점을 주어 칭찬하고, 다 먹지 못한 아동은 그동안 모은 점수로 '잔반 허용권(반찬 한 가지를 남길 수 있는 쿠폰)'을 구입하게 하면 아이들의 스트레스를 줄이면서 지도할 수 있다.

우유 먹기 지도 방법 어떤 것이 있을까요?

급식 못지않게 신경 쓰이는 우유 먹기 지도는 어떻게 하면 효과적으로 할 수 있을까?

○ **우유 실명제**: 우유팩에 자신의 이름을 써내면 누가 먹었는지 확인할 수 있고, 남기지 않고 깨끗이 먹게 된다.

○ **모둠별 우유 당번**: 우유를 모둠별로 정해진 당번이 갖다 주고 갖다 놓게 하면 빠짐없이 먹게 된다.

○ **체크리스트**: 우유를 먹고 체크리스트에 기록한다.

○ **건배**: 다 같이 우유를 손에 들고 '건강을 위하여!'를 외치며 우유를 마신다.

○ **우유팩 정리**: 다 마신 우유팩을 제대로 정리하지 않으면 교실 바닥이 지저분해지기 일쑤다. 조별로 한 개의 팩을 열고 다른 팩을 접어 넣거나, 우유팩을 정육면체 형태로 만들어 차곡차곡 통에 넣으면 깨끗이 정리할 수 있다.

○ **우유 스티커 붙이기**: 우유를 다 먹은 모둠은 칠판에 우유 스티커를 붙여 표시한다.

○ **우유 복권**: 다 먹은 우유팩에 이름을 써넣고, 교사 또는 학생이 눈을 감고 몇 개를 뽑아 소정의 선물(예: 우유에 타 먹는 것 등) 주기

○ 요즘 우유는 무상급식으로 지원이 된다. 우유를 신청받을 때 이 점을 주지시킨 후, 우유를 잘 먹지 않으면 세금을 낭비하는 것이므로 세 번 이상 안 먹으면 신청하지 않는 등의 조치를 취할 수 있음을 아이들에게 사전에 공지한다.

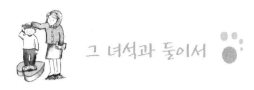

그 녀석과 둘이서

편식 아동 지도

원칙을 정하고 지키기

반에서 정한 급식의 원칙은 편식이 심한 아동이라도 예외가 없다. 특히 학년 초에는 원칙대로 모두 다 시간 안에 먹도록 지도한다. 먹기 싫어 한 시간 이상 버티더라도 한 입이라도 먹어 보게 하여, 떼를 부리는 것은 통하지 않는다는 것을 보여 준다. 당시에는 따끔하게 지도하되, 아이와의 관계가 상하지 않도록 추후에 개별 지도가 필요하다. 간혹 아이가 싫어하는 음식을 교사가 억지로 떠먹일 경우 아이가 평생 그 음식을 입에도 안 댈 수 있으므로 적당한 선을 지켜 지도한다.

> **예 급식의 원칙**
>
> ○ 못 먹는 음식이 나오면 급식을 받기 전에 일단 선생님께 말씀드린다.
> ○ 다 먹을 자신이 없는 음식은 적게 받거나, 한 입만 먹는다. 편식의 원인이 낯선 음식이라면 조금이라도 맛보는 것은 음식에 대한 거부감을 줄이고 적응력을 향상시키는 데 도움이 된다. 김치를 싫어하는 아이에게 주어지는 선택권은 '먹을래, 안 먹을래?'가 아니라 '씻어 먹을래, 그냥 먹을래?'다.

이유 설명하기

먹어야 하는 이유를 설명하고 먹인다. 무조건 다 먹어야 한다는 식의 접근은 음식에 대한 아이의 반감만 키울 뿐이다.

즐거운 식사 시간 만들기

식사 시간이 즐거워지면 음식을 더 잘 먹는다. 모둠끼리 모여서 식사하거나, 일주일에 한 번 친구와 밥 먹기, 선생님 초대해서 같이 먹기, 신청곡 틀어 주기 등을 시행하는 것도 도움이 된다. 하지만 비디오를 틀어 주는 것과 같은 활동은 건강에 좋지 않고 식사 속도가 너무 느려져 편식 아동은 오히려 더 음식을 못 먹을 수 있으므로 주의한다.

먹기 좋게 자르기

학급에 음식물 전용 가위를 준비해 놓고 싫어하는 음식을 잘게 잘라 주면 먹는 데 도움이 된다.

지나친 탐식 아동 지도

많이 먹으려는 욕심 때문에 아이들이 급식을 받은 뒤 남은 반찬을 싹 쓸어 와서 친구들의 눈총을 받거나 다른 친구들과 싸운다면 교사는 적절한 조치를 취해야 한다. 먹는 것을 가지고 말하는 게 치사하다고 여길 수도 있지만, 그것 때문에 친구들과의 관계까지 영향을 받는다면 아이가 상처받지 않는 선에서의 지도가 필요하다.

- 정해진 양이 있음을 주지시킨다. 아이들이 먹어야 하는 1인당 영양 권장량에 맞춘 급식의 양은 모두 같기 때문에 기본 양을 정하고 지켜야 한다.
- 남은 음식이 있을 경우 급식을 더 받아도 되지만, 정해진 양보다 너무 많이 받는 것은 다른 아이들이 볼 때 불공평하다고 느낄 수 있음을 알려 준다.
- 배식을 할 때 기본 양을 잘 정해 주면 이런 일이 생기지 않는다. 첫 단추를 잘 끼우자.
- 학급회의에서 급식을 더 먹고 싶은 사람이 지켜야 할 원칙을 정하면 다툼을 예방할 수 있다.

느리게 먹는 아이 지도

아이가 느리게 먹는 이유를 살펴보고 그에 따라 대처한다. 돌아다니면서 놀다가 안 먹는 경우에는 의자에서 엉덩이를 떼지 않고 먹는 습관부터 길러 준다. 숟가락을 들고 멍하니 있다면 씹는 숫자를 세는 등의 과제를 제시하여 먹는 것에 집중하도록 도와준다. 상황에 따라 5교시에 좋아하는 활동을 할 수 있는 등의 보상도 고려해 볼 만하다.

칭찬과 관심이 최고의 보약

지나친 탐식의 원인 중 하나는 애정 결핍이다. 편식 아동의 일반적인 성격 특징은 소극적이고 까다롭다는 것이다. 느리게 먹는 아이는 다른 활동에서도 위축되어 있는 경우가 많다. 이런 아이들은 심리적인 안정감을 갖게 해 주면 식사 습관뿐만 아니라 생활 전반에서 긍정적 변화를 보인다.

평소와는 달리 바른 식사 태도를 보였다면, 교사는 간단한 말로 칭찬해 준다.

> ○ 지난번보다 음식을 맛있게 잘 먹는구나. 음식을 잘 먹으면 더 건강해질 수 있고, 건강해지면 키도 크고 피부도 좋아져.
> ○ 이번에는 사이좋게 진수랑 나눠 먹었구나. 둘 다 맛있게 먹는 걸 보니 선생님 기분도 좋은걸.
> ○ 오늘도 시간 안에 다 먹었네.

식사 때뿐만 아니라 평소에도 관심을 표현하면 밥 먹는 문제가 아닌 다른 것으로도 교사의 관심을 끌 수 있으므로 문제 행동이 줄어들 수 있다.

체크리스트 작성

편식 습관이 있거나 느리게 먹는 아이에게는 체크리스트가 도움이 된다. 반 아이들 모두와 함께하는 것보다 개별적으로 체크하면 교사와의 일대일 관계 속에 있기 때문에 동기화가 쉽고 정서적인 안정감도 줄 수 있다.

가정과 어깨 맞추기

개입 정도 상의하기

아이의 식사 습관에 문제가 있는 경우 부모와 연락을 취하여 지도 방법과 그 정도를 협의한다. 부모와의 협의는 지도의 효과를 높임과 동시에 교사의 개입 정도를 결정하게 된다. 어떤 부모의 경우, 집에서 먹일 테니 안 먹는 음식은 억지로 먹이지 말아 달라고 부탁하기도 하는데, 이러한 경우에는 부모의 의견을 수용하도록 한다.

정확한 정보 확보하기

학년 초에 가정환경조사서를 통해 알레르기나 질병 때문에 먹지 말아야 할 음식이 있는지 알아보고, 따로 기록하여 활용한다.

식사 습관 이면에 있는 아이의 필요 알아보기

부모와의 접촉을 통하여 아이의 성장 환경 등을 알게 되면 아동의 나쁜 식사 습관 뒤에 있는 애정 결핍과 같은 문제를 알아볼 수 있다. 아이에 대한 교사의 이해가 깊어질수록 문제 해결은 수월하다.

식사 습관 길러 주기 원칙 제시

밥 먹을 때 식탁 위의 모든 반찬은 한 번씩 먹게 하는 등의 가정 내 식사 원칙을 세워 실천하게 한다. 체크리스트를 작성하여 부모의 확인을 받아 오게 하고 그에 대한 보상을 주는 것도 도움이 된다.

와글와글 함께

특별한 급식 시간 만들기

식사 시간이 즐거워지면 아이들의 식사 습관도 좋아진다. 급식 시간을 좀 더 다양하게 운영하는 것도 식사 시간이 즐거워지는 한 방법이다. 교사가 방법을 제시해도 되고, 아이들이 학급회의를 통해서 스스로 결정할 수도 있다.

> ○ 월요일은 빈 그릇 운동의 날−배식할 때부터 밥통, 국통, 반찬통을 비우고, 반 친구들 모두가 깨끗이 먹으면 진정한 의미의 빈 그릇 운동이 된다. 모두가 노력하는 것이므로 성취감도 크고, 교사의 적절한 보상이 추가되는 것도 좋다.
> ○ 비빔밥이 나오는 날은 모둠별로 양푼 준비하기
> ○ 수요일은 자율 배식의 날−음식을 원하는 만큼 받을 수 있으므로 모두가 기다린다.
> ○ 돗자리 깔고 먹기−교실 안에서 돗자리를 깔고 먹는 기분도 새롭다.
> ○ 1일 레스토랑 만들기−모둠별로 테이블을 꾸미게 해서 시상도 하고 식사도 맛있게 한다.
> ○ 40번 씹는 날−음식을 입안에 넣고 40번을 씹게 한다. 건강에도 좋고 재미도 있다.
> ○ 상대방을 먹여 주는 날−음식물을 짝꿍에게 먹여 준다. 장애우 주간에 해 보는 것도 좋다.

잔반 없는 우리 반

영양 교사에게 건의하여 학년에서 잔반이 가장 적은 반에게 한 달에 한 번 쿠키를

상으로 주는 등의 아이디어를 제시할 수도 있다. 실제 실시하고 있는 학교에서는 학생들의 호응이 높다고 한다.

 밥 빨리 먹으면 머리 나빠지고 몸 버린다.

하나한방병원 최서형 원장은 "급하게 먹는 식사는 위 외벽에 독소가 쌓이게 해, 머리와 간을 나쁘게 만든다."라고 밝혔다.

음식을 빨리 먹으면 음식이 위장에 들어가서 분해가 채 안 되고, 이는 위장 내 외벽에 찌꺼기로 쌓이면서 화학 반응을 일으켜 위벽 조직을 굳어지게 한다. 이렇게 쌓인 찌꺼기는 마치 시궁창에서 썩은 것과 같이 아주 더러운 독소로 변하는데, 이를 일컬어 '담적'이라고 한다.

담적은 위 내벽이 아니라, 위 외벽에 생기는 문제라서 내시경으로는 잡히지 않는다. 각종 검사에서 이상이 없는데 소화가 안 되고, 가스가 차며, 간이 안 좋아져 자주 피곤해지고, 혹은 머리가 멍해지거나 자꾸 졸리는 현상이 나타나면, '담적' 현상을 의심해 봐야 한다.

무엇보다 학생들의 경우 담적이 쌓이면 머리가 탁해지고, 자주 졸리며, 집중력이 떨어지는 현상이 생긴다.

출처: CBS 노컷뉴스(2006. 10. 02) 재구성.

13

학교가 불안한 아이

 이런 녀석 꼭 있다!

학교가 불안한 은호

1학년 은호는 오늘도 학교 갈 시간이 되면 밥상에 앉아 눈물을 뚝뚝 흘린다. 학교 가기가 싫다는 것이다.

은호 엄마는 속이 상한다. 유치원 다닐 때도 한동안 가기 싫다고 해서 속을 썩이더니 이제 괜찮아졌다고 안심했는데 1학년이 되자 같은 일이 반복되는 것이다.

사실 이 문제는 교사보다는 가정에서 더 크게 심각성을 느끼는 부분이다. 그러나 이런 아이가 학급에 있으면 담임 교사도 크게 난감함을 느낀다.

2. 그 녀석과 나

늦게 교실에 들어온
아이 얼굴을 보니 벌써 엄마랑
한참 실랑이하다 온 것 같네.
모른 척해야지. 관심을
안 보이는 것이 아이의
행동을 고치는 데 오히려
도움이 될 거야.

혹시 담임인 내가
너무 무서워서 그러는가?
특별히 무섭게 하는 것도
없는데……

부모님이 가장 힘들겠다.
가정과 잘 협력하여
아이가 빨리 학교에 마음을
붙이게 해야겠다.

아이를 학교에 오게 하려면
최대한 친절하게 대해 주어야지.
그래야 학교에 빨리
적응할 수 있을 거야.

생활 속 별난 아이

3. 그 녀석의 이유

등교 거부

등교 거부는 어떠한 정서적 문제에 의해 학교에 가기를 거부하는 상태로, 흔히 학교에 대한 불안이나 공포심을 가지고 있을 때 일어난다. 그리고 불안장애, 기분장애, 사회공포증 또는 우울증과 같은 다른 부수적인 정서 문제와 병행해서 일어나기 쉽다.

등교 거부와 현상적으로 비슷한 것이 무단 결석인데, 이 두 가지는 구분할 필요가 있다. 학교를 결석한다는 점은 공통적이지만 등교 거부와는 달리 무단 결석을 하는 아이는 학교에 대해 화가 나 있거나 지루함을 느끼는 경우가 많다.

수면위상지연증후군

직장에 다니는 부모의 늦은 귀가와 매체의 발달 등으로 아이들의 저녁 시간이 길어지고 있다. 늦게 자고 늦게 일어나는 생활 습관이 심해져 일련의 증상들이 나타날 때, 이를 수면위상지연증후군(Delayed Sleep Phase Syndrome: DSPS)이라고 한다. 늦게 자는 아이는 아침에 일어나는 것이 매우 힘들기 때문에 등교 거부가 나타날 수 있다. 이 경우 취침 시간을 조절하고, 교정해 줌으로써 바꿀 수 있다.

2학년 영준이는 언제나 힘이 없고 무기력해 보였다. 수업 시간에도 멍하니 있는데, 신기한 것은 알림장 쓸 무렵부터는 활발하고 완전 딴 사람이 되는 것이었다. 어느 날 '아차' 싶은 담임교사는 영준이 어머니에게 영준이의 취침 시간을 물어보았다. 아니나 다를까 초등학교 2학년으로는 지나치게 늦은 12시 전후였다. 경우에 따라 1시쯤 잠이 드는 경우도 많다고 했다.

그런데 수면 시간을 조정하고 난 이후 영준이의 수업 태도는 눈에 띄게 달라졌다. 아침 시간에도 언제나 일찍 학교에 오고, 자습도 깔끔하게 잘하며, 아침마다 학교 오기 싫어 징징대는 것도 사라졌다.

분리불안장애

분리불안장애가 등교 거부와 관련될 수 있다. 분리불안장애란, 집 또는 애착 대상으로부터 분리되는 것을 지나치게 두려워하는 상태다. 애착 대상으로는 흔히 장난감이나 인형, 베개 등의 특정 사물이나 어머니, 돌봐 주는 아주머니나 할머니 등 특정 인물이다.

분리불안장애는 연령에 따라 다른 모습으로 잘 나타난다. 초등학교 입학 전의 아이는 부모에게 사고가 날지 모른다는 지나친 걱정 또는 악몽을 호소할 수 있고, 초등학생은 배앓이나 두통과 같은 신체 고통을 호소하기 쉬우며, 초등학교 고학년 이상은 등교 거부를 통해 불안심리를 보일 수 있다.

분리불안장애의 진단 기준

DSM-IV의 진단 기준에 따르면, 다음과 같은 상황이 적어도 3개 이상, 4주 이상 나타날 때 분리불안장애로 보며, 주로 18세 미만에서 발생한다.

○ 집 또는 주된 애착 대상과 헤어질 때 반복적으로 심한 불안을 느낌
○ 주된 애착 대상을 잃거나 그에게 해로운 일이 일어날 것이라고 계속적으로 걱정함
○ 나쁜 일이 일어나서 주된 애착 대상과 분리될 것이라는 비현실적인 생각을 지속적으로 함
○ 분리불안 때문에 학교나 그 외의 장소에 지속적으로 가기 싫어하거나 거부함
○ 혼자 있거나 주된 애착 대상 없이 지내는 것에 지속적이고 과도하게 두려움을 느끼거나 이를 거부함
○ 주된 애착 대상이 가까이 있지 않으면 또는 집을 떠나서는 잠자기를 지속적으로 거절함
○ 분리와 관련된 악몽을 반복적으로 꿈
○ 주된 애착 대상과의 분리가 예상될 때 반복적인 신체 증상(두통, 복통, 오심, 구토)을 호소함

학교공포증

　학교공포증이란 학교 상황에 대한 불안감이 너무 커서 등교 시간이 다가올수록 생리적으로 불안 증상이 나타나는 것이다. 학교공포증은 분리불안장애와 구별되는데, 학교에만 가지 않는다면 어떤 장소든 편안함을 느낀다. 반면에 분리불안장애는 학교든 어디든 모두 특정 장소와 대상과 분리하지 않으려 한다.

소아우울증

　소아우울증으로 활동성이 감소하고, 의욕이 감퇴하며, 매사가 귀찮고 움직이려 하지 않을 때 학교를 가기 싫어할 수 있다. 이때 부모나 교사가 우울증의 신호를 알아차리고 아이의 마음을 달래 주며, 동시에 육체적으로 충분히 쉬게 하면 증상이 완화될 수 있다. 그러나 증상이 심할 때는 전문가의 도움을 받도록 한다.

심심하면 결석하는 아이 - 신체화 반응

　뚜렷한 이유 없이 아픔을 호소하며 결석이 잦은 아이가 있다. 이러한 경우에는 신체화 반응을 생각해 볼 수 있는데, 이것은 의학적으로 원인을 알기 어려운 신체의 불편감과 여러 증상을 본인이 느끼고 다른 사람에게 호소하며, 그 원인이 신체 질병에 있다고 생각하여 병원에 가거나 약으로 치료하려는 경향이다. 꾀병과는 달리 아이는 실제로 아픔을 느낀다.

　스트레스가 많은 가정 환경, 성적이 아주 나쁘거나 아주 좋은 양극단의 아이들, 과보호를 받으며 자란 아이들에게 신체화 반응이 일어나기 쉽다.

　한편 부모의 이혼, 재혼 또는 실직에 따른 경제적 궁핍 문제 등 아이가 감당하기 힘든 가정 환경의 급작스러운 변동이 아이들에게 신체화 반응을 만들기도 한다. 특히 기질이 소심한 아이들이 환경의 변화에 더 민감하게 반응한다.

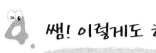

쌤! 이렇게도 해 봐요

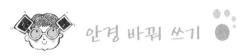

안경 바꿔 쓰기

아이의 불안감 이해해 주기

아이가 학교를 불편하게 여길 때는 아이 나름의 이유가 있다. 교사가 보기에는 그 이유가 하찮게 여겨지더라도 아이 입장에서는 대단한 것일 수 있다. 우선 교사의 판단과 가치 기준을 버려 두고 아이 입장에 서서 아이의 불안감을 이해해 준다.

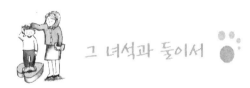

그 녀석과 둘이서

학교 환경에 점진적으로 노출시키기

학교에서의 생활이 너무 길어 힘들어서 못 가겠다는 아이가 있다. 이런 경우 일정 시간만 학교 생활을 하고 점차 그 시간을 늘려 가는 것이 도움이 된다. 부모와 협력하여 등교 시간을 늦추고 하교 시간을 당기는 것도 사용할 만한 방법이다. 또는 즐거운 생활(미술이나 체육 등) 등 아이가 좋아하는 과목이 있는 날만 등교시키다가 점차 등교일을 늘려 간다.

학교에 오고 싶은 마음이 들도록 칭찬과 적극적 관심 표명하기

교사는 등교한 아이에게 최대한 관심을 쏟아서 아이가 학교에 오는 것을 동기화하도록 노력해야 한다. 동기화시키는 가장 최선의 방법은 교사의 칭찬과 친구들의 격려다. 반갑게 이름을 불러 주고, 아이의 수행 결과에 대해 아낌없이 칭찬을 해 주는 것이 필요하다.

학교 상황에 대한 막연한 불안감 해소시켜 주기

학교를 안 오는 시간이 오래되다 보면 아이 입장에서도 자신을 합리화하기 위해 학교 상황을 지나치게 나쁘게 생각하는 경우가 있다. 학교는 아주 나쁘고 불안한 장소라는 생각이 꼬리를 물고 일어나 불안감이 증폭되는 것이다. 이것을 해결하는 좋은 방법은 직접 부딪쳐 자기의 생각이 잘못되었음을 경험하여 깨닫게 하는 것이다.

아이가 등교하면 보상을 제공하도록 부모에게 제안한다. 일정 기간, 예를 들어 3일간 등교를 잘하면 외식이나 놀이공원 가기, 책이나 장난감 사 주기 등 아이가 원하는 보상을 주게 한다.

아이와 개별적인 만남을 시도하기

아이들 전체와의 활동보다는 교사와 별도로 개인적인 만남을 가져 신뢰관계를 형성하는 것도 한 방법이다.

○ 하교 후에 교실에 오게 해서 놀이 중심의 시간을 가지기
○ 학교 밖 장소를 이용하여 아이와 음식을 먹거나 놀이터에서 놀기
○ 학교 생활의 영향력이 가장 큰 교사와 친밀한 관계를 형성하기

일단 교사와 친밀한 신뢰관계가 형성되면 학교 불안이 많이 줄어드는 모습을 보인다.

저학년의 경우 보상이 효과가 있을 수 있지만, 고학년은 좀 더 다른 방법으로 접근하는 것이 효과적이다. 가장 좋은 것은 학교와 자신에 대한 긍정적인 생각을 심어 주는 것이다.

① 학교에서 불편한 것(예, 불편한 친구관계, 낮은 학업성취 등)에 초점을 맞추기보다 내가 잘하고 있는 것, 내가 해야 할 일에만 초점을 맞추게 한다. 정서적 영역보다 해야 할 일을 중심으로 집중하게 하면 관심의 초점이 바뀌는 경험을 하게 된다.

내가 못하는 것		내가 해야 할 일
• 불편한 친구관계 • 나쁜 성적	→	• 아침 자습하기 • 수업 잘 듣기

② 자신에게 용기를 줄 수 있는 말을 수첩이나 예쁜 종이에 적어 코팅하고 이를 가지고 다니면서 불안하거나 용기가 없어질 때마다 꺼내 보게 한다([활동지 13-1] 참조).

③ 어떤 상황이 발생하면, '그럴 수도 있지.' '이보다 더 나쁠 수도 있지.' 하고 생각하도록 유도한다. 특히 자신에 대해 부정적인 생각이 들 때마다 머릿속으로 '그만' 또는 'stop'이라는 단어를 외쳐 보게 한다.

④ 그럼에도 불구하고 지금 나에게 다행인 것이 무엇인지 작은 수첩에 매일 세 가지 정도를 찾아 적어 보게 한다.

예시		
6/4 (월)	1	짝이 지우개를 빌려 달라고 할 때 얼굴 찡그리지 않고 잘 빌려 주는 것
	2	우리 선생님이 가끔 사회 시간에 재미있는 이야기를 해 주는 것
	3	오늘 선희처럼 배 아파서 보건실에 가지 않은 것

그런 다음 1주나 2주 등 일정 주기로 수첩에 기록하는 행위가 본인에게 어떻게 느껴지는지 교사가 따로 시간을 내어 아이와 면담 시간을 가진다.

⑤ 해당 아이에게 비교적 호의적이고 온정적인 친구 두세 명을 찾아 그 아이들과 친해지도록 도와준다.

○ 특별실에 갈 때 함께 앉도록 하기
○ 청소 요일을 같이 배정하기
○ 미술 시간에 함께 모둠활동을 할 수 있게 하기 등

가정과 어깨 맞추기

학교를 불안하게 느끼는 아이를 이끌기 위해서는 부모와의 유기적 협력관계가 가장 중요하다. 부모와 협력할 때는 다음과 같은 원칙을 제시하고 협력한다.

학교로 빨리 되돌아간다는 원칙하에 움직이기

학교에 가지 않는 횟수와 시간이 길어질수록 학교는 점차 낯설어져 돌아가기가 힘든 곳으로 여겨지고, 이러한 상황은 고착되기 쉽다. 그러므로 되도록 빠른 시일 내에 학교로 돌아가는 것이 필요하다.

부모에게 다음과 같은 사실을 알려 준다.

> ○ 강제로 학교에 등교시키려 할 경우 아이가 반항하고 아픈 증상을 보일 수 있다.
> ○ 아이의 기분을 잘 살펴, 상태가 좋을 때 학교 가는 것을 제시한다. 이때 학교를 종일 가게 하기보다 몇 시간만 다녀오게 하는 등 아이의 저항을 최소화할 수 있는 시간만 제시하도록 한다.
> ○ 아이의 마음이 바뀌기 전에 빨리 실행에 옮긴다.
> ○ 아이가 당분간 학교를 잘 갔다가도 가지 않는 등 행동에 일관성이 없을 수 있으니, 그 부분을 인식하고 부모가 마음의 여유를 갖는다.
> ○ 아이의 상태에 따라 학교 가는 것에 유연성을 부여하되, 가급적 학교로 빨리 돌아가게 함을 원칙으로 한다.

 생활 속 별난 아이

나에게 용기를 주는 말

앞면

✓ 너는 할 수 있어!	✓ 그래, 한번 해 보자.
✓ 정말 잘했다.	✓ 노력해 봐! 넌 할 수 있어.
✓ 잘한다! 됐어!	✓ 와~!
✓ 굉장한데! 멋지다! 놀라워!	✓ 한 번만 더 하면 할 수 있을 거야.
✓ 훨씬 나아졌다.	✓ 야! 네가 해냈구나.
✓ 아주 좋은 생각이야.	✓ 나는 네가 그것을 해낼 줄 알았어.
✓ 이제껏 한 중에서 제일 잘했네.	✓ 정말 수고했다. 자랑스러운데!

뒷면

✓ 사랑해.	✓ 나는 너를 믿어.
✓ 아주 훌륭해.	✓ 너는 참 좋은 사람이야.
✓ 힘내라.	✓ 바로 그거야.
✓ 너는 내게 아주 특별하단다.	✓ 나는 소중해.

• 나는 힘든 속에서도 이겨 내며 성장하는 사람입니다. 오늘 내 마음에 '두려움'은 출입을 금합니다.
• 나는 행복 가득한 건강한 자아상을 가진 사람입니다. 오늘 내 마음에 '열등감'은 출입을 금합니다.

❋ 가위로 잘라 앞, 뒷면을 붙여 코팅하여 사용한다.

출처: 두란노(2007). Blessing Diary.

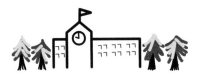

14

훔치는 아이

이런 녀석 꼭 있다!

사랑을 받고 싶어요

새 학년이 시작된 지 일주일 정도 지났을 때 학급에서 돈이 없어지는 일이 발생했다. 그때서야 얼마 전 우리 반에 도벽이 있는 아이가 있다는 박 선생님의 이야기가 생각났다.

'아, 영… 뭐였는데, 그래 영민이었어.'

그제야 나는 영민이를 유심히 바라보게 되었다.

일주일 동안 지켜본 영민이는 너무나 조용하고 수줍음 많은 아이였다.

'정말 저 아이일까?'라는 의구심을 가지고 돈을 훔친 아이를 찾기 시작했다.

아이들의 눈을 감게 하고 아주 감동적인 이야기를 들려준 후, 선생님에게 솔직히 얘기하면 용서해 준다는 말을 하며 돈을 가져간 사람은 조용히 새끼손가락만 올리게 하였다. 그런데 아무도 올리지 않았다. 훔친 아이를 찾지 못할 수도 있다는 불안한 마음을 가지고 다시 이야기를 시작한 지 얼마 되지 않아, 영민이가 살짝 손가락을 올렸다 내리는 것이었다. 영민이가 훔친 것임을 알았지만 솔직히 말하면 용서해 주겠다고 아이들과 약속했기에 방과 후에 남아서 잘 타이르고 다시는 안 하겠다는 다짐을 받고 돌려보냈다.

그 뒤로 한 번 더 돈이 없어진 적이 있었는데, 그때는 영민이가 자기 옆에 돈이 떨어졌다며 돈을 들고 나오는 것이었다. 아마 돈을 훔치고 나서 혼날 것 같으니 주웠다며 들고 나온 것 같았다.

그 일로 인해 영민이의 부모님을 만나 상담을 하게 되었고, 부모님의 이야기를 통해 영민이에게 왜 도벽이 생기게 되었는지 알게 되었다.

영민이가 2학년 때 누나가 교통사고를 당해 심하게 다쳤다고 한다. 죽을 고비는 넘겼어도 다리를 크게 다쳐 계속 재활치료를 받았고 모든 식구의 관심이 누나에게 향했다. 그러다 보니 건강한 영민이에게 관심을 가져 주는 사람은 아무도 없었다. 그때부터 영민이는 '나에게도 관심을 가져 주세요.' ' 저도 사랑받고 싶어요.'라는 말을 물건을 훔치는 것으로 대신했던 것이다.

사랑받고 싶어 도벽이 생긴 아이를 어떻게 지도해야 할까?

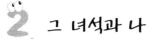

2. 그 녀석과 나

누구든지 물건이나 돈을 보면 욕심이 생겨 실수할 수 있단다. 훔친 물건이나 돈을 원래 있던 곳에 갖다 놓거나 선생님에게 살짝 이야기하면 용서해 줄게.

심증은 가는데 물증이 없단 말이야. 어떻게 저 녀석을 잡아내지?

돈이 없어진 것은 누구 책임이라고 했지? 자신이 잘못 관리해서 그런 거니까 이 시간 이후로 거기에 대해 말하지 않도록 해라.

아이들에게 감동을 줄 만한 이야기를 해야 할 텐데. 어떤 말로 아이들을 감동시킬까?

선생님은 누가 훔쳐 갔는지 다 알고 있어. 만약 자수할 경우에는 용서해 주겠다. 하지만 아무도 나오지 않으면 선생님은 다른 방법을 쓸 거야.

3. 그 녀석의 이유

대부분의 아이는 커 가면서 크든 작든 한 번 정도는 물건이나 돈을 훔친다고 한다. 물건을 훔치는 행동은 만 5~8세에 가장 많이 일어나다가 그 이후에는 점차 줄어든다. 하지만 그 후에도 훔치는 행동이 계속 나타난다면 특별한 관심을 가지고 지켜봐야 할 것이다.

아이들이 훔치는 행동을 처음 했을 때 부모나 교사가 잘 대처하면 오히려 아이에게 중요한 교훈을 가르칠 수 있는 좋은 기회가 될 수 있다. 그러므로 아이가 물건을 훔쳤을 때 가장 먼저 할 일은 침착하게 왜 훔쳤는지 원인을 밝혀내는 것이다.

일시적인 충동으로

물건을 훔치는 것이 잘못된 것인 줄 알면서도 순간적으로 갖고 싶은 충동을 참지 못할 수 있다. 한 번 정도 이런 일이 있을 수 있지만, 반복된다면 자신의 충동을 조절할 수 있도록 해야 한다. 간혹 ADHD 아이 중에서 충동 조절이 어려워 이런 행동이 나타나기도 한다.

필요에 의해서

가정 형편이 어렵거나 부모의 충분한 보살핌을 받지 못하는 아이 중 자기에게 필요한 물건을 얻기 위해 훔치는 경우도 있다. 이런 경우 자신의 필요를 해결하기 위해 훔치는 방법은 옳지 않으므로, 다른 방법으로 자신에게 필요한 것을 얻도록 하는 방안을 함께 생각해 보도록 한다.

잘못된 가치관과 소유 개념으로

내 것과 남의 것을 구별하는 소유 개념이 형성될 시기에 올바른 소유 개념과 그에 맞는 행동을 익히지 못했을 경우, 누구의 것이든 좋거나 신기하게 보이면 우선 가지려고 하는 행동을 보인다. 이러한 행동이 초등학교 중학년 때까지 계속된다면 신중하게 살펴봐야 한다.

한편 훔치는 행동이 부모나 주위 사람의 거짓말과 부도덕한 행동을 모방하여 생길 수도 있다. 예를 들면, 돈을 구걸하는 것을 보고 자란 아이는 다른 사람의 돈에 대하여 잘못된 소유 개념을 가질 수 있다. 성장 과정에서 올바른 소유 개념을 배우지 못해서 훔치는 행동에 대해 별다른 죄의식을 가지지 못하고 반복하는 것이다.

애정 결핍의 대리 충족으로

앞의 사례에서도 밝혔듯이 부모의 관심과 사랑을 충분히 받지 못했거나 친구들 사이에서 소외될 때 훔치는 행동을 무의식적으로 저지르는 경우가 있다.

이런 행동은 자신의 결핍된 마음을 채워 주는 역할을 한다. 즉, 많은 사랑과 관심에 대하여 자기 스스로 보상을 받기 위해 훔치는 것이다. 그리고 만약 훔친 물건이나 돈으로 친구를 얻게 되었다면 훔치는 행동은 없어지지 않고 지속될 가능성이 크다.

친구의 유혹이나 또래집단의 압력에 의해

안정감과 지지를 얻기 위해 집단을 이루어 몰려다니며 옳지 못한 행동을 하는 아이들이 있다. 더욱이 그들 사이에서는 집단의 압력 때문에 물건을 훔칠 때 그 행동은 나쁘지 않다는 생각이 있어서 더 큰 문제가 야기되기도 한다.

가정 형편이 넉넉한 편임에도 불구하고 훔치는 아이들이 있다. 이들 중에는 물건이나 돈이 필요해서 훔치는 것보다는 사춘기에 접어들면서 부모에 대한 강한 반발심이나, 교사나 어른에 대한 분노 또는 욕구 불만으로 훔치는 경우가 있다. 물건이나 돈에 관심을 갖기보다는 훔친 행동을 함으로써 부모나 교사에게 보복을 하겠다는 심리가 더 큰 것이다.

특히 부모나 교사가 무관심하거나 부당한 대우를 할 경우, 훔치는 행동으로 공격하면서 쾌락을 느끼기도 한다. 그러나 이런 행동 뒤에는 부모나 교사에게 많은 관심과 애정을 받고 싶어 하는 마음이 있음을 주목해야 한다.

친구들한테 잘 보이기 위해서 집에 있는 것을 몰래 가져다가 친구들에게 주는 경우가 있다. 흔히 열등감이 있는 아이, 친구들에게 따돌림을 당할까 봐 걱정이 되는 아이가 친구들과 어울리고 싶은 마음에 그들을 위해 돈을 쓰는 것과 같은 '과시용 도벽'이 생긴다.

그 밖에 부모의 관심으로부터 방임 상태에 놓인 남자아이들이 어울려 다니면서 일종의 놀이로서 주인 모르게 누가 잘 훔쳐 내는지를 시험하는 긴장감을 즐기는 경우도 있다. 또 일부 여자아이들은 월경증후군으로 갑자기 물건을 훔치는 경우도 있다.

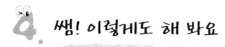
쌤! 이렇게도 해 봐요

  함께 세우기

유혹을 미리 줄여 주기

학급에서 각자 자기 물건을 잘 관리하도록 지도하여 환경의 유혹을 받을 상황을 미리 제거한다. '견물생심(見物生心)'이란 말이 있듯이, 책상 위에 돈이 놓여 있거나 열려진 가방 사이로 돈이 보이면 일반적인 아이들도 유혹에 빠질 수 있다. 사전에 학급 아이들에게 고액의 돈이나 물건을 학교에 가져오지 않도록 하는 등 자신의 돈이나 물건을 잘 관리하도록 철저히 지도해야 한다.

또한 교사의 물건이나 돈을 잃어버릴 때도 많으므로 교사도 자신의 물건을 철저히 관리해야 한다. 무심코 아이들이 보는 곳에 지갑이나 가방을 놓아두거나 방치하지 않도록 해야 한다. 지갑은 가능하면 몸에 지니고 다니고, 귀중한 소지품은 아동들이 쉽게 접근할 수 없는 곳에 둔다.

남의 물건을 허락 없이 만지지 않도록 하기

학급 내에서 남의 물건을 허락 없이 만지지 않으며, 서로의 소유권을 존중하도록 가르친다. 남의 것을 만질 때는 허락을 받고 만지며, 함부로 다른 사람의 물건에 손을 대는 일이 없게 한다.

친구에게 사 주는 행동 금지

가끔 학급에서 친구를 사귀기 위해 먹을 것이나 장난감, 학용품을 사 주는 아이들을 볼 수 있다. 친구에게 사 주는 행동을 계속하려면 돈이 필요하고, 그 돈을 마련하기 위해 돈을 훔칠 수 있으므로 학급에서 그런 일이 없도록 사전 지도가 필요하다.

정직에 대한 가치관 심어 주기

남의 물건을 소중히 여기고 정직하게 생활하는 것이 얼마나 중요한지를 평소에 가르친다. 교사가 일방적으로 훈화를 하는 것보다 국어, 도덕, 재량활동 등의 시간에 이야기를 읽고 토론을 하게 하거나 훔치는 것과 관련된 이야기의 일부를 제시해 주고 나머지 부분을 아이들이 완성해 보는 활동을 할 수 있다. 한 예로 'TV동화 행복한 세상'과 같은 동영상 자료를 활용할 수 있다. 이것은 1회 분량이 짧아서 시간이 얼마 걸리지 않고, 글을 읽기 싫어하는 아이들에게 중요한 가치를 지도하는 데 도움을 준다.

TV동화 행복한 세상 추천 내용:
연탄재 도둑, 도둑의 솔잎, 양심 지폐, 배추장수의 양심 등

용돈기록장 사용 지도

부모에게 용돈을 주도록 사전 안내를 한 후 용돈기록장을 쓰도록 지도한다. 용돈기록장을 쓰는 것은 자신의 돈을 스스로 관리해 봄으로써 돈의 소중함을 알고 돈을 관리하는 방법을 배우기 위해서다. 용돈을 받고 한꺼번에 써 버리면 다음 용돈을 받을 때까지 쓸 돈이 없어 돈을 훔치는 경우도 있으므로 용돈 사용에 대한 철저한 지도를 한 다음 용돈을 주도록 한다([활동지 14-1] 참조).

따뜻한 관심과 사랑 보여 주기

가정 형편이 불안정하거나 친구관계에서 어려움을 겪는 아이들의 경우 도벽의 유혹에 빠질 수 있다. 그러므로 교사는 학급에 이런 아이들이 없는지 살피고, 이런 아

이가 있다면 먼저 따뜻한 대화로 존중받는 느낌을 주고, 심부름을 시키는 등의 친밀한 관계를 유지하여 아이에게 소속감과 신뢰감을 준다. 이런 친밀성은 아이가 훔치고 싶은 유혹에 쉽게 빠지는 것을 예방할 수 있다.

교실에서 물건이나 돈이 없어졌을 때는 이렇게

절대로 그냥 넘어가지 않는다

교실에서 도난 사건이 일어났을 때 절대로 그냥 넘어가는 일이 있어서는 안 된다. 이런 행동을 무시하거나 사소한 것으로 간주한다면, 더 큰 문제가 생길 수 있으므로 사건이 일어난 직후 즉각적으로 대응하는 것이 중요하다.

흥분하거나 감정적으로 말하지 않는다

학급에서 도난 사건이 일어나면 화가 나는 경우가 많다. 하지만 흥분하거나 화를 내기보다는 침착하게 문제를 해결해야 한다. 먼저 사건에 대해 정확히 파악하는 것이 중요하다. 언제, 어디에서 도난 사건이 생겼는지 잃어버린 아이나 주변 아이들의 말을 통해 정확하게 파악한다. 그러나 정확하지 않은 정보로 섣불리 접근하는 것은 삼가야 한다.

분명히 없어졌는지 확인하기

아이가 물건이 없어졌다고 말할 때는 먼저 물건을 훔쳐 간 아이를 찾기 전에 분명히 물건이 없어졌는지 확인하는 절차를 거쳐야 한다. 간혹 물건을 잘못 놓았거나 집에 놓고 왔는데 훔쳐 갔다고 착각하는 경우도 있을 수 있기 때문이다. 다음 예화를 보면 분명히 확인하는 절차를 거치는 것이 왜 필요한지에 대한 이해에 도움이 될 것이다.

초등학교 6학년 교실에서 있었던 일이다. 한 아이가 자신이 가지고 온 전자큐브가 없어졌다고 난리가 났다. 분명 가방에 있었는데 점심시간에 없어졌다는 것이다. 이 일로 그 반의 아이들은 5교시 내내 용의자가 되어야 했고 없어진 큐브 도둑이 제발 나오기만을 기다려야 했다.

결국 큐브를 가져간 아이를 찾지 못한 채 그 반 아이들은 큐브금지가 되어야 했고 알 수 없는 큐브 도둑을 향해 아이들은 원성을 쏟아 냈다.

그런데 다음 날 그 아이가 오더니

"선생님, 엄마가 다시 큐브 사 주신다고 신경쓰지 않아도 된다고 하셨어요. 그러니 우리 반 다시 큐브 가져올 수 있게 해 주세요."

라고 말하는 것이었다.

그 말을 듣고 어제까지만 해도 큐브를 잃어버렸다고 펄펄 뛰던 아이가 괜찮다고 하는 것이 이상하여 담임 선생님이 어머니께 전화를 했는데

"무슨 말씀이세요. 큐브를 잃어버렸다고요?…… 어제 저녁에도 가지고 놀았는데……."

그 아이는 학교에서 같은 반 친구들을 모두 큐브 도둑으로 만들어 놓고 집에 가 보니 자신의 책상 위에 큐브가 있었던 것이었다. 그런데 그 사실을 친구들에게 얘기하면 친구들의 비난을 받을 것이 걱정되어 차마 얘기하지 못했던 것이다.

이 사건은 자신의 실수로 친구들을 도둑으로 만든 것에 대해선 분명히 책임을 져야 하기에 그 다음 날 친구들에게 진실을 이야기하고 친구들 앞에서 사과문을 써서 발표하는 것으로 마무리하였다.

몸을 수색하거나 가방을 뒤지는 등의 행동은 하지 않는다

일부 교사들 중에는 훔친 아이를 잡기 위해 아이들 몸을 수색하거나 가방을 뒤지는 경우가 있다. 이 방법으로 훔친 아이를 잡을지 몰라도 그보다 더 많은 부작용이 생기게 된다. 물건을 훔치지 않은 아이들에게도 수치심을 줄 수 있으며, 만약 그렇게 하다가 발각된 아이는 평생 씻을 수 없는 꼬리표를 달게 되므로 이런 방법을 사용할 경우에는 신중을 기해야 한다. 특히 훔친 아이를 발견했다고 해서 공개적으로 면박을 주고 야단을 쳐서 그 아이에게 돌이킬 수 없는 상처를 주지 않도록 한다.

아이들에게 상처를 주지 않는 다양한 방법을 모색하여 문제를 해결한다

아이들에게 수치심이나 상처를 주지 않는 방법을 사용하여 훔친 아이를 찾아내야 한다. 만약 도난 사건을 덮어 버린다면 훔친 아이는 계속 훔쳐도 괜찮다는 생각을 갖게 될 수 있다. 혹시 발견하지 못하더라도 훔친 아이의 마음을 움직일 수 있는 다양한 활동을 모색해야 한다.

교사가 비교적 쉽게 활용할 수 있는 방법 몇 가지를 소개하면 다음과 같다.

 훔친 아이의 마음을 움직이는 방법

훔친 아이에게 편지 쓰기

학급에서 물건이나 돈이 없어졌을 경우 엽서만 한 크기의 종이를 모두에게 나누어 준 후 학급 전체 아이들이 훔쳐 간 아이에게 편지를 쓰게 한다. 그렇게 한 다음 뒤에 게시판에 붙여 놓는다.

이런 경우 다음과 같은 다양한 글이 나온다.

"빨리 돌려주지 않으면 경찰에 잡혀갈 수 있어."

"용서해 줄 테니 제발 다시 갖다 놓으면 좋겠어."

"부모님과 선생님이 실망할 거야."

훔쳐간 친구에게

친구야!
네가 어떤 생각을 가지고 어떤 의도로
그 행동을 저질렀는지 나는 몰라. 하지만
이것만은 분명 알 것 같아. 넌 그때 양심에
걸렸을 것이고 한편 친구에게 미안했을 거야
만약 지금도 그런 마음이 든다면 사실대로 고백
하고 다시는 그런 일을 하지 말아야지'라고
반성하는 편이 낫겠다고 나는 생각해.
왜냐하면 선생님과 친구들도 가슴 아프고,
너도 계속 불안 초조할 테니까. 네 선택에 맡길게
그럼 안녕   친구_____ 씀

돌려준 친구에게
친구야, 고마워. 친구의 소중한 물건을
돌려주었으니까. 말이야. 하지만 솔직히
잘못을 하긴 했지? 친구가 물건을 잃어
버려 슬픔에 처할 때, 네가 양심에 찔려
무척 괴로웠을 거야. 이 고통으로 너는 볼
써 용서를 받았단다. 그런데 나는
이 일후 또 다른 친구에게 이런 짓을 하지
않았으면 해. 이런 일을 당한 친구가
무척 슬퍼할 테니까. 그럼
앞으로 이런 짓을 하지 않
도록 약속하며...
친구_____

교사가 이야기하는 것보다 친구들이 직접 쓴 이야기를 읽게 되면 더욱 마음에 와 닿을 것이다.

모든 글이 훔친 아이의 마음을 움직일 수는 없을지라도 그중 한두 개의 글은 훔친 아이의 마음을 움직일 수 있는 내용이 있을 것이다. 또한 훔친 물건이나 돈을 돌려주었을 경우에도 교사는 이름을 밝히지 않고 그 아이에게 다시 한 번 편지를 쓰도록 한다. 이럴 경우 아이들로부터 다음과 같은 격려와 용서의 글이 나온다.

"잘했어, 다음부터는 그러지 마."

이러한 글은 훔친 아이에게 돌려주기를 잘했다는 생각과 용서받았다는 생각을 갖게 해 준다.

하얀 거짓말

많은 교사가 흔히 쓰는 방법으로 학급에 설치되어 있는 보안 장비를 몰래카메라라고 이야기한다. 아이들을 속이는 것이기는 하지만 저학년들의 순수한 마음을 이용하여 손쉽게 문제를 해결할 수 있는 방법 중 하나다. 하지만 이것은 아이들에게 감시를 당한다는 잘못된 개념을 심어 줄 수 있으므로 훔친 아이의 인성지도를 위해 꼭 필요하다는 판단이 들 때만 쓰도록 한다.

학급회의 하기

학급에서 도난 사건이 발생했을 경우 학급회의 시간을 이용하여 '도난 사건과 우리 학급'

이라는 문제를 놓고 아이들 스스로 토론하는 시간을 갖도록 한다. 이 회의는 절대로 훔친 아이를 찾으려고 하는 것이 아닌, 훔친 행동을 한 아이 스스로 자신의 행동을 돌이켜 볼 수 있는 시간을 갖게 하기 위함이다. 훔친 아이에게는 자신의 행동을 학급 전체 아이들이 관심을 가지고 토의한다는 사실만으로도 충격적인 경험이 될 수 있다.

회장: 오늘 학급회의는 지난 화요일에 우리 반에서 돈이 없어졌던 사건을 가지고 회의를 하도록 하겠습니다. 회의를 통해 이 사건이 왜 발생하였으며, 이러한 사건이 다시는 생기지 않도록 하기 위해 어떻게 해야 할지 생각해 보겠습니다.

먼저 지난번에 돈이 없어졌던 ○○는 그 상황을 다시 한 번 자세히 말씀해 주시기 바랍니다.

박○○: 화요일 4교시 체육 시간에 방과 후 활동 준비물을 살 돈인 2,000원을 가방 지퍼에 넣고 나갔는데, 체육 시간이 끝나고 돌아와 보니 없어졌습니다.

회장: 그렇다면 왜 돈을 잃어버리는 일이 생겼다고 생각합니까?

– 생 략 –

회장: 앞으로 우리 반에서 돈이나 물건을 잃어버리는 일이 없도록 하려면 어떻게 해야 할지 좋은 의견이 있으면 말씀해 주시기 바랍니다.

확실한 증거 없이 서로 의심하는 일이 없도록 한다

교실에서 돈이나 물건이 없어지면 친구들을 의심하는 경우가 있다. 예전에 그런 적이 있던 아이라든가, 아니면 수상한 행동을 한 친구를 의심하게 되는데, 교사는 이것을 허용해서는 안 된다. 의심하는 친구들은 아무 뜻 없이 의심의 말을 할 수 있지만, 의심의 대상이 되는 친구는 비록 자신이 훔치지 않았더라도 의심받았다는 이유만으로 큰 상처를 받을 수 있기 때문이다.

그러므로 교사는 사전에 확실한 증거(직접 본 경우)를 제외하고는 어떤 추측이나 의심도 허용하지 않겠다는 단호한 의지를 보여 주어야 한다. 또한 친구를 의심하는 것이 얼마나 좋지 않은 것인지, 친구에게 얼마나 큰 상처를 줄 수 있는지를 아울러 지도해야 한다.

서로 의심하는 아이들에게 들려줄 시

잃어버린 도끼

김종성

어떤 시골 사람이 도끼 한 자루를 잃어버렸다.
그는 이웃에 사는 젊은이를 의심하고 그의 행동을 유심히 살폈다.
걸음걸이를 보았다.
그가 도끼를 훔친 것 같았다.
얼굴빛을 보았다.
그의 행동거지 하나하나가 도끼를 훔친 사람 같았다.

며칠 뒤 산골짜기를 지나다가 그는 잃어버린 도끼를 찾았다.
알고 보니 자기가 산에 나무를 하러 갔다가 산골짜기에 놔두고 왔던 것이다.

이튿날 그는 이웃에 사는 젊은이를 만났다.
걸음걸이를 보았다.
도끼를 훔친 사람 같지 않아 보였다.
얼굴빛을 보았다.
그의 행동거지 하나하나가 도끼를 훔친 사람 같지 않아 보였다.

그 녀석과 둘이서

물건이나 돈을 훔친 아이를 발견하게 되면 절대로 그냥 넘어가서는 안 된다. 적절한 지도가 이루어지지 않으면 습관적인 도벽으로 발전할 가능성이 있으므로 적절한 교육이나 상담 활동이 이루어져야 한다. 하지만 수사관의 자세로 꼬치꼬치 캐묻고 따지는 행동은 삼가며, 훔친 아이가 다른 아이들에게 노출되지 않도록 만남의 과정에도 각별히 신경을 써야 한다.

마음을 가라앉히고 차분한 어조로 말하기

훔친 아이가 누구인지 알게 되면 처음에는 화가 날 수 있다. 하지만 화가 나더라도 절대로 감정적으로 반응하면 안 된다. 화를 가라앉히고 차분한 어조로 말하며, 주위 사람들이나 당사자로부터 훔친 행동에 대한 정확한 정보를 확보한다.

결핍된 욕구나 필요에 대해 충분히 공감해 주기

침착한 태도로 결핍된 욕구나 필요에 대해 충분히 공감해 주고, 욕구를 충족시키기 위한 다른 해결 방법을 함께 모색한다.

먼저 왜 물건이나 돈을 훔치게 되었는지 정확히 아는 것이 중요하다. 돈이 정말 필요했는지, 관심을 받기 위해 그랬는지, 순간적인 충동을 이기지 못해 훔쳤는지 등 정확한 원인을 파악한 후에 그에 따라 대응한다. 그리고 선입견을 가지고 아이의 훔친 행동에 대해 무조건 다그치고 혼내기보다는 아이의 마음을 공감해 주며 아이가 가지고 있는 문제의 해결 방안을 함께 모색해 보는 자세가 필요하다.

훔치는 행동은 왜 허용되지 않는지 가르치기

충분히 공감을 해 준 다음에는 훔치는 행동이 왜 허용되지 않는지, 바람직한 행동은 왜 필요한지에 대해 가르친다. 이때 단순히 타이르는 것이 아닌 여러 가지 예화나 사례를 통하여 지도하도록 한다. 결과를 예상해 보도록 하는 것도 좋은 방법이 될 수 있으며, 책을 함께 읽으며 이야기해도 좋다.

훔친 행동에 대한 대가 치르기

훔친 행동을 했을 때 반드시 대가를 치르도록 하여 행동에 대한 책임감을 배우도록 하는 것이 필요하다. 예를 들면, 물건을 다시 돌려주거나 손해배상을 하도록 하여 자신의 행동에 어떠한 책임이 따르는지, 자신의 행동이 어떤 결과를 낳는지 정확히 알도록 해야 한다. 일부 교사나 부모의 경우 아이가 창피해 할까 봐 결과를 경험시키지 않고 단순히 혼내거나 타이르기만 한다. 하지만 이렇게 해서는 안 되며, 명확히 자신이 한 일의 결과에 대하여 경험하고 넘어가도록 해야 한다. 돈이 모자랄 경우 그에 맞는 일을 해서 갚도록 하며, 혹시 너그럽지 않은 주인을 만나게 되어 생각지도 못한 일을 겪을 수 있으므로 교사나 부모가 미리 만나서 교육적 의도를 설명한다.

하지만 학급에서는 공개적으로 사과하거나 물건을 돌려줄 경우 다른 아이들로부터 '도둑'이라는 낙인이 찍힐 수 있다. 따라서 직접 행동으로 옮기는 것은 피하고, 대신 훔친 물건이나 사과의 편지를 아이들이 없는 시간에 다시 갖다 놓도록 한다.

행동 고치기 약속을 작성하기

도벽이 일회성에 그친다면 행동 고치기 약속을 쓸 필요가 없지만, 반복될 경우에는 반드시 행동 고치기 약속을 작성하여 지키도록 한다. 잘 지키면 그에 따른 보상을 주고, 지키지 못하면 엄격한 벌칙이나 손해를 감수하도록 한다([활동지 14-2] 참조).

전문적인 도움 얻기

아이와 상담을 통하여 문제가 해결되지 않거나 문제가 복합적이라면 교사 혼자 문제를 해결하기보다 전문가의 도움을 받는다.

주위를 살펴보면 우리에게 도움을 줄 수 있는 많은 상담 기관이 있다. 학기 초에 학교 주위에 도움을 받을 수 있는 상담 기관을 찾아보거나 학교에서 상담 업무를 맡은 교사에게 물어 관련 기관에 대한 정보를 가지고 있으면 좋다.

┃ 우리가 도움을 받을 수 있는 기관 ┃

각 시 · 도 · 군 청소년정보문화센터, 복지관, 정신보건센터, 교육청 상담실 등

가정과 어깨 맞추기

학년 초 학부모 총회 때 유인물을 만들어 나누어 주고 설명하거나 평소에 가정통신문을 만들어서 부모의 협조를 구한다면 도벽을 예방하는 것뿐만 아니라 도벽이 있는 아이도 조금씩 나아질 것이다. 관심만큼 좋은 예방 활동은 없다. 그러므로 교사가 그러한 관심을 일으킬 수 있는 자료를 만들어 나누어 주면 좋을 것이다.

도벽, 얼마든지 예방할 수 있어요

인사말

(시기에 맞추어 쓰도록 한다.)

훔치는 행동은 어린아이들에게 흔히 있을 수 있는 일이며, 누구나 한 번쯤은 남의 물건이 탐나거나 가지고 싶은 충동을 겪었을 것입니다. 하지만 모든 사람이 물건을 훔치지 않는 이유는 적절한 교육이 이루어졌기 때문이라고 생각됩니다.

물건이나 돈을 훔치고 난 후에 문제를 해결하려고 하기보다는 문제가 생기기 전에 적절한 교육, 즉 예방 활동이 이루어져야 하는데, 그 역할을 가장 잘하실 수 있는 분은 바로 부모님입니다.

평소에 자녀에게 다음과 같이 지도해 주세요.

● 가족관계를 가깝게 유지하세요.

따뜻한 부모-자녀 관계를 유지한다면 아이들의 문제는 대부분 해결됩니다. 자녀의 일상적인 활동을 잘 아는 부모, 즐겁게 노는 활동을 격려해 주는 부모를 둔 아이의 문제 행동은 자연스럽게 줄어듭니다. 평소에 자녀와 많은 대화를 나누십시오.

● 평소에 용돈 관리를 해 주세요.

자녀에게 용돈을 주고 스스로 용돈을 관리하는 능력을 기르도록 해 주십시오. 하지만 아이에게만 맡기지 말고 부모님이 관심을 갖고 합리적인 용돈 관리법을 가르쳐 주셔야 합니다. 그리고 필요한 물건이 없는지, 혹은 물건을 무슨 돈으로 사는 것인지를 세심하게 알고 있어야 합니다. 부모님의 구두 닦기, 청소하기 등 자신의 노력을 통해서 용돈을 버는 경험을 하게 해 주는 것도 필요합니다.

● 친구들을 사귀기 위해 음식이나 장난감, 학용품을 사 주는 것은 하지 않도록 하세요.

친구에 대한 과시용 도벽을 미리 예방해야 합니다. 집에 있는 물건을 가져다 다른 아이들에게 주는 것은 열등감 때문일 수 있으니 자녀가 그럴 경우 유심히 살펴보십시오. 또한 집에서 너무 엄격하게 하지 말고, 친구를 대접하고 싶으면 초청해서 부모가 아이에게 맞는 음식을 나누게 하는 것이 좋습니다.

- 아버지, 어머니 물건도 함부로 만지지 않도록 하며, 필요할 때는 어른들끼리도 서로 허락받고 사용하는 모범을 보여 주세요.
부모나 형제가 집 안에서 서로 양해도 없이 타인의 물건을 쓰는 것은 자녀에게 누구 것이나 내가 필요하면 써도 된다고 하는 잘못된 생각을 심어 줄 수 있습니다. 그러므로 가정에서 다른 사람의 물건을 함부로 허락 없이 만지지 않도록 지도해야 합니다.

- 자기 스스로 당당할 수 있는 힘을 길러 주세요.
남들처럼 비싼 것, 좋은 것, 사치품은 못 사 주어도 당당히 다른 사람과 경쟁할 수 있도록 따뜻한 지지의 힘을 주세요. 경제 능력이 모자란 부분은 무조건 못 사 준다고 윽박지를 것이 아니라 자녀가 알아들을 수 있도록 잘 설명해 주세요.

- 취미나 흥미를 계발해 주세요.
훔치는 행동은 사회 적응을 하기 위해서 선택하는 하나의 행동일 수 있다고 합니다. 따라서 자녀가 평소에 흥미를 느끼는 방향이나 취미 생활 쪽으로 관심을 기울이게 하여 불안감을 적당한 방법으로 표현할 수 있도록 도와주어야 합니다.

용돈기록장 쓰기

● 목표 세우기: 용돈을 받아 가장 먼저 하고 싶은 것과 사고 싶은 것 목표 세우기
● 예산 짜기: 원하는 물건을 사려면 얼마나 필요한가?
　　　　　　나의 용돈은 한 달에 얼마인가?
　　　　　　필요한 것을 사면 얼마나 저축할 수 있는가?
　　　　　　몇 달을 모으면 원하는 것을 살 수 있는가?
　　　　　　용돈 중 얼마는 반드시 저축한다.
● 날마다 용돈기록장 적기
● 평가하기

순서	날짜	내용	수입	지출	잔액
	/				
	/				
	/				
	/				
	/				
	/				
	/				
	/				
	/				
	/				
	/				
	/				
	/				
	/				

행동 고치기 약속

나, (   )는 ___월 ___일부터 ___월 ___일까지 다음의 사항을 지킬 것을 엄숙히 약속합니다.

앞으로는 절대로 다른 사람의 물건이나 돈에 손을 대거나 훔치지 않겠습니다.

만약 훔치고 싶은 유혹이 생기면,

_____

만약 다시 훔치는 행동을 했을 경우에는 다음과 같은 벌을 받겠습니다.

1. _____

2. _____

담임 (   )은(는) (   )이(가) 훔치는 행동을 위 기간 동안 하지 않고 생활했을 경우 다음과 같이 칭찬하겠습니다.

_____

년   월   일

이 름 :   (인)

부모님 :   (인)

선생님 :   (인)

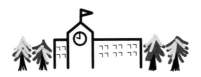

위험한 곳을 돌아다니는 아이

 이런 녀석 꼭 있다!

위험에 대한 개념이 없는 진수

점심시간에 아이들이 헐레벌떡 뛰어왔다.

"선생님, 진수가 연못 속에 들어갔어요."

연못은 들어가지 못하도록 울타리를 만들어 '출입금지' 표시가 되어 있는 곳이다. 순간적으로 너무 당황했다. 얕은 연못이기는 하지만, 그래도 모를 일이다. 부랴부랴 연못가로 갔더니 벌써 올챙이 두 마리를 잡아 병 속에 넣어서 주변 친구들에게 으스대는 중이었다.

겨우 한숨을 돌리고 부드럽게 타이르고 지나갔는데, 그것도 얼마 못 가 이틀 후 청소 시간에 또 아이들이 소리쳤다.

"선생님, 진수가 공사장 위를 걸어가고 있어요!"

깜짝 놀라 창문 밖을 내다보니 진수가 학교 주변 공사장에 있는 가건물 위를 걸어가는 것이 아닌가!

너무도 아찔했다. 저러다 떨어지기라도 하면 …….

달려가기에는 너무 먼 거리라서 목이 쉬는 줄도 모르고 고함을 계속 질러 댔다. 다행히 진수는 내려왔지만 그 덕에 목이 쉬어 일주일간 수업을 제대로 못했다.

목이 쉰 것이야 괜찮다. 아이보다야 중요하겠는가? 그런데 이렇게 위험에 대한 개념이 없는 아이를 어쩌면 좋을까?

생활 속 별난 아이

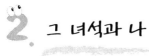

2. 그 녀석과 나

부모님께
연락부터 해야겠다. 저러다
일이라도 생기면 큰일이다.
부모님께 말씀드리고
도움을 구해야겠다.

내가 24시간 쫓아다니며
지킬 수도 없는 노릇이고,
이건 교실 비우기가 겁이 나니
화장실이나 맘 편히 다녀올 수
있겠나? 해도 해도
너무한다.

며칠 좀
조용했지. 그렇다고
안심하기엔 아직 일러.
언제 또 무슨 일로 철렁할지
모르잖아. 감시의 끈을
놓으면 안 돼.

3. 그 녀석의 이유

시설에 맡겨져 자란 아이

맞벌이나 가정의 사정 등으로 너무 일찍부터 시설에 맡겨져 자란 아이들이 있다. 이런 아이들은 양육 과정에서 애착 형성이 힘들고, 정을 느끼지 못한 채 양육되고 있다. 그러다 보니 대인관계를 잘하지 못할 뿐더러 하는 법도 잘 모르고, 정서 반응이 없는 아이로 자라기 쉽다. 일종의 자기보호 기제인 것이다.

진수는 생후 4개월부터 24시 어린이집에 맡겨져 자란 아이였다. 며칠에 한 번씩 집에 돌아가기도 했지만, 부모의 일로 24시간 운영하는 어린이집에서 자는 경우가 허다했다. 좀 더 자라서는 유치원 종일반으로, 초등학교에 입학한 이후는 동네 어린이집 방과 후 반으로, 2학년이 된 지금은 집안 형편 때문에 그냥 방치되어 있는 상태였다. 부모가 아침에 출근하면서 매일 천 원을 주면 그 돈으로 오락실을 가거나 동네를 돌아다니면서 부모가 올 때까지 시간을 때우고 있었다.

진수와 자세히 이야기를 해 보니 진수의 내면 상태는 어른을 신뢰하지 못하는 듯했다. 오랫동안 기관에서 자라다 보니 기관의 교사들이 아무리 잘해 주어도 자신의 입장에서는 친밀하고 따뜻하게 양육받는 느낌을 받지 못했고, 결국 마음속 깊이 이 사람들은 남이라는 사실을 느끼고 마음의 문을 닫은 상태였다.

교사를 대할 때는 전혀 반항적이거나 냉소적이지 않았으며, 친구를 대할 때도 싸우거나 폭력적이지 않았다. 그렇다고 2학년 또래아이들이 보이는 순진함은 없었고 오히려 무관심해 보였다.

무료함을 달래기 위함

혼자서 지내는 시간이 많은 아이는 그 시간의 무료함을 달래기 위해 뭔가 행동하고 싶어 한다. 그러다 보니 자극을 추구하게 되고 일차적 자극 추구에

만족하지 않고 점차 강도가 센 모험에 나서게 되며, 그 결과 위험한 행동을 자연스럽게 하게 된다.

 마트 어린이

　방학이 되고 맡길 곳을 못 찾은 부모가 아침에 아이에게 몇 천 원을 쥐어 주며 대형마트에 내려 준 뒤 저녁 무렵에 아이를 되찾아 간다. 아이는 매장 내에 설치된 놀이시설에서 놀다가 그것에 질리면 비상구 계단으로 놀이 장소를 옮기거나 게임 코너로 가서 시연용 게임기로 게임을 즐긴다. 그러다 배가 고프면 시식코너를 돌면서 시간을 보내기도 한다. 시간이 지날수록 무료한 아이는 에스컬레이터를 절반쯤 타고 올라간 뒤 난간을 넘어 아래로 뛰어내리는 등 위험천만한 놀이를 하고 있지만 이를 제지하는 어른은 찾아볼 수가 없다.

출처: 연합뉴스(2007. 08. 01) 재구성.

양육자의 부재에 따른 불안함

　양육자의 보호 없이 자라는 아이들은 불안정한 정서를 가진다. 자녀를 장시간 방치할 경우 아이는 자신이 보호받고 있다는 안정감을 잃어버리기 쉬우며, 더 나아가 부모가 자신을 버려 둔 것이 아닌가 생각하게 되어 정서적으로 불안정해질 수 있다.

과잉행동으로 나타나는 불안감

　아이의 불안감은 여러 가지 형태로 외적으로 표출되는데, 우울증이나 충동 조절 미숙 또는 과잉행동의 형태로 나타난다. 위험한 행동을 서슴지 않는 것은 반항장애의 특징 중 하나인데, 한 연구에 따르면 반항장애와 같은 품행장애는 유전적이거나 기질적인 요인보다는 부모의 태만과 부모와의 분리 등 열악한 환경적, 심리사회적 요인과 더 밀접하게 관련이 있다고 한다.

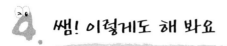

쌤! 이렇게도 해 봐요

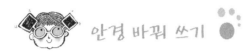

안경 바꿔 쓰기

아이의 안전에 초점 맞추기

부모에게 기대할 부분과 교사 자신이 해야 할 일을 구분한다. 아이가 열악한 가정 환경으로 인해 위험한 행동이 습관화되었더라도 그 아이의 실제 활동 영역은 학교다. 학교에서 아이에게 문제가 생기면 그 책임은 고스란히 교사에게로 돌아올 수밖에 없다.

교사는 아이의 근본적인 변화도 중요하지만 현 상황에서 위험한 행동을 차단하는 것에 초점을 맞춰 현실적인 대응을 해 나가야 한다.

안전사고에 대비하기

교사는 안전사고에 미리 대비해야 한다. 학년 초에 안전과 관련된 규칙을 만들고, 이를 부모에게 알리는 일련의 과정들이 아이들과 교사 자신을 위해서 필요하다. 교사 자신을 보호하는 것에 대해 색안경을 끼고 볼 일은 아니다.

학년 초에 안전과 관련된 규칙이 완성되면 학급통신 형태로 전체 학부모에게 안내를 한다. 이때 전반적인 학급 규칙에 대해 안내를 하고, 규칙을 아이들과 함께 만든 과정을 설명하며, 특별히 안전에 대한 부분을 강조하며 통신문을 작성한다. 그리고 이 규칙을 기준으로 아이들을 지도하겠다는 안내를 하고, 동의하지 않는 지도 방법이나 항목에 대해서는 개별적인 의견을 따로 받는다.

어떤 사안이 발생한 후에 뒤늦게 지도하고, 그 과정에서 때로 부모와 충돌이 생기기보다는 학년 초에 미리 안내를 하고, 아이들에게서 공감대를 얻어야 한다. 그것이 문제 예방에도 도움이 되며, 문제가 확장되는 것도 막을 수 있다.

함께 세우기

안전에 대한 규칙 정하기

학년 초에 위험 행동을 하지 말 것에 대한 규칙을 만든다. 교사의 지도에도 불구하고 아이가 위험한 행동을 해서 본인이나 다른 아이에게 어떤 일이 발생하면 그 일에 대한 책임을 묻겠다는 의지를 정확히 아이들에게 전달한다.

아이들에게는 먼저 위험한 행동이 무엇인지 정의를 내릴 필요가 있다.

학교 생활에서 무엇이, 어떤 행동이 위험한 행동일까?

질문을 던져 나오는 답을 모두 칠판에 기록해 본다. 빠진 행동 유형은 없는지 서로 확인한 후, 이런 행동을 친구가 할 경우 즉시 교사에게 알리게 한다. 이것은 고자질이 아니며 안전이 최고임을 반드시 알려 준다. 위험한 행동을 할 경우 교사가 강력하게 제재할 것임을 알리고, 이것은 아이를 보호하기 위해서임을 주지시킨다.

알림장에 매일 안전 사항 적어 주기

알림장에 매일 안전과 관련된 지도 내용을 적어 준다. 가능하면 알림장의 첫 번째 문항은 항상 안전교육과 관련된 지시 사항을 적는다.

적을 때는 '위험한 행동 하지 않기'와 같은 포괄적인 내용보다는 구체적인 지시가 더 좋다. 예를 들면, '호주머니에 손 넣고 다니지 않기, 친구를 뒤에서 밀지 않기, 공사장 지붕 위 다니지 않기, 휴대전화로 통화하며 등 · 하교하지 않기' 등이다.

교실을 비울 경우를 대비하기

교사가 자리를 비울 때 일어나는 사고는 항상 예기치 못한 경우다. 이를 조금이라도 줄이기 위해 교사가 자리를 비울 경우에는 가는 곳을 밝히고 이동하며, 평소에 학급 임원이나 특정 아이에게 부탁을 하여 무슨 일이 있으면 곧장 교사에게 와서 알려 주도록 해야 한다.

"선생님 교무실 갔다 온다. 아마 5분쯤 걸릴 거야. 회장, 그 사이에 무슨 일이 있으면 곧장 와라."

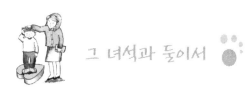

그 녀석과 둘이서

계속 관찰하며 틈나는 대로 지도하기

위험한 행동을 하는 아이가 있으면 항상 긴장의 끈을 놓지 않는다. 틈이 나는 대로 관심을 가지고, 특히 쉬는 시간에 개인적인 접촉을 시도하며 항상 부드럽게 타이른다. 또한 교육과정에 안전에 관련된 주제가 나오면 놓치지 않고 강조하여 설명한다.

도안 색칠하기 – 만다라 활용하기

도안에 색칠하는 활동을 통해 아이의 들떠 있는 마음을 가라앉히고 안정성을 추구할 수 있다. 이때 사용할 만한 것으로 만다라를 권한다.

자습 시간을 활용하여 전체 아이들에게 색칠할 기회를 주거나, 아이가 유난히 위험한 행동을 많이 한다 싶은 날 오후에 남겨 색칠을 하게 한다. 아이가 색칠하는 것을 힘들어하면 교사도 함께 색칠하며 이런저런 이야기를 나누면서 따뜻한 분위기의 시간을 만든다.

출처: 정여주(2009). 만다라 그리기.

만다라

만다라는 산스크리트어로 '원'이라는 뜻이다. 예전에는 의례를 거행할 때나 명상할 때 사용하는 종교적 색채를 띤 상징적인 그림이었지만, 심리학자 융을 통해 일반인들에게 많이 알려졌으며, 최근에는 심리치료에 많이 활용되기도 한다. 좌우대칭의 비율이 일정한 균형감을 보이는 만다라 도안의 특징이 색칠하는 과정을 통해 색칠하는 사람 내면의 통합성과 안정성을 찾는 데 기여할 수 있다고 보기 때문이다.

• **만다라 그리는 방법**
1. 편안한 마음으로 자유롭게 그린다.
2. 빈 원이나 빈 사각형을 기본틀로 하여 자유롭게 내용을 구성하여 색칠한다.
3. 내용을 구성할 때는, 중심에서 바깥으로 또는 그 반대 형태로 방향을 정해 그린다.
4. 모든 칸을 다 칠하지 않아도 좋다. 칠하고 싶지 않은 부분은 그냥 둔다.
5. 일단 시작한 작품은 그 자리에서 완성하게 격려한다.

글씨 따라 쓰기

도안 색칠하기와 마찬가지로 아이의 안정감을 증진시킬 수 있는 방법은 글씨를 쓰는 행위다. 아이에게는 일정 시간 집중하여 글씨를 덮어 쓰게 한다. 그냥 쓰기보다는 교과서 위에 기름종이 등 글이 비치는 종이를 덮고 그 위에 글씨를 겹쳐 쓰게 한다. 또는 문서 작성 프로그램을 이용하여 글자 색을 연한 회색으로 만든 다음 내용을 출력하여 그 위에 덧쓰게 하는 것도 좋다.

같은 쪽을 2~3번 반복해서 쓰게 하면 효과가 좋다. 글쓰기의 내용으로는 명심보감이나 소학, 동시 등 짧은 글이 좋다.

가정과 어깨 맞추기

아이의 상황 알려 주기

아이가 위험한 행동을 자주 한다는 것을 부모에게 알린다. 여러 번 반복한 결과를 축적하여 알리는 것이 아니라, 위험한 행동을 할 때마다 부모에게 알린다. 아이의 위험한 행동은 누가 기록해 두며, 부모에게 알릴 때도 구체적으로 알린다. 한편, 교사는 부모에게 그 상황을 고지한 시기, 내용, 연락받은 이 등 체계적으로 기록하는 것이 필요한데, 이는 뜻하지 않은 경우가 생길 경우를 대비해서다.

동시에 부모를 자극하지 않는 적절한 선에서 아이의 위험 행동이 계속되면 큰 사고가 날 수도 있음을 전해 부모가 경각심을 갖게 하는 것도 필요하다. 이때 교사는 염려하는 마음을 담아 이야기한다. 학년이 어릴수록 가정에서 안전에 대해 신경을 쓰고 부모가 아이와의 접촉 시간을 늘린다면 아이의 위험 행동이 줄어드는 데 유리하다.

16

내 것, 네 것 구별이 없는 야이

이런 녀석 꼭 있다!

선생님 물건도 맘대로

재상이 자리는 내 바로 앞자리다. 학업성취도도 낮고 산만한 편이어서 선생님 바로 앞에 앉히면 좀 나아질까 해서 자리를 옮겼다. 바로 앞에 앉으니 수업 시간에 잘 모르는 것을 지도하기도 좋고, 산만한 행동도 좀 나아지는 것 같아 다행이라고 생각

했었는데 예상치 못한 복병이 나타났다. 내 책상 위 연필꽂이에 꽂아 둔 가위, 연필 같은 것을 마치 자기 물건처럼 가져다 쓰는 것이었다. 처음에는 허락을 받는가 싶더니 이제는 그것도 귀찮은지 어느새 재상이의 책상 위에 내 물건이 올라가 있는 일이 비일비재하다. 자질구레한 학용품인데 아이를 타박하기도 치사한 것 같아서 며칠을 두고 보다가 결국은 수업 시간에 한 소리 하고 말았다.

"재상아! 선생님 물건을 왜 네 맘대로 허락도 안 받고 쓰는 거니?"

"에이! 선생님 별거 아닌 일로 왜 그러세요."

미안하다고 할 줄 알았던 재상이의 의외의 반응에 기가 막히는데, 아이들이 여기 저기서 재상이에 대한 불만을 토해 냈다.

"선생님! 재상이는요, 우리 물건도 맘대로 갖다가 써요. 허락도 제대로 안 받고 지우개 좀 가져간다 하고는 가져가서 잘 주지도 않아요."

"허락도 안 받고 물건을 가져가는 건 훔치는 거랑 같은 거잖아요. 근데요, 재상이는 미안하지도 않은가 봐요."

"지난번에는요, 제 물건 가져가서 안 돌려주기에 달라고 하니까 없어졌대요. 그럼 새로 사 주든가 해야 하는데 그러지도 않아요. 저만 엄마한테 물건 함부로 쓴다고 혼났어요."

아이들의 원성이 이어지는데도 재상이는 오히려 자기가 억울하다는 듯 나를 쳐다보았다.

'평소 재상이가 공부는 못하고 산만해도 친구한테 나쁜 짓은 안 하는데……. 뭔가 나쁜 의도를 가지고 다른 사람들의 물건을 가져간 것 같지는 않아. 그래도 그냥 두면 다른 친구들이 계속 피해를 보고 재상이도 도둑으로 의심받을 수도 있잖아. 이 버릇을 어떻게 고쳐 주지?'

생활 속 별난 아이

2. 그 녀석과 나

어? 가위가 왜 이렇게 줄었지? 지난번 미술 시간에 애들한테 빌려 줬는데 안 갖다 놨네. 일일이 찾기도 치사하고 다음부터는 안 빌려 줘야겠어.

그러니까 잃어버릴 수도 있으니 이름 꼭 쓰라고 했지! 누구한테 빌려 줬는지도 모르고 그걸 어떻게 찾아.

이거 완전 놀부 심보 아냐! 자기 물건은 누가 가져가면 난리를 치면서 남의 것은 이렇게 함부로 하다니.

"재상이가 제 지우개 가져가서 안 줘요." "지난번에는 말도 안 하고 풀 가져갔어요." 하루 이틀도 아니고 맨날 같은 문제로 시끌시끌하니 지친다.

넌 훔치려고 한 게 아니라고 하지만 친구 물건을 맘대로 갖다가 쓰는 건 도둑질이랑 같은 거야.

3. 그 녀석의 이유

아동심리학에서는 자기 물건에 대한 소유의 개념은 5~6세 정도가 되어야 형성된다고 말한다. 그러나 2~3세만 되어도 "이건 내 거야."라며 싸우는 모습을 심심찮게 볼 수 있다. 분명한 소유 개념은 아니라도 물건에 대한 집착은 아주 어릴 때부터 형성된다는 것을 알 수 있는 예다. 그런데 초등학교에 입학해서까지도 내 물건, 남의 물건에 대한 인식이 부족한 아이는 대체 왜 그런 것일까?

제대로 된 소유 개념이 아직 없음

가정에서 아이의 소유 개념을 제대로 형성해 주지 못하는 경우가 있다. '어린아이'라는 이유로 제대로 된 자기 물건을 가져 본 경험이 없으면 내 물건에 대한 소유 개념이 희박하고, 다른 사람의 물건에 대한 개념도 뚜렷하지 않게 된다. 형제간에 물건을 맘대로 사용했는데도 제재를 받은 적이 없다면 아이는 어디에서나 그렇게 행동할 수 있다.

한편, 제대로 된 자기 물건을 가져 본 경험이 없는 아이는 자기 것에 대한 집착이 매우 강하여 다른 사람과 물건을 공유하지 못하기도 한다.

좋아하는 옷이 작아지면 동생에게 줘야 하고, 생일선물로 받은 장난감이라도 한 번의 잘못으로 언제고 부모에게 빼앗길 수 있는 것이 어린아이들의 세계다. 그래서 모처럼 자신에게 소중한 물건이 생기면 심하게 집착을 하기도 하고, 다른 사람의 물건도 쉽사리 내 것으로 생각해 버릴 수 있다.

강한 자기중심적인 성향

자기중심적인 성향이 강한 경우, 내 것은 내 것이고 네 것도 내 것인 놀부 심보가 나타나게 된다. 자기 것에 대한 소유욕이나 집착이 강해서 쉽사리 남과 공유하려 하지 않으면서, 상대방의 물건은 자신의 편의에 따라 언제든 사용할 수 있는 것으로 생각하는 것이다. 그리고 상대방이 항의를 하면 속 좁게 별거 아닌 것 가지고 그런다며 역정을 낸다.

이런 학생들은 자신의 행동에는 관대하면서 다른 사람의 행동에는 엄격하고, 자신이 필요할 때는 언제나 사람들이 도와줘야 한다고 착각하는 성향이 강하다.

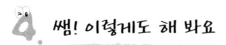 쌤! 이렇게도 해 봐요

 함께 세우기

소유권에 대해 알려 주기

> **모든 물건은 누군가의 소유물이다.**

소유에 대한 개념은 언뜻 보면 타고나는 것 같지만, '윤리적'인 소유 개념은 가르침을 통해 획득되는 것이다. 소유에는 권리와 함께 책임이 동반된다는 것을 학급에서 가르칠 필요가 있다.

학급에서의 소유권은 크게 세 가지로 나누어 볼 수 있다.

① 내 것(MINE)　　② 네 것(YOURS)　　③ 우리 것(OURS)

학년 초에 학급 규칙을 정할 때 소유권에 대한 이야기를 아이들에게 해 주는 것이 필요하다. 어떤 것이 내 것이고, 어떤 것이 네 것이며, 어떤 것이 우리 것인지를 정확히 구분하고 그것에 대한 책임을 설명해 주면, 아이들은 그것을 원칙으로 받아들이고 지키려고 노력한다.

○ 내 것: 연필, 지우개, 가방, 실내화 등
○ 네 것: 친구의 연필, 지우개, 가방, 실내화 등
　　　　선생님의 연필, 지우개, 가위, 볼펜 등
○ 우리 것: 함께 쓰는 연필깎이, 학급문고, 책상, 걸상 등

🗣 **언어** 모든 물건은 세 가지 종류로 나눌 수 있어. 내 것, 네 것, 우리 것! (지민이의 연필을 집으며) 이것은 누구 것이지? 그래, 지민이 연필이야. 지민이에게는 '내 것'이지만 선생님에게는 '네 것'이 되는 물건이지. (학급 공통으로 쓰는 연필깎이를 집으며) 이건 누구 것이지? 그래, 우리의 것이야. 우리가 함께 쓰는 연필깎이.

내 것, 네 것, 우리 것이라고 표현하는 건 그 물건의 소속을 말해 주는 것과 동시에 물건에 대한 책임을 말해 주지. 지민이가 지민이의 연필을 잃어버렸다면 그건 '내 것'을 잃어버린 거니까 그 책임을 지민이가 져야 하는 거야. 그런데 선생님이 지민이의 연필을 잃어버렸어. 그러면 그 책임은 누가 져야 하는 걸까? 당연히 물건을 잃어버린 선생님이 그 책임을 져야겠지? 왜냐하면 지민이의 연필은 '내 것'이 아닌 '네 것'이었으니까 말이야. 그럼 우리 반 모두가 같이 쓰는 이 연필깎이를 잃어버린다면 그 책임은 누가 져야 하는 걸까? 우리 반 모두가 연필깎이를 고장 나지 않게 잘 써야 하는 의무가 있지만, 그것을 잃어버렸다면 그 잃어버린 사람이 책임을 지는 게 당연하겠지?

그래서 우리는 내가 사용한 '내 것', '네 것', '우리 것' 모두에 대한 책임이 있어. '내 것'은 내가 책임지지만, '네 것'이나 '우리 것'은 나 몰라라 하는 건 무책임한 행동이지. '우리 것'인 연필깎이를 잃어버리면, 그에 따른 피해는 잃어버린 사람뿐만이 아니라 우리 모두가 보게 되는 거거든. 그래서 모든 물건을 사용할 때는 내가 책임을 져야 한다는 생각을 가지고 써야 해.

모든 물건에는 주인이 있다.

물건의 소유에 대한 개념과 그 가치에 대해 아이들에게 이야기했다면, 자신의 소유를 표시하는 활동을 해 본다. 학년 초에 무조건 자신의 물건에 이름 써 오기를 숙제로 내는 것보다 소유에 관한 이야기를 한 후 교실에서 함께 이름 쓰기를 하는 것이 더 효과적이다. 이는 교사의 물건에도 마찬가지인데, 교사는 자신의 물건에 아무 표시도 해 놓지 않으면서, 아이들에게만 이름표를 붙이라고 하는 것은 교육적으로 바람직하지 못하다.

내 물건에 이름을 쓰면 좋은 점
- '내 것'임을 나타내는 가장 확실한 방법이다.
- 남들에게 '내 것'임을 알려서 도난을 막을 수 있다.
- 물건을 잃어버려도 금방 찾을 수 있다.
- 똑같은 물건과 섞여도 손쉽게 찾을 수 있다.

내 물건에 이름 쓰는 방법
- 잘 지워지지 않는 네임펜 등으로 쓴다.
- 눈에 잘 띄는 곳에 쓴다(이왕이면 예쁘게 쓴다).
- 교사가 이름이 쓰인 종이를 뽑아 주어 오려 붙이게 해도 좋다. 이름이 쓰인 종이에 투명 테이프를 덧씌워 붙이면 보기에도 좋고 잘

떨어지지 않는다.

- 단, 신발주머니, 책가방, 멜로디언 등에는 안쪽에 이름을 쓴다(눈에 띄게 이름을 쓰면 유괴범이 그것을 악용할 수 있다).

물건을 함께 사용하는 방법 알려 주기

물건의 소유 개념에 대해 이야기했다면 다음과 같이 그와 관련된 방법을 알려 준다.

- 주인에게 먼저 물건을 빌려도 되는지 양해를 구한다.
- 물건을 빌려 주거나 빌려 주지 않는 것은 전적으로 주인의 맘이다. 빌려 주면 고맙지만 빌려 주지 않는다고 주인을 욕할 수는 없다. 내가 맡겨 놓은 물건을 찾아가는 것이 아님을 명심하자.
- 주인이 물건을 빌려 줄 경우 당연하다고 생각하는 것이 아니라 고맙게 생각해야 하며, 반드시 말로 고마움을 표시한다.
- 주인이 물건을 빌려 주지 않을 때에는 그것을 있는 그대로 받아들여야 한다. 물건을 빌려 주지 않는 것이 나를 싫어한다는 것과 같은 뜻은 아니다.
- 주인은 물건을 빌려 주지 않을 때는 상대방의 마음을 생각하여 왜 빌려 줄 수 없는지 이유를 말해 준다.

학급 규칙 정하기

굳이 학급의 모든 아이에게 이런 방법을 설명하지 않고, 규칙을 정하지 않아도 일 년 동안 잘 지내는 학급도 많이 있다. 그러나 교실에 한 명이라도 내 것, 네 것을 심하게 구별하지 않는 아이가 있다면 문제는 달라진다. 일단 그런 아이가 있을 경우에는 당사자와 이야기하는 것도 중요하지만 학급 전체가 원칙을 공유하는 것이 필요하다.

학급 전체가 원칙을 공유하면 구성원 모두에게 적용되는 것이므로 원칙에 순응하기가 더 쉬워진다.

교사 물건과 아이 물건의 경계 정하기

교사 물건과 아이 물건의 경계를 명확히 하는 것도 필요하다. 교사의 물건은 학습을 위해 사용되기 때문에 아이들이 종종 '우리의 것'이라고 착각한다. 교사의 책상 위 물건은 '우리의 것'이 아닌 '선생님의 것'임을 명확히 하고, 아이들에게 물건을 빌려 줄 때도 교사의 것임을 강조해야 한다.

일부 아이들이 교사의 물건을 허락도 없이 사용할 때에는 원칙에 근거하여 명확한 제지가 필요하다. 감정적 반응보다는 이유를 설명하고 분명히 책임지도록 하여, 같은 일이 또다시 일어나는 것을 막아야 한다.

교사의 책상은 시험지와 같이 아이들에게 보여서는 안 되는 것부터 다양한 물건들이 놓여 있기 때문에 다른 어떤 것보다 경계가 분명해야 한다. 따라서 아이들에게 자신들의 정보를 보호하기 위함임을 알려 준 후, 교사 책상 주변의 일정 공간은 허락이 있을 때에만 들어올 수 있는 곳으로 만들어 놓는 것도 나쁘지 않다.

이러한 행동을 치사하다고 느끼거나 아이들과 거리감을 두는 행동으로 여길 수도 있다. 그러나 교사와 아이에게 친근감이란 친구와 같이 완전히 동등한 것이 아니라 신뢰와 권위를 기반으로 한 것임을 잊어서는 안 된다.

부모 자식 간의 경계선이 필요하다

유대인들은 어른과 아이들이 전혀 다른 세상에 살고 있다는 점을 언제나 어린이들에게 인식시켜 준다. 구약성서에는 "부모는 자녀를 죽음으로 이끄는 것과 장남의 특권을 빼앗는 것 이외에는 자녀에 대해 절대적인 권한을 가진다."라고 되어 있다.

어린 자녀들을 어른의 세계에 가까이 오지 못하게 하는 것은 부모의 권한과 책임을 분명히 해 놓기 위해서다. 자녀가 어린이답게 행동하지 않고 어른을 흉내 낼 때 부모가 그런 행동을 좋게 받아들인다면, 그러한 자녀에게 어른을 존경하도록 가르친다는 것은 여간 힘든 일이 아니기 때문이다.

출처: 루스 실로(1997). 유태인의 자녀를 낳고 기르는 53가지 지혜. pp. 97-98.

교사도 아이의 물건은 허락받고 사용하기

아이들에게 교사의 물건에 대해 명확히 선을 그었다면, 교사도 아이들의 물건에 대해 같은 자세를 취해야 한다. 아이들의 물건을 사용할 때는 반드시 사용해도 되는지를 물어 허락을 구하고, 고맙다는 인사도 잊지 않아야 한다. 아이들은 친구들의 '고마워'보다 교사의 '고마워'에 몇 배의 기쁨을 느낀다.

> 예 "지민아, 선생님이 형광펜이 없어서 그런데 좀 빌려 줄래?"
> (형광펜을 받으며) "고마워."
> (물건을 돌려주며) "지민이가 빌려 준 형광펜이 선생님이 일하는 데 큰 도움이 되었어. 고마워!"

그 녀석과 둘이서

물건의 가치 알기

> **모든 물건은 돈의 가치가 있다.**

아이들은 흔히 자신이 사용하는 학용품의 가치를 잊고 있을 때가 많다. 부모님이 필요한 물건을 사다 주셨기 때문에 정확히 이 학용품이 얼마인지 모를 수 있고, 가격을 알아도 워낙 흔해서 별것 아닌 것으로 생각하기도 한다. 지금 자신이 책가방 속에 가지고 있는 물건을 적고 그것의 가격을 써 보는 활동을 통하여 자신이 가진 것의 가치를 새롭게 발견할 수 있다([활동지 16-1] 참조).

물건 빌리는 방법 연습하기 & 칭찬하기

학급의 모든 아이와 원칙을 공유하되, 친구의 물건을 상습적으로 마음대로 쓰는 아이는 따로 물건을 빌리는 연습을 시키는 것이 좋다. 앞서 언급한 물건을 빌리는 방법을 시나리오를 읽는 것처럼 연습하면 실제 상황에서 적용하는 데 도움이 된다.

더불어 "빌려도 돼?"라고 상대에게 허락을 구하면 그 행동을 칭찬해 주어 긍정적 행동이 아이에게 습관화되도록 해 주는 것도 필요하다. 다른 아이의 물건을 그냥 가져다 쓰는 아이 중에는 "빌려도 돼?"라는 말을 못해서 어물어물하다가 그냥 가져다 써 버리는 아이도 있기 때문이다.

물건을 공유하기 싫어하는 아이, 이러면 어떨까요?

소유 개념이 제대로 형성되지 않아서 오는 폐해는 자신의 물건에 심하게 집착하는 모습으로 나타날 수도 있다. 이런 아이가 교실에 있을 때 이기적이라고 혼만 내지 말고 좀 더 다른 방법으로 접근해 보는 것은 어떨까?

① 놀이를 통해 짧은 시간 동안이라도 자기 물건을 다른 아이와 공유하도록 연습을 시킨다.
　　예 배드민턴이나 장기처럼 둘이서 하는 게임, 여럿이 함께하는 퍼즐, 여럿이 같은 크레파스나 색연필을 사용하여 그리는 그림이나 공작 등

② 다른 아이와 물건을 공유해야 할 때는 미리 이야기를 해 주어 마음의 준비를 시킨다. 예를 들면, 미술 시간에 친구와 같이 준비물을 써야 할 때는 공동 작품을 위해서 준비물을 같이 써야 함을 알려 주고, 물건을 함께 쓰더라도 친구가 가져가거나 하지 않을 거라고 이야기하며 안심시킨다. 공유하기 싫은 소중한 물건은 안 보이는 곳에 잘 넣어 두게 하는 것도 좋다.

③ 아이의 물건을 교사가 빌리는 것도 좋다. 친구에게는 무언가를 주기 싫어하는 아이라도 상대가 교사일 경우 망가지지 않게 잘 쓰고 다시 돌려줄 것이라는 믿음이 있으므로 가벼운 마음으로 빌려 주는 경우가 많다. 이것은 좋은 연습이 된다.

④ 무엇을 빌려 주라고 명령하는 것이 아니라 선택의 기회를 준다. 예를 들면, "수경이가 색연필이 필요하다는데 어느 색깔을 빌려 줄래?" 하는 식이다.

⑤ 물건을 함께 나누어 쓸 때의 규칙을 아이와 함께 정해 본다. 예를 들면, 남과 공유할 수 있는 물건과 그럴 수 없는 물건을 나누어 보자. 그렇게 하다 보면 그다지 중요하지 않다고 생각되는 물건은 더 기분 좋게 공유할 수 있다.

⑥ 실제로 물건을 공유해야만 하는 상황에서 아무리 타일러도 효과가 없다면, 무작정 혼을 내기보다 다른 대안을 마련하고 나중에 이야기를 하는 것이 좋다.

⑦ 다른 친구와 물건을 나누어 쓰면 그 행동을 구체적으로 언급하며 칭찬한다.

출처: 엘리자베스 펜틀리(2004). 완전한 육아. pp. 112-113.

내가 가진 물건의 가치는 얼마?

학년　　반　　이름 :

● 책가방을 열어 내가 지금 가진 물건의 가치를 써 봅시다.

예상금액 : (　　　　　　　　)원　　　실제금액 : (　　　　　　　　)원

내가 지금 가진 물건	개 수	물건의 가격
		원
		원
		원
		원
		원
		원
		원
		원
		원
		원
		원
		원
		원
합　　　계		원

17

안 씻는 아이

이런 녀석 꼭 있다!

항상 냄새나는 나경이

나경이 주변에 가면 항상 냄새가 난다. 옷도 지저분할 때가 많고, 머리도 기름으로 범벅이 되어 다닐 때가 많다. 그러니 냄새난다고 주변 친구들도 곁에 오지 않으려 하고, 나경이랑 짝이라도 되면 주위 친구들은 "우우!" 소리를 내기 일쑤이고, 짝이 된 아이는 종일 울상이다.

교사 입장에서도 난감하다. 참으려 애쓰지만 옆에 가면 냄새가 진동한다. 단순히 아이들보고만 뭐라고 할 수도 없는 상황이다.

몇 번 씻고 오라고 이야기했지만, 아이의 모습은 별반 다르지 않다.

요즘 세상에도 저런 아이가 있나 싶지만 어떡하겠는가? 내 눈 앞에 있는데 …….

2. 그 녀석과 나

주변 아이들 표정이
또 일그러지네. 티를 내지 않고
교사인 내가 중심을 잘 잡아야지.
다른 아이들 반응은
무시해야겠다.

내가 한번
씻어 줘야겠는데
습관 되면 어쩌지?

아이 마음이 다치지 않게
부드럽게 불러 이야기해야겠다.
네가 자주 씻지 않아 친구들이 힘들어
하는 것 같으니 자주 씻고
다니는 것이 어떻겠니?

씻지 않는 상황이
계속되면 아이들로부터
따돌림을 당하기 쉬울 텐데……
빨리 해결해야겠다.
부모님부터 일단
만나야지.

3. 그 녀석의 이유

씻지 않음

안 씻고 다니는 아이는 두 가지 경우다. 아이가 안 씻거나 주변 양육자가 제대로 돌봐 주지 못하는 경우다. 이것은 혼재되어 나타날 수 있는데, 초등학생이 아직 어려 스스로 건사하기 힘든 연령대임을 고려하면 대부분은 양육자나 양육 환경과 관련된 문제다.

이는 부모나 보호자가 당장의 생계 유지에 급급하여 미처 아이를 돌보지 못하는 것이다. 보호자의 생활 역시 실의에 빠져 있거나 사회적으로 낙오된 경우가 많다. 자신의 삶에 희망이 없기 때문에 의욕이 상실되어 아이에게도 신경 쓰지 못한다.

드물게 부모의 양육 태도에 문제가 없어도 아이가 씻는 것을 무척 싫어하여 씻지 않고 다니는 경우가 있다. 엄밀히는 싫어하기보다는 씻는 행위 자체를 귀찮아한다. 이런 경우는 부모에게 넌지시 알려 주는 것이 가장 빠른 해결책이다.

양육자의 문제

가정적 이유로 할아버지나 할머니가 양육자일 경우 아이가 씻지 않고 다닐 수 있다. 노년이 되면 생물학적으로 후각이 둔해져서 아이를 씻겨야 할 때를 놓칠 수 있다. 한편으로 할아버지, 할머니와 함께 생활하면서 소위 말하는 노인 냄새가 아이 옷에 배어 아이들이 꺼리는 경우도 있다.

드물지만 부모의 정신적 불안정으로 아이가 방치되는 경우도 있다. 집 안이 쓰레기 더미이고, 그 속에서 아이는 씻는 것을 모르고 자라는 것이다.

가정폭력의 흔적

가정폭력의 흔적 때문에 씻지 않고 지내기도 한다. 물이 상처에 닿으면 쓰라려 그냥 씻지 않는다. 상처 부분을 감추기 위해 여름에도 긴 소매 옷을 입기도 한다. 교사는 씻지 않는 아이가 눈에 띄면 혹시 가정폭력은 없는지 주의 깊게 살펴보아야 한다.

교실에 이런 아이도 있어요

○ **조악한 향수를 뿌리고 다니는 아이**: 고학년이 되고 사춘기에 접어들기 시작하면 아이들은 어른의 세계를 동경하게 된다. 그런 발달 단계와 맞물려 대중 언론의 영향으로 아이들의 세계에 외모지상주의가 깊게 파고들어 있다. 아이들 중 일부는 실제로 어른 흉내를 내기도 한다. 그중 하나가 몸에 향수를 뿌리는 것인데, 아이들은 실제 향수를 구입하기는 경제적으로 힘들기 때문에 학교 앞 문방구에서 파는 조악한 어린이용 향수를 몸에 뿌려 온 교실에 냄새를 피우게 된다. 이때 교사는 교실에 냄새를 피우는 행동보다는 어른을 동경하며 어른 흉내를 내고 싶어 하는 아이의 발달 단계를 이해해야 한다.

○ **액취증이 있는 아이**: 흔히 암내라고 불리는 액취증은 아이 본인과 주변 아이들에게 실제로 당혹감을 안겨 준다. 이런 아이들은 병원에서 적절한 치료를 받도록 한다.

○ **입냄새가 심한 아이**: 아이들에게 입냄새가 나는 경우는 대부분 칫솔질을 자주 하지 않는 불결한 구강위생과 관련되었다고 볼 수 있지만, 간혹 위장장애가 있는 경우에 심한 입냄새가 나기도 한다. 위장장애 외에 코와 관련된 증상이 있거나 편도선에 문제가 있는 경우도 입에서 냄새가 날 수 있다.

○ **침을 튀기는 아이**: 유달리 침을 많이 튀기며 이야기하는 아이가 있다. 주변 친구들이 그 아이를 꺼리는 것은 당연하다. 친구들이 싫어하면 대개 조심하지만 일부 아이들은 오히려 친구들의 반응이 재미있어 일부러 과장되게 행동하기도 한다.

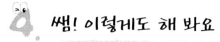
쌤! 이렇게도 해 봐요

 함께 세우기

전체를 대상으로 지도하기

교사가 안 씻는 아이에 대해서만 초점을 맞추고 지도를 하면 받아들이는 아이는 교사의 선한 의도는 모르고 왜곡되게 이해할 확률이 높다. 이때는 전체를 대상으로 신체 위생에 대해 지도한다.

매주 또는 격주로 한 번씩 간단한 용의검사를 하는 것도 한 방법이다. 교사가 주기적으로 아이들의 청결 상태를 점검함으로써 안 씻는 아이가 생기는 것을 어느 정도 차단할 수 있다. 검사를 할 때는 아이들이 모욕감을 느끼지 않도록 지나치지 않으면서도 검사를 하는 최소한의 목적은 달성할 수 있게 하는 운용의 묘가 필요하다.

신체 위생과 관련된 구체적인 방법 안내하기

최선의 예방법은 실제적인 교육이다. 즉, 신체 위생과 관련된 구체적인 방법을 교사가 안내해 주고 알려 주는 것이다. 즐거운 생활이나 보건 시간을 활용하여 도입부는 속칭 빨래박수(불끈불끈 짝짝, 질끈질끈 짝짝)로 시작하여 신체 위생에 대해 주의를 환기시킨 다음, 목욕하는 법, 샤워하는 법, 머리 감는 법, 손톱·발톱 깎는 법, 이 발하는 일 등을 세세하게 알려 준다. 학교에 치아 모형이 있으면 칫솔질하는 법도 알려 준다.

그 녀석과 둘이서

낮은 자존감 살피기

외모는 상당 부분 내면의 상태가 외부로 나타나는 것이다. 씻지 않는 아이는 여러 가지 이유로 자신에 대해 낮은 자존감을 가지고 있는 경우가 많다. 혹시 폭력을 당하지는 않았는지, 냄새 때문에 아이들에게 따돌림을 받지는 않았는지, 집에 문제가 생겨 가정 상황으로 말 못할 위축됨은 없었는지 교사가 아이를 따뜻하게 살피고, 아이의 낮은 자존감을 키워 줄 방안을 찾는다.

많이 칭찬하기

교사는 적절한 언어 사용을 통해 아이를 격려할 수 있다. 다음은 아이를 격려하는 데 좋은 표현이므로 기억하여 적절한 기회에 활용하도록 한다.

> **예 아이 격려하기**
> ○ 너는 하려면 할 수 있는 사람이야.
> ○ 한번 해 봐. 너는 할 수 있을 거야.
> ○ 열심히 노력하면 반드시 좋은 결과가 있단다.
> ○ 실패할 수도 있지. 실패하는 것은 부끄러운 것이 아니란다.
> ○ 너는 점점 좋아지네, 날로 발전되어 가는구나.
> ○ 참 잘했다.
> ○ 음, 잘하고 있네. 계속 그렇게 노력해 보렴.
> ○ 너는 참 귀엽게 웃는구나. 네 웃음은 주변까지 환하게 하는 힘이 있는 것 같아.
> ○ 선생님을 도와주니 정말 고맙구나.

○ 너 같은 아이가 우리 반에 있다니 선생님이 정말 기쁘단다.

○ 내가 너의 담임인 것이 자랑스럽다.

교사의 실질적 헌신

교사가 아이를 변화시키려면 실질적으로 헌신하는 수고가 있어야 한다. 샤워실이 있는 학교라면 방과 후에, 그렇지 않으면 주말에 함께 목욕탕에 가서 씻기고, 더 할 수 있다면 간단한 옷을 사 주는 것도 교사로서의 보람도 느낄 수 있고 아이의 실질적인 변화를 이끄는 데 효과적이다. 아이가 깨끗함을 즐길 수 있고 그 상태를 유지하고자 하는 마음이 들게 하는 것이 가장 좋다.

또한 교실에 손톱깎이 등을 준비해 두고 가끔씩 방과 후에 아이의 손발을 씻기고 손 · 발톱을 깎아 준다.

씻고 온 날은 보상해 주기

아이가 깨끗하게 하고 온 날은 교사가 유심히 살폈다가 칭찬이나 상으로 보상하여 지속적으로 씻고 올 수 있도록 격려한다.

가정과 어깨 맞추기

가정 환경 파악하기

아이가 씻지 않고 학교에 오면 교사는 일단 그 아이를 살핀다. 씻고 올 상황이 안 되는지, 아니면 아이가 씻는 것을 꺼리는지 얼마 동안 관찰한다. 그런 후에 아이의 가정 환경을 살펴본다. 가능하면 가정 방문을 하여 아이의 상황을 세밀하게 파악하는 것이 좋다.

보호자에게 연락하기

보호자에게 연락하여 상황을 알리고, 씻지 않아서 부가적으로 발생하는 대인관계의 부작용도 함께 전달한다. 아이의 상황에 대해 보호자에게 이해시키고 협조를 이끌어 낸다.

일단 보호자에게 도움을 요청했더라도 보호자가 모든 것을 회복시켜 줄 것이라는 과도한 기대는 안 하는 것이 좋다. 며칠은 아이에게 신경을 쓸 수 있으나, 곧장 평소 생활로 돌아갈 확률이 높다. 그렇더라도 교사가 연락을 하여 아이에게 지속적으로 신경을 쓰는 것과 아이 집의 상황을 지레 짐작하고 연락조차 시도해 보지 않는 것은 분명 다른 것이다.

학급 부모 도우미 제도 만들기

온정적이고 협조적인 학부모가 학급에 있다면, 해당 아이를 일정 기간에 한 번씩 자기 자녀와 함께 목욕탕에 데리고 가도록 부탁할 수 있다. 아이의 형편과 사정을 설명한 후 교사의 취지를 이해시키고 입이 무거운 소수의 자원봉사자를 모집하여 '씻겨 주기 봉사활동'을 하게 한다.

18

가출하는 아이

 이런 녀석 꼭 있다!

가출이 습관이 된 가훈이

3학년 가훈이는 습관적으로 가출을 한다. 엄마가 재혼을 했는데 새아빠가 너무 무섭다. 새아빠는 직장에 다니지 않고 집에 있으면서 걸핏하면 술을 먹고 엄마를 때린다. 때로는 가훈이도 때려서 가훈이는 맞을 때마다 집을 나가 빈 공장이나 토관을

찾아 쭈그리고 잔다. 불편하게 자다 보니 자기에 가장 편안한 곳이 학교다. 그래서 저녁 시간이면 학교로 들어온다. 퇴근하지 않은 선생님이 계실 때면 당직 아저씨의 문단속이 늦어지는 것을 알고 있어서 학교에 들어오는 것은 손쉬운 일이다. 학교에 와서 교실 창문을 열고 이곳저곳 다니며 선생님들의 서랍을 뒤지는 재미가 쏠쏠하다. 들키면 불쌍한 아이로 여겨서 오히려 다들 위로해 준다.

집에서는 얻어맞고, 나가서도 험한 꼴을 여러 번 겪으면서, 가훈이는 세상에는 보이는 것 이면의 다른 것도 많음을 알게 되었다. 당연히 학교 생활이 우스워졌다. 선생님들이 뭐라고 하는 것도 속으로는 코웃음이 쳐진다. 옆을 보면 수업 시간에 착실히 앉아 공부하는 친구들이 너무 순진하고 바보 같아서 가훈이는 뭔가를 가르쳐 줘야 할 의무감마저 느낀다.

이런 가훈이를 어떻게 하면 좋을까?

생활 속 별난 아이

2. 그 녀석과 나

큰일 났다. 빨리 찾아야지.
녀석과 연락 닿은 모든 아이들,
평소 동선 다 확인해서
아이부터 찾아야지.

학년부장님과
교감 선생님께 알려야겠다.
학교는 사회적으로 큰 보호처인데
이 안전망 밖에 나간 아이에게
무슨 일이 생길까 걱정이다.
장기화되면 절대
안 되는데……

또 지난번처럼
길지 않은 가출이 반복되는구나.
제발 이번에도 아무 일 없이
그냥 돌아와야 할 텐데……
처음엔 많이 놀랐지만 반복되다 보니
긴장이 풀린 것도 사실이야. 제발 내가
담임하는 동안은 무사해야 하는데……
그냥 무탈하게 넘어
가기만 빈다.

돌아오면 붙들고
상담부터 해야겠다.
왜 가출했는지,
가정 형편과 상황은 어떤지
구체적으로
물어봐야지.

3. 그 녀석의 이유

가정 환경의 문제

가출하는 아이의 대부분이 가정에 문제가 있는 경우가 많다. 자녀 학대, 부모의 불화, 이혼, 재혼 가정의 부적응, 또는 부모의 실직에 따른 가정 경제의 위기, 사업 실패에 따른 어두운 가정 분위기 등으로 힘든 상황에서 초등학생은 어리고 힘이 없어 상황을 변화시킬 수 없다. 그래서 벗어나고 싶은 충동에 일단 집을 나가고 본다. 사춘기로 갈수록 예민해지고 충동 또한 더 강할 수 있다.

부모 양육 태도의 문제

겉보기에 가정 환경에 별다른 문제가 보이지 않더라도 가출하기도 한다.

부모의 과도한 양육 방식을 아이가 받아들이기 힘든 경우 가출할 수 있다. 지나친 기대와 과도한 스케줄을 강요하면 어렸을 때는 순응하다가 자라면서 반발한다. 어리기 때문에 대들기보다는 상황을 벗어나고자 집을 나가게 된다. '내가 가출해서 며칠 숨어 버리면 부모가 고생하겠지.'라는 보복 심리도 작용한다.

부모의 양육 방식이 지나치게 방임적일 때도 아이는 가출할 수 있다. 가출 충동이 일어날 때 부모가 적절히 통제하지 않아서 쉽게 가출하게 되는 것이다.

또한 부모가 지나치게 엄격하고 무서우면 아이는 조그만 잘못을 하더라도 가출할 수 있다.

가출 유형(부모와의 관계에서)

○ **도피형 가출**: 가정의 문제나 갈등에서 벗어나기 위해 가출함
○ **추구형 가출**: 집 밖의 세상에 마음을 빼앗겨 가출함
○ **시위성 가출**: 가족의 관심 획득을 목적으로 가출함
○ **추출성 가출**: 가정에서 버려지거나 쫓겨나 가출함

출처: 임은미(2000). 가출문제.

학교 스트레스

성적문제와 또래관계로 집을 나가기도 한다. 과도한 성적 스트레스가 발생할 경우, 또는 지나치게 낮은 성적 결과 때문에 학교 생활을 견디지 못해 바깥으로 뛰쳐나가는 경우다.

한편으론 또래관계가 매우 어렵거나 친구들에게서 따돌림을 받을 때, 교사나 부모에게서 지지를 얻지 못하면 심리적으로 설 곳을 잃고 가출하기도 한다.

드물지만 교사와의 관계가 문제가 되어 가출하는 경우도 있다.

친구와 선배의 영향

아이가 십 대로 접어들수록 교사나 부모보다는 또래집단에 대한 유대감이 강화된다. 학년이 올라갈수록 소위 '뭉치는' 집단이 생기게 되는데, 이때 성적, 관심사, 가정 환경 등이 비슷한 아이들이 또래집단을 형성한다. 특히 맞벌이 가정의 아이들이 또래집단을 형성하면 부모의 통제가 적고 아이들끼리만 있는 환경을 이용해 호기심과 집단의식으로 가출하기도 한다. 아이가 원치 않더라도 집단의 유혹을 뿌리치기 힘들 때도 있다.

중·고등학생과 연결되어 있을 때는 더 쉽게 가출하기도 한다.

성폭력 노출의 위험

예외적인 경우지만 가정 내에서나 주변 환경에서 성폭력에 오랫동안 노출된 경우 스트레스를 견디다 못해 가출을 하기도 한다. 여자아이들의 경우 고학년으로 갈수록 성폭력의 대상이 되는 경우가 있다. 평소에 극도의 무기력을 보이거나 적개심을 표현하는 경우가 있으면 교사가 주의 깊게 살펴보아야 한다.

습관화된 가출

가출해서 경험하는 일에 재미가 들어서 습관적으로 가출하기도 한다. 예를 보자. 시험 결과에 대해 부모가 계속 야단쳐 가출 계획을 세운 아이가 있었다. 처음으로 가출했을 땐 부모를 놀라게 하여 그동안 성적으로 아이를 계속 힘들게 해 온 부모를 나름대로 골리는 후련함이 있었다. 돈을 가지고 나왔기 때문에 불편한 것이 하나도 없었다. PC방에 가고 찜질방도 가고, 평소와 다른 세상을 경험하는 것이 재미있었다.

한편으로 집에 가 봤자 혼자 있고 밤늦게까지 부모는 오지 않아 심심하고 외로워 가출을 한다. 밖에 가면 볼 게 많다. 매일 숙제를 하지 않아도 되고, 때로 PC방에 가서 같은 처지의 아이들과 만나면 어울리는 재미도 있고 공짜 오락도 경우에 따라 해 보기도 하고, 빈집도 찾아 들어가 보기도 하고, 복지관에서 밥을 얻어먹는 것도 요령이 생겨 재미가 있다. 세상 구석구석 재미를 알 수 있어 가출은 재미있는 행사 중의 하나다. 또 집에서나 학교에서는 돌아오면 크게 신경 써 주기 때문에 평소에 얻지 못한 관심을 듬뿍 받는 재미도 있다.

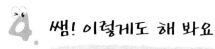
쌤! 이렇게도 해 봐요

안경 바꿔 쓰기

가출을 선택한 이유나 원인에 관심 갖기

가출하는 아이에 대해 교사는 연민이나 안타까움 또는 당혹감이나 분노 등 여러 가지 복합적인 감정을 가질 수 있다. 그러나 우선 아이 입장에 서서 그 아이를 헤아리는 것이 필요하다. 집을 나가는 행위를 하였다고 반드시 문제아거나 비행아는 아니다.

교사가 가출의 심각성에 대해 인지하기

가출은 단기적으로 끝나면 다행이지만, 장기화될 수도 있다. 장기적인 가출로 이어질 경우 여러 가지 2차적인 문제가 발생한다. 아이들은 가지고 간 돈이 떨어지면 당장의 의식주 문제를 해결하기 위해 이기적인 성인의 육체적, 성적인 착취의 대상이 되기 쉽다.

○ 노래방이나 단란주점 등 유흥업계에서 불법 종사를 함
○ 힘든 아르바이트를 적은 보수로 일함

힘든 상황에 있다 보면 이를 벗어나기 위해 게임, 술, 담배, 심지어 마약중독에 빠지게 되고, 이런 중독 상황을 이어 가기 위해 2차 범죄에 가담하는 일이 생기기도

한다.

특히 가출한 아이끼리 집단 동거를 할 경우 집단 비행에 빠져들기 쉬우며, 집단 혼숙에 의한 임신, 성폭력 등의 문제에 쉽게 노출되고, 귀가 후에도 그 고리를 끊지 못해 다시 가출하는 등의 악순환으로 이어질 수 있다.

아이가 가출을 달리 인식할 수도 있음을 인지하기

어른은 가출을 사회적 안전망에서 벗어난 것으로 보고 매우 위험하게 여긴다. 그러나 가출을 몇 번 경험해 본 아이는 가출의 세계를 경험해 보았기 때문에 교사나 어른과는 다르게 인지할 수 있다. 특히 안전하게 돌아오는 횟수가 많을수록 가출에 대해 대수롭지 않게 느낄 수 있다. 이 경우 노심초사했던 담임 교사나 부모는 너무도 능글맞게 나타난 아이에게 배신감과 분노감을 느끼기도 한다.

가출을 반복하는 아이는 교사가 걱정하는 만큼 가출을 심각하게 생각하지 않는다는 것을 알고 있어야 한다.

자고 갈 경우는 반드시 확인하게 하기

방임하는 부모는 아이가 밖에서 자고 와도 대수롭지 않게 생각하는 경우가 있다. 재워 준 집에서도 늦게 퇴근한 부모는 자녀의 친구가 자고 있기에 깨우기도 그렇고, 집에 말하고 왔다는 아이의 말만 믿고 며칠을 재우는 경우도 있다.

그러므로 친구가 집에 자러 올 경우, 반드시 친구의 집에 연락하여 보호자에게 확인할 것을 학급 아이들에게 가르쳐야 한다. 이러한 내용은 학부모 총회에서도 강조한다.

안전하게 돌아온 아이가 자신의 가출을 무용담처럼 친구들에게 이야기할 수 있으며, 아이들 사이에서 자칫하면 영웅으로 간주될 수도 있다. 반면에 죄인처럼 쉬쉬하며 그냥 아무 일 없었던 듯이 지나가기를 바라는 경우도 있다. 그래서 교사는 상황에 맞춰 대처해야 한다. 들뜬 아이는 가출 경험을 무시하여 가라앉힐 필요가 있고, 귀가 후 지나치게 위축된 아이는 개인적으로 조용히 다가가야 할 것이다.

 그 녀석과 둘이서

가출 아이 찾기

일단 아이를 찾는 것이 우선이다. 가출한 경험이 있는 아이라는 이야기를 들었다면, 학기 초부터 유심히 그 아이를 살펴 평소에 또래관계를 확실히 파악해 두어야한다. 특히 자주 가는 학교 주변의 PC방에 대해서는 교사가 그 위치를 알아 두는 것이 좋다.

가출 초기일수록 찾기가 쉽다. 학기 초에 학급 연락망을 만들어 두고, 친하게 지내는 다른 반 아이가 있을 경우 그 아이의 연락처도 확보해 두어야 한다.

아이와 상담하기

아이가 돌아왔을 경우 교사는 여러 가지 측면에서 이야기를 해 보아야 한다. 이야기를 통해 교사가 얻을 수 있는 정보는 되도록 많이 확보하는 것이 좋다. 그래야 재발하였을 때 교사가 대처할 수 있는 범위가 넓다.

무엇이 힘들었는지 원인 찾기

무엇이 힘들었는지 가출하게 된 원인을 찾아본다. 이때 교사의 질문 방식은 취조식이 아니라 정말 원인을 알고 싶고, 아이를 진실로 돕기 위해서라는 마음이 명확히 전달되는 말투와 자세여야 한다.

만약 보호자의 아동학대가 문제가 되는 경우라면 교사는 학대 흔적을 찍어 두고 상담 내용을 기록하며, 경우에 따라 의료진에게 진단서를 끊는 등 기본 자료를 확보한 다음 관계 기관에 도움을 요청하는 적절한 조치를 취해야 한다(아동학대상담 전화번호 1391).

가출한 직접적인 계기 알아보기

가출을 결심하게 된 데는 만성적인 문제가 많다. 그 만성적인 상황을 견디다가 가출을 실행하게 된 직접적인 계기가 무엇인지 살펴본다. 직접적인 계기를 교사가 잘 이해하게 되면, 아이에 대한 깊은 이해가 가능할 뿐 아니라 어떻게 개입해야 할지 그 연결 고리를 찾을 수 있다. 추후 이 연결 고리는 보호자와 이야기할 때도 문제 해결을 위한 좋은 정보가 된다.

가출해서 어떻게 지냈는지 알아보기

이 부분은 가출하게 된 원인보다 더 중요하다. 특히 변화가 쉽지 않은 가족 구조 내에서 생활하는 아이들은 환경이 바뀌지 않는 한 가출이 재발될 확률이 높다.

가출해서 지낼 곳은 있었는지, 어떤 방식으로 생활했는지, 필요한 돈은 어떻게 마련했는지, 가출하는 동안 연락은 누구와 어떻게 했는지 꼼꼼하고 자세하게 물어본다. 특히 누구와 연락했는지는 교사가 반드시 알아야 하는 사항이다. 그것을 알아야 또다시 가출했을 경우 교사가 대처할 수 있다.

가출하면 도움을 받을 수 있는 기관이 있다는 것도 아이에게 확실히 알려 준다. 관련 기관은 다음과 같다.

○ 일반 상담실(전화상담센터 포함)

○ 청소년 쉼터

○ 경찰청 182센터(미아 가출인 신고 상담센터)

교사의 대처 방안

학교에 정 붙이게 하기

교사가 개인적으로 애정과 관심을 많이 보인다. 또 가출한 아이가 호감을 갖는 아이들에게 함께 어울리도록 부탁하여 가출하는 아이를 배려해 주고 친밀감을 표시하게 한다.

전문 상담기관 소개하기

교사와 말하는 것을 힘들어하면 전문 상담기관을 안내한다. 안내로만 그치는 것이 아니라 교사가 가급적 초기 2회 정도는 직접 데려다 주는 배려를 한다.

교사가 지지하는 힘이 되기

아이에게 힘이 되는 표현을 자주 하고, 아이를 지지하는 힘이 되어 준다.
선생님은 널 이해해!
선생님은 네 편이야!

 가정과 어깨 맞추기

부모와 상담하기

가출한 아이를 둔 부모도 교사 이상으로 힘들 것이므로 우선 부모의 마음을 위로하고 상담을 시작한다.

아이의 평소 생활에 대해 얻을 수 있는 정보를 최대한 많이 수집하고, 교사의 정보도 부모에게 제공하여 아이 지도에 대해 협력하는 것이 필요하다. 또한 가출의 심각성에 대해 알려 주어야 한다.

전문 상담기관 소개하기

현실적으로 아이가 일회성이 아닌 만성적 가출을 반복하게 되면 교사가 감당하기에는 역부족이 된다. 또한 문제가 있는 부모를 상담하면서 부모의 양육 태도로 아이가 가출했다고 노골적으로 말하기는 피차 민망한 일이다. 그럴 경우 전문적인 상담기관을 안내하여 부모와 자녀가 함께 가게 한다. 부모가 사정이 안 되면 교사가 아이와 함께 직접 간다(서울 지역은 한국청소년상담원, 지방의 경우 각 지방자치단체에서 운영하는 청소년 상담실).

성폭력에 노출된 경우

성폭력에 노출되더라도 아이가 가출할 수 있다.

상담을 통해 성폭력 사실이 확인되면, 담임 교사가 개인적으로 처리하기보다는 교감, 교장에게 보고하고 성폭력상담소 등 외부 전문기관의 도움을 받는다. 일 처리만을 위해서는 경찰에 알리는 것이 유효할 수 있지만, 아이를 보호하고 보다 섬세하게 돌보아 주기 위해서는 성폭력상담소의 도움을 1차로 받는 것이 더 좋다. 성폭력상담소(http://www.sisters.or.kr)와의 상담 기록은 재판 증거로 채택 가능한 자료이며, 교사는 아동의 학대 사실을 알게 되었으면 그것을 알릴 법적 의무가 있다.

한편 교사는 알게 된 사항을 따로 일지 형태로 기록해 보관하거나, 상담 내용에 대해 아이의 동의를 구한 후 녹음하는 등 자료화시켜 보관한다. 그것이 아이를 보호하는 길이기도 하고, 가족의 치부가 노출되는 것을 꺼리는 가족 중 누군가가 교사를 위협할 수도 있기 때문에 자료화하여 보관하는 것은 그 문제에 개입하게 되는 교사도 보호해 준다. 친족이 성폭력 문제에 개입되어 있다면 해당 친족이 아이를 찾는 일에 아주 적극적으로 나오기도 한다.

19

지나치게 뚱뚱한 아이

 이런 녀석 꼭 있다!

놀림거리가 된 아이

민수는 몸무게 80kg을 자랑하는 거구다. 아직 4학년인데 키도 크고 뚱뚱해서 중학생으로 볼 정도다. 어느 날 민수가 얼굴이 벌게져서 우는 것이 아닌가? 선생님은 깜짝 놀라 민수를 불러서 자초지종을 물어보았다.

"민수야! 왜 울어? 누가 우리 민수 괴롭혔어?"

"흑흑! 창현이가요, 아까 복도에서 절 때리고 도망갔어요. 지난번에도 돼지라고 놀렸단 말이에요."

민수의 말을 들은 선생님은 기가 막혔다.

'나쁜 녀석! 어디 놀릴 게 없어서 남의 외모를 가지고 놀려. 어! 그런데 창현이는 우리 반 키 번호 2번이잖아. 덩치가 산만한 녀석이 한 주먹거리도 안 되는 창현이한테 맞아서 운다는 건 너무한 거 아냐?'

그리고 보니 민수 어머니는 민수에게 넌 덩치가 크기 때문에 다른 애들을 때리면 안 된다고 늘 주의를 준다고 했었다. 친구를 때리지 않는 건 좋은 일이지만 그래도 그렇지 한참 작은 아이에게까지 얕보이는 건 뭔가 문제가 있다는 생각이 들었다.

민수는 1·2학년 때 뚱뚱하다고 아이들에게 많은 놀림을 받았고, 그래서 그런지 4학년이 되어서도 교실에서 늘 위축되어 있는 모습이었다. 전반적으로 행동이 느린 데다가 화가 나도 얼굴만 뻘겋게 될 뿐 제대로 말 한마디 못하니 아이들이 더 많이 놀리는 것 같았다.

살과 관련된 이야기만 나오면 반 아이들의 시선은 자연스럽게 모두 민수에게 향한다. 특히 체육 시간에 하는 대부분의 활동은 하다못해 국민체조마저도 민수에게는 버거워 보였다. 그래서 아이들은 릴레이 경기 때 민수랑 같은 편이 되면 눈에 띄게 싫은 표정을 보인다.

집에서 운동도 많이 시킨다는데 별로 효과를 못 보는 듯싶다. 어떻게 하면 순둥이 민수를 좀 더 씩씩한 아이로 만들 수 있을까?

몸짱 열풍 속에서 아직 다 성장하지도 않은 아이들이 자신의 몸 때문에 스트레스를 받는 것이 요즘의 현실이다. 교사들이 아이들의 살을 빼 줄 수는 없지만 적어도 그 아이들이 상처받지 않도록 도와줄 수는 있지 않을까?

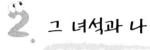

2. 그 녀석과 나

애들이 민수를 싫어하는 이유가
뚱뚱해서라니…… 왜 민수의 착한
마음은 몰라주고, 겉모습만 보고
싫어하는 걸까?

저 녀석 또 못하는구나!
몸이 무거우니까 뜀틀이 힘들 수는
있겠지만 손을 짚는 시늉이라도 하면
좋을 텐데 무조건 못한다고
뒷걸음질이니……

내가 살을 빼 줄
수는 없고, 무슨
방법이 없을까?

(급식 먹는 것을 보고)
좀 적게 먹으면 좋을 텐데,
한창 크는 나이에 먹지 말라고
할 수도 없으니……

뚱뚱한 애한테
뚱뚱하다고 하면
그게 놀리는 거지.
민수가 속상해할 줄 알면서
왜 그런 말들을 하는지
몰라.

뚱뚱해서 왕따를 당할 수도
있다고 하는데 민수도 그렇게
되면 어떡하지? 자신감도 없어서
자기 표현을 잘 못하니까
그렇게 될지도 몰라.

3. 그 녀석의 이유

부모님도 뚱뚱해요

통계적으로 본 자녀의 비만 가능성은 양쪽 부모가 비만인 경우 70%, 부모 중 한쪽이 비만일 경우 50%, 부모 모두가 야윈 경우 10%라고 한다. 부모가 비만하다고 해서 아이들도 반드시 비만한 것은 아니지만, 그렇게 되기 쉬운 요인을 더 많이 갖는다고 볼 수 있다. 부모의 잘못된 식습관이나 생활 습관의 영향을 받아 비만이 되기도 한다.

많이 먹어요

과식은 필요 이상의 칼로리를 섭취하게 하여 비만이 되게 한다. 소아비만아는 학교에 들어오기 전부터 적절한 식사량보다 더 많이 먹는 습관을 가진 경우가 많다.

스트레스를 받아요

스트레스를 해소하려고 음식을 먹는 아이들이 있는데, 그러다 보면 비만이 될 수 있다. 또 부모나 다른 사람에게서 충분한 사랑을 받는다고 느끼지 못할 때 그 부족함을 음식물로 대신 채우는 경우도 있다.

비만은 뇌가 안다

비만은 출생 전에 이미 뇌에 내장되어 있다는 연구 결과가 나왔다. 미국 캘리포니아 대학교 부레트 박사의 연구에 따르면, 비만 쥐는 식욕억제 호르몬인 렙틴의 신호에 반응하는 뇌의 시스템에 결함이 있다고 한다.

렙틴은 지방 조직에서 만들어지는 것으로, 렙틴의 양이 많아지면 뇌는 그 신호를 받아 식욕을 억제한다. 우리가 식사를 하면 포만감을 느껴 더 이상 밥을 안 먹게 되는 이유도 렙틴의 작용 덕분이다. 그런데 이러한 렙틴의 신호에 반응하는 시스템에 결함이 있으면 식욕억제가 제대로 되지 않아 비만에 이르게 될 수 있다.

출처: 연합뉴스(2008. 02. 09) 재구성.

운동이 부족해요

요즘 아이들은 운동량이 부족해서 비만이 되기 쉽다. 가까운 거리도 차를 타고 다니고, 놀 시간이 별로 없으며, 놀아도 TV를 보거나 컴퓨터를 하며 앉아서 논다. 그러다 보니 자연히 살이 찌게 된다.

TV를 많이 봐요

TV를 시청하면서 과자를 먹기도 하고, 음식 광고 등으로 입맛이 자극되어 과식을 하기도 한다. TV를 보면서 식사하는 어린이를 보면 음식은 뒷전이고 TV에 온 신경이 집중되어 있다. 이런 행동은 식욕 촉진 호르몬의 억제 능력을 떨어뜨려 이미 양껏 먹었는데도 계속 먹게 되기 쉽다.

자주 혼자서 밥을 먹어요

부모가 맞벌이를 해서 혼자 식사를 하는 아이는 비만이 될 확률이 더 높다. 맞벌이 가족 자녀의 비만율은 11.9%로 어머니가 집에 있는 자녀의 비만율

5.7%보다 두 배 이상 높았다(2005년 국민건강영양조사).

아이가 혼자 식사나 간식을 해결하다 보니 자신이 좋아하는 패스트푸드를 즐겨 먹게 된다. 직장에 다니는 어머니도 피곤해서 외식을 하거나 배달 음식, 반가공된 식품을 자녀에게 먹이는 경우가 종종 있다. 이런 음식은 대부분 고열량인 경우가 많기 때문에 자연히 살로 가게 된다.

또 아이가 집에 혼자 있다 보면 TV를 보거나 컴퓨터를 하며 시간을 보내는 경우가 많아진다. TV를 하루 2시간 이상 시청하거나 컴퓨터를 1시간 이상 사용하는 아이는 그렇지 않은 아이에 비해 식사 속도가 빠르고 음식도 골고루 먹지 않는 특징을 보이기 때문에 비만이 될 위험도 커진다.

출처: 중앙일보(2008. 06. 09) 재구성.

몸에 병이 있어요

신체의 이상에서 오는 비만은 전체 비만 원인의 1% 미만에 불과하다. 병에 의한 비만은 지능장애나 성장장애를 수반하는 경우가 많고 안색이나 몸의 상태에 이상이 올 수도 있다.

비만과 관련된 통계자료

○ 가족 구성원의 수가 많아질수록 비만 발생률은 감소한다.
○ 과보호 어린이는 과식하기 쉽고, 무관심 어린이는 라면이나 냉동식품 등을 많이 먹는다.
○ 비만은 도시에서 더 많고, 고소득층보다 저소득층에서 더 많이 발생한다.
○ TV 시청 시간이 1시간 증가할 때마다 비만 발생률이 2%씩 증가한다.
○ 잠자는 시간이 짧은 어린이는 상대적으로 잠자는 시간이 긴 어린이보다 과체중이나 비만이 될 위험이 92% 높다. 수면 시간이 한 시간 증가할 때마다 과체중이나 비만 위험이 9% 낮아진다. 5~10세는 하루에 9시간, 10세 이상 아이들은 8~9시간 정도 자는 것이 적당하다.

출처: SBS 뉴스(2008. 06. 04).

심리적 위험성

성장기는 자의식이 형성되는 시기다. 소아비만은 성장기 아이들의 성격 형성에 부정적인 영향을 줄 수 있다.

① 어릴 때 살이 찐 아이는 귀엽다는 말을 들으며 자라기 때문에 심리적 손상이 적다. 그러나 아동기에 비만해지면 자신이 비만이란 사실을 의식하기 시작하면서 사회 적응을 못하고 정서적으로도 불안정하게 될 수 있다.

② 비만 아동은 게을러 보이고, 욕심이 많아 보인다는 등의 이유로 또래들로부터 놀림과 따돌림을 당하기 쉽다. 이 결과 자존감이 낮아지고, 우울증과 같은 행동 문제가 발생하기도 한다. 이러한 행동 문제는 과식과 낮은 활동성을 불러 체중 증가로 이어지는 악순환이 반복된다. 혼자 앉아서 먹는 것을 낙으로 삼는 비만 어린이도 많다.

신체적 위험성

① 소아비만의 70%가 성인비만으로 이어진다. 소아비만은 지방 세포의 수와 크기가 같이 늘어나, 성인이 되어 비만치료를 받아도 지방 세포의 수가 줄지 않기 때문에 문제가 된다.

② 소아비만 때문에 당뇨병, 고혈압 등의 병이 어린이들에게 나타나기도 한다. 또한 어린 시절에 이러한 병이 나타나지 않았다 하더라도 소아비만이 성인비만으로 연결되면서 나타날 수 있다.

③ 소아비만의 90% 이상이 성조숙증으로 이어진다. 성조숙증은 사춘기가 빨리

오는 것으로 성장판이 일찍 닫혀 성인 키가 평균보다 작아진다. 나이에 비해 몸이 웃자라다 보니 정서적인 문제와 성격장애로 이어지기도 한다. 여자아이 의 경우 생리를 너무 빨리 시작하면 생식기가 완전히 성숙하지 못해 극심한 생 리통이나 생리불순, 심할 경우 조기 폐경의 위험에 노출될 수도 있다(중앙일보, 2008. 08. 19. 재구성).

④ 무거운 몸무게를 지탱하느라 무릎 관절이나 척추 등에 통증이 생긴다.

성조숙증! 왜 문제일까?

○ **성조숙증이란**: 사춘기에 나타나는 2차 성징(유방 발달, 음모 발달, 고환 크기 증가)이 여자 아이 8세 이전, 남자아이 9세 이전에 나타나면 성조숙증으로 진단한다.

○ **통계**: 2006년부터 2010년까지 성조숙증으로 진료받은 어린이 환자 수는 6,400명에서 2만 8,000명으로 증가하여 5년간 4.7배나 높아졌다. 환자는 대개 여자(92.5%) 어린이 이다(건강보험심사평가원).

○ **비만과 성조숙증의 관계**: 비만은 유리 지방산을 증가시켜 성장호르몬 분비를 억제시킨 다. 성장호르몬은 지방분해작용을 하기 때문에 분비량이 적으면 비만의 한 원인이 된다. 성장호르몬 분비의 균형이 깨지면 성장판이 빨리 닫히게 되어 작은 키가 된다.

○ **여자아이의 성조숙증**: 여자아이의 경우 초경이나 가슴몽우리 등 2차 성징이 뚜렷해 부모 가 성조숙증을 빨리 알아챌 수 있다. 초경 연령이 빠르면 성호르몬에 그만큼 오래 노출 돼 유방암 위험이 50%나 높아진다. 또, 생식기관이 미완성된 상태에서 너무 이른 나이 에 초경을 하여 생리불순, 생리통이 동반된다.

○ **남자아이의 성조숙증**: 남자아이의 성조숙증은 고환이 커지는 등 신체 변화가 있지만 두 드러지지 않는다. 그래서 적절한 치료 시기를 놓치는 경우가 많기 때문에 세심한 주의가 필요하다.

○ **원인**: 식습관이나 영양상태, 환경호르몬이 성조숙증을 유발한다고 추정하고 있으나 아직 정확한 원인은 밝혀지지 않고 있다. 일부 의사들은 고기나 콩처럼 에스트로겐이 들어 있 는 음식을 먹지 말라고 하기도 하지만 특정 식품이 성조숙증을 일으킨다는 연구 결과는 아직까지 나온 바가 없다.

출처: 동아일보(2009. 05. 12) 재구성.

쌤! 이렇게도 해 봐요

뚱뚱해도 운동을 잘해요

뚱뚱한 아이들은 운동을 못한다는 생각은 아이뿐만 아니라 교사도 갖는 선입관이다. 그러나 뚱뚱해도 타고난 유연성이 좋아서 운동을 잘하는 아이들을 종종 볼 수 있다. 그러므로 선입관보다는 아이의 실제 수행을 보고 판단하는 것이 중요하다.

자아존중감이 높은 아이들

아주 어릴 때부터 뚱뚱한 아이들은 '귀엽다'는 말을 많이 듣고 자라기 때문에 자아존중감이 오히려 높은 경향이 있다고 한다. 이런 경우가 아니더라도 자아존중감이 높은 비만아들을 종종 볼 수 있다. 자아존중감이 높으면 뚱뚱하더라도 큰 심리적인 위축 없이 밝고 건강하게 지낼 수 있다.

학년 초에 약속 정하기

학년 초에 겉모습을 가지고 놀리는 것은 절대 안 된다고 강조한다. 다음과 같은 예를 들어 줄 수도 있다.

마빡이, 옥동자로 유명한 정종철은 일을 하러 가도 외모 때문에 손님에게 얼굴이 보이지 않는 냉면집 주방장 보조로밖에 취직이 안 될 정도였다. 그러나 그는 좌절하지 않고 개그맨이 되기 위해 열심히 노력했고, 지금은 '인간복사기'라 불리며 인기 개그맨이 되었다. 그는 자신의 외모에 대해 캐릭터와 딱 맞아떨어지는 얼굴과 키라며 "이렇게 태어나게 해 준 부모님께 감사하다."라고 말했다. 콤플렉스를 갖기보다는 자신의 꿈과 가지고 있는 재능에 끊임없는 노력을 보태어 대한민국에서 가장 웃기는 사람 중 한 명이 된 정종철. 겉모습이 사람을 나타내는 모든 것이 아니라는 것을 그를 통해 다시 한 번 알 수 있다.

또래와 어울리기

뚱뚱한 아이는 심리적 위축으로 대인관계에 어려움을 겪을 수 있으므로, 교사가 일부러라도 다른 친구들과 어울릴 수 있는 기회를 최대한 만들어 주어야 한다. 수업 시간에 협동학습을 하게 하거나, 모둠끼리 함께하는 과제를 제시하는 것도 좋은 방법이다.

교실에서 다른 친구들과 어울리는 것에 익숙해지면 몸을 부딪치며 친구들과 움직이는 것에 도전해 본다. 비만아는 신체 활동을 싫어하는 경우가 많으므로 몸을 움직이면서 하는 게임을 통해 움직임의 즐거움을 느끼는 기회를 주는 것이 필요하다([활동지 19-1] 참조).

누구나 즐거운 체육 시간

체육 시간에 기능적으로 따라가기 어려운 활동은 다양한 아이의 특성을 배려하여 가르치는 노력이 필요하다. 수준별로 활동을 달리하면 누구나 부담 없이 체육 수업에 참여하게 된다. 단지 비만아를 위한 것이 아니라 모두의 즐거운 수업을 위한 활동으로 구성한다. 열심히 노력하는 것에 대해서는 칭찬도 잊지 않는다.

○ 뜀틀 넘기

- 넘을 수 있는 아이는 넘기
- 넘지 못하는 아이는 뜀틀에 손 짚고 앉아 보기
- 뜀틀의 높낮이를 달리하여 넘기

○ 릴레이 경주하기

- 반환점의 위치를 달리하여 못 뛰는 아이는 가까운 곳, 잘 뛰는 아이는 먼 곳으로
돌아오도록 한다.

급식 지도

급식은 가급적 남기지 않고, 한정된 시간에 급하게 먹도록 강요하는 경향이 있다. 비만아는 천천히 식사하는 것이 좋으므로 급식 시간을 충분히 활용하여 먹도록 지도한다. 반 전체에게 일주일에 한 번 정도는 '30번씩 씹으면서 밥 먹기'와 같은 시간을 마련하여 생활화를 돕는다. 식사를 할 때는 식사에만 집중할 수 있도록 비디오를 보여 주는 등의 활동은 지양한다.

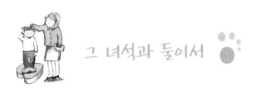

그 녀석과 둘이서

비만아이는 심리적으로 위축되어 있는 경우가 많으므로 칭찬하기나 자기주장 훈련 등을 통해 자신감 회복을 돕는다.

비만의 원인 찾기

앞서 언급하였듯이 비만에는 다양한 원인이 있다. 다각적으로 원인을 파악할 수 있어야 효과적인 해결 방법을 찾을 수 있다. 단순히 식사량이 많은 것이 원인이라면 식사량을 줄이면 된다. 그러나 심리적인 스트레스가 원인이라면 그것을 해결하기 위해 노력해야 한다.

친밀한 관계 형성하기

아이와 둘만의 시간을 만들어 친밀한 관계를 형성하는 것이 필요하다. 교사가 자신을 특별하게 생각해 준다는 것은 아이에게 큰 격려가 되고, 아이는 힘든 일이 있을 때 교사를 찾게 된다.

○ 오늘 체육 시간에 힘들지 않았어?

○ □□가 놀릴 때 기분이 어땠니?

○ 너는 나름대로 최선을 다했는데 아이들이 놀리니까 속상했겠구나.

칭찬하기

칭찬이나 격려, 용기를 주는 말을 통해 자신감 회복을 돕는다. 칭찬거리가 별로 없는 아동이라도 교사의 꾸준한 관찰이 있다면 칭찬거리를 찾을 수 있다. 알림장에 칭찬거리를 써서 부모 확인을 받아 오게 하는 것도 칭찬의 한 방법이다.

기회가 되면 다른 아이들을 통솔하거나 앞에 설 수 있는 기회를 제공함으로써 자신감을 갖는 계기를 마련해 줄 수 있다.

자기주장 훈련

'자기주장 훈련'은 친구들이 자신을 놀렸을 때 적극적으로 대처하도록 돕는 방법이다. '네가 나를 계속 놀려서 나는 너무 슬프고 우울해. 앞으로는 나를 놀리지 않았으면 좋겠어.'와 같이 자신을 표현하는 말을 반복적으로 연습을 시켜 실제 상황에서 활용하도록 한다.

다양한 언어폭력 대처 방법

○ 무시한다.

○ 웃으며 대한다.

○ 큰 소리로 당당하게 말한다.

○ 친한 척한다.

출처: 교육과학기술부(2006). 동영상 시우보우 〈언어적 폭력〉.

http://down.edunet4u.net/KEDTLC/school/elem/index.htm

다이어트 일기 쓰기

　다이어트 일기를 써 보면서 자신의 식습관 및 생활 습관을 객관적으로 보고 개선할 수 있도록 돕는다. 교사가 부모의 협조하에 다이어트 일기를 검사하면 아이는 더 꾸준히 활동에 임하게 된다.

　먼저 부모의 동의를 얻어 아이와 일대일로 면담을 한 후 목표 몸무게를 정한다. 이때 목표 몸무게를 과도하게 낮게 정하면 다이어트 과정에서 성취감을 얻기도 어렵고, 성장에 방해가 될 수 있으므로 유의해야 한다.

　경도비만의 경우 현재 체중만 유지해도 매년 약 5cm의 키가 성장하기 때문에 비만이 치료될 수 있다. 중등비만 혹은 고도비만의 경우에는 경도비만까지의 체중을 목표로 식사량을 줄인다.

▌체질량 지수법: BMI(Body Mass Index)▐

○ 체중을 신장으로 2회 계속 나눈 값으로 비만을 판정하는 체격지수다.
○ BMI = 체중(kg) ÷ 신장(m) ÷ 신장(m)
○ 정상: 18.5~22.9 과체중: 23~24.9
　　　경도비만 : 25~29.9 중등비만 : 30~34.9 고도비만 : 35이상

　　　예) 체중 55kg에 신장 1.5m인 경우,
　　　　 BMI = 55 ÷ 1.5 ÷ 1.5 = 24.44로 과체중에 해당

　목표를 정하면 꾸준히 다이어트 일기를 쓰며 자신의 잘못된 습관이 무엇인지 알아보고, 개선을 위해 노력한다. 이때 칼로리에 너무 집착하면 오히려 다이어트에 방해가 되므로 편안하게 다이어트에 임할 수 있도록 배려해야 한다. 잘못된 습관을 고치려고 노력할 때는 긍정적으로 칭찬해 주고 계속할 수 있는 필요성을 일깨워 준다.

　목표를 달성하면 부모와 협의하여 그에 알맞은 상을 준다. 운동기구를 사 주거나 부모가 운동을 함께하며 시합을 하는 등의 보상이 바람직하다([활동지 19-1], [활동지 19-2] 참조).

가정과 어깨 맞추기

부모 위로하기

고도비만아를 보면 '애가 저렇게 되도록 부모는 뭐했을까?'라는 생각이 들 수도 있다. 부모도 자녀의 비만에 대해 자신을 탓하고 있을지도 모른다. 그러므로 부모를 만났을 때는 추궁하는 태도가 아닌 그동안의 어려움에 대해 위로하는 것이 필요하다. 그런 다음 앞으로 함께 노력할 점에 대하여 이야기한다.

가정과 학교가 협력하기

아동이 비만치료를 위하여 식이요법과 운동요법을 시작하면 가정과 학교의 긴밀한 협력이 필요하다. 식이요법으로 가정에서 식사를 제한하는 아이가 있는데 교사가 이 사실을 모르고 관리하지 않을 경우, 아이는 집에서 못 먹는 음식을 학교에서 보충하고 그 이상으로 더 먹을 수도 있다. 비만치료는 올바른 습관 형성에서 시작되는 것이므로 가정과 학교의 협력 속에서 더 큰 효과를 낼 수 있다.

특히 요즘에는 팝스(PAPS)의 결과에 따라 다양한 프로그램이 운영되므로 가정과 협력하여 해당 프로그램에 참여시키는 것도 한 방법이 될 수 있다.

와글와글 함께

자랑 일기 쓰기

일주일에 한 번 정도 자신의 자랑거리를 소재로 일기를 쓰는 '자랑 일기'를 써 본다. '누구보다 무엇을 잘한다.'는 형식이 아니라 그냥 '무엇을 잘한다.' 또는 '나는 이렇다.'는 식으로 쓰고, 그런 자신의 모습과 관련되어서 벌어진 일(꼭 그 날짜가 아니어도 됨)을 쓰면 된다. 아이들은 자신의 장점을 찾는 일을 단점을 찾는 것보다 어려워하기 때문에 처음 몇 번은 연습이 필요하다.

칭찬의 장 만들어 주기

아이들끼리 서로 칭찬할 수 있는 장(場)을 마련해 준다.

활동 예 칭찬나무 만들기

'착하다'와 같이 피상적인 말이 아니라 언제, 어디에서, 어떤 일로 칭찬할 만했는지를 메모지에 써서 붙이는 것이다. 아무런 형식 없이 칭찬을 하게 하면 아이들의 칭찬은 매우 폭이 좁고 단순해서 동기화에 한계가 있으므로, 형식을 제시하고 함께 연습하여 본 후 실시한다.

나무를 교실 게시판에 붙이고 거기에 칭찬 메모지를 붙이면 훌륭한 게시물이 된다.

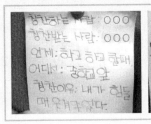

[활동지 19-1]

부담없이 할 수 있는 신체 활동 놀이

● 이웃을 사랑하십니까?

① 의자를 가지고 동그랗게 앉은 다음 술래 한 명을 정
한다(의자 개수는 전체 인원-1).

② 술래가 "이웃을 사랑하십니까?" 하고 한 명에게 물
어보면 "예" 또는 "아니요"로 대답한다.

③ "예"라고 대답하면, 앉아 있는 사람의 양쪽 사람이
일어나서 서로 자리를 바꾸는데, 이때 술래가 빈 자
리에 앉으면 된다.

④ "아니요"라고 대답하면 "그럼 어떤 이웃을 사랑하십
니까?" 하고 술래가 묻는다. 이때 "나는 ○○○한 사
람을 좋아합니다."라고 외치면 그에 해당하는 사람
이 모두 일어나 자리를 바뀌어야 한다.

⑤ 자리를 바꿀 때 빈자리에 앉지 못하는 사람이 술래
가 된다.

*비슷한 게임으로는 과일 사세요 게임이 있다. 아이들마다 1,
2, 3, 4 돌아가면서 숫자를 정하고, 숫자마다 과일을 각각 정
해 움직인다. "과일 사세요~"라는 술래의 말에 "다 주세요",
"사과 주세요", "사과 빼고 주세요" 등의 대답을 하면 해당하
는 사람이 움직이는 게임이다. 과일 대신 유명인의 이름 등
으로 대체가 가능하다.

● 고양이와 쥐 게임

① 12명 내외의 사람이 안쪽을 보며 원을 만들어 손을
잡고 선다.

② 한 사람은 고양이, 한 사람은 쥐가 된다.

③ 고양이는 쥐를 잡으러 다닌다. 이때 다른 사람들은
모두 쥐의 편이 되어서 쥐가 잡히지 않도록 도와주
어야 한다.

④ 쥐가 원 안으로 들어오려 할 때는 원을 열어 주고 고양이가 쫓아오면 원을 닫는 식으로 쥐를 돕는다.

⑤ 고양이를 방해하기 위해 과도한 힘을 쓰지 않도록 주의한다.

[활동지 19-2]

다이어트 일기 쓰기

학년   반 이름: 날짜: 월   일

| 현재 몸무게 | kg | 목표 몸무게 | kg | 목표 달성상 | |

● 내가 오늘 먹은 음식을 정리해 보세요.

	시간	어디서	누구와	먹은 것	칼로리
	밤 9시	집에서	형과	치킨	360 kcal
아침					kcal
					kcal
					kcal
점심					kcal
					kcal
					kcal
저녁					kcal
					kcal
					kcal
간식					kcal
					kcal
나에게 맞는 하루 권장 섭취량			kcal	소 계	kcal
소 계(권장 섭취량)			kcal	0보다 크면 ☹ 0보다 작으면 ☺	

* 음식별 칼로리는 포털사이트에서 검색하면 손쉽게 찾을 수 있다.
* 연령별 하루 권장 섭취량 : 9~11세   남자 1900 kcal   여자 1700 kcal
　　　　　　　　　　　　　 12~14세   남자 2400 kcal   여자 2000 kcal

● 앞의 표를 보며 나의 음식 섭취 습관 중 고칠 것을 찾아 써 보세요.

_____

_____

생활 속 별난 아이

습관을 바꾸면 몸이 바뀐다

● 다음의 체크리스트는 살을 빼기 위해 필요한 생활 습관을 정리한 것입니다. 매일매일 실천하고 결과를 기록해 보세요.

실천 내용　　　　　　　　　날짜									
유산소 운동(　　　　)하기									
아파트 올라갈 때 계단 이용하기									
친구들이랑 밖에서 움직이며 놀기									
10시 이전에 잠들기									
하루 세 끼 꼭 먹기									
음식 조금씩 남기기									
식사는 식탁에서 안 움직이고 먹기									
식사 시간은 20분 이상									
먹는 동안 다른 일 하지 않기									
식사가 끝나면 바로 일어나기									
인스턴트 식품 안 먹기									
과자, 캔디 먹지 않기									
TV 시청 시간은 1~2시간									
TV에서 먹는 것 나오면 돌리기									
TV 보며 먹지 않기									
⋮									
부모님 확인									
선생님 확인									

(실천 여부를 ○, △, ×로 표시)

* 유산소 운동의 예: 걷기, 조깅, 계단 오르기, 자전거 타기, 줄넘기, 수영, 스케이트 등
* 가족이 도와줄 일
  - 식사 후 남은 음식은 바로 치워 주시고, 제가 음식에 유혹받지 않게 도와주세요.
  - 함께 운동해 주세요.

건들지 말아요, 난 사춘기라니깐요

 ## 이런 녀석 꼭 있다!

반항하며 대드는 아이들

작은 일에도 쉽게 화를 내며 교사에게 버릇없이 말대꾸하는 아이! 이러한 반응이 계속 이어져서 부모면담을 요청했다. 어머니는,

"선생님, 어쩌면 좋아요. 집에서도 저한테 그렇게 대들어서 속상하기 짝이 없는데 학교에서도 그러는군요. 쟤가 작년까지는 이 정도로 행동하지 않았는데 올해는 전혀 감당하지 못하겠어요. 오죽하면 제가 '너 우리 아들 아니다.'라고까지 말했을라고요."

외모에 지나치게 신경을 쓰는 아이들

수업 시간 내내 빗을 들고 머리를 빗어 내리는 여자아이, 적당히 눈치를 살피며 간간이 책상 아래를 내려다본다. 거울을 보는 것이다. 수업 시간에 머리 빗고 거울 보고……

"수정아, 지금 뭐하고 있지?"

"아, 네. 아무것도 아니에요."

"아무것도 아니면서 왜 자꾸 아래쪽을 보니?"

"저 아무것도 없어요. 그치?"

옆자리에 앉은 아이에게 동조를 구한다. 가까이 가서 보니 립스틱을 바르고, 볼터치까지 하고 학교에 왔다. 되돌아서는데 수정이가 투덜댄다.

"에잇, 짱나!"

중학생과 사귀는 아이들

민정이는 초등학교 6학년인데 어울리는 대상은 주로 중학생 오빠들이다. 학교가 끝나면 동네 놀이터에 모여서 학교에서 입었던 옷을 바꿔 입고 화장을 한 후 시시덕거리다가 저녁이 되면 노래방으로 간다. 학원에 갔다가 노래방으로 뒤늦게 모여드는 아이들도 있다. 다음 날, 여자아이들은 민정이 주위에 모여 앉아 민정이가 사귀는 남학생에 대해 이 얘기 저 얘기를 물으면서 호기심 반 부러움 반으로 민정이의 얘기를 듣고 있다. 종종 찜질방에도 간다는데, 부모님도 허락하셨다고 하니 담임으로서는 걱정이 되지만 안타깝기만 하다. 간혹 빈집에 모여서 비디오도 본다는데, 한

창 민감한 시기에 보는 비디오의 내용을 짐작만 할 뿐 부모님의 협조도 없고 걱정스럽기만 하다.

이성에 대한 관심이 달아오르는 아이들

공부도 곧잘 하던 아이가 수업 중에 집중을 못하고 작은 일에도 쉽게 짜증을 내는 모습이 안타까워 방과 후에 상담을 하자고 남겼다.

"수진아, 요즘 걱정되는 일이 있니? 너답지가 않아서 선생님은 신경이 쓰이는구나. 뭔가 걱정되는 일이 있니?"

"선생님, 우리 학원에 오는 어떤 남자애가 있어요. 전 그 애가 좋아요. 하루만 안 봐도 보고 싶어 죽겠어요. 그래서 문자를 보냈는데 그 애가 제 문자를 씹었어요. 어떻게 하면 좋아요?"

"문자를 씹다니?"

"무시한단 말이죠. 답 문자를 기다렸는데……."

2. 그 녀석과 나

사춘기는 너만 겪냐?
그래 어디 해보자!
네가 이기나 내가 이기나.
담임을 뭘로 알고?

사춘기는 누구나
한 번씩 겪는 통과의례란다.
선생님도 옛날에 그랬었지.
하지만 요즘은 좀 심하네.

열병을 앓더라도
기본 예의는 지켜야 할 것
아니냐? 주변 사람도 좀
고려해야지 그렇게 네 멋대로
행동하면 되겠니?

아휴! 언제
저 녀석들을 졸업시키나?
빨리 올해도 무사히
끝나야 할 텐데……

너희!
사춘기라고 괜히 핑계 대고
슬쩍 넘어가려 하지 마!
네 인생 네가 책임지긴 하지만
내 앞에선 그런 행동
용서 못 해!

그래, 이 시기만
잘 넘기면 너희도 철이 들 거야.
나도 너희가 그러는 것 이해해.
네 마음인데도 네 맘대로
안 되지?

3. 그 녀석의 이유

몸이 변해요 1

사춘기가 되면 먼저 몸에 변화가 온다. 급속도로 변하는 자기 몸에 비해 정신이 신체 변화를 미처 따라가지 못해 불균형적인 태도를 보이게 된다. 남자보다 여자가 조금 빠르게 나타나는데, 급속한 외모의 변화와 더불어 성(性)의 분화와 발달도 일어난다. 이처럼 현저한 변화 때문에 사춘기에는 자기 몸에 많은 관심을 가지며 또래와 자주 비교한다. 만일 자신의 발육이 친구들에 비해 많이 늦거나 빠를 경우에는 불안해하거나 걱정과 고민으로 우울증상을 보이기도 한다.

몸이 변해요 2

남자는 성기가 커지고 밤에 자다가 몽정을 하기도 하며 음모(陰毛)가 생기기 시작한다. 목소리도 남성스럽게 변하고 성에 관심을 많이 가지며 음란물을 은밀히 즐기기도 한다. 콧수염, 가슴의 털, 팔다리의 털이 많아진다. 여자는 엉덩이가 커지고 유방이 나오기 시작하며 음모가 생기기 시작한다. 또한 월경이 시작되면서 여성스러운 체형으로 변한다.

난 더 이상 애가 아니에요

이 시기의 아이들은 몸의 변화와 더불어 마치 어른이 된 듯 착각하기도 한다. 남자아이의 경우 흡연을 하기도 하며, 이성과 충동적으로 신체적 접촉을 시도하는 경향도 보인다. 단순히 충동적이어서 뒷일에 대한 책임까지는 미처 생각하지 못한다. 부모나 교사가 아이처럼 취급하는 것이 싫어서 더 반항하게 된다. 지나치게 아이 취급하는 사람에겐 대들기도 하는데, 어른들의 눈에는 반항적인 행동으로 보인다.

내게도 비밀이 있어요

사춘기가 되면 방문을 걸어 잠그고 혼자 있는 것을 좋아한다. 가족 중에 누가 방문을 열고 들어오면 마치 무슨 큰 비밀을 숨기려는 듯 민감하게 반응한다. 이러한 심리를 미처 이해하지 못한 부모는 갑자기 변한 아이의 태도에 소외감과 배신감을 느끼며 문제를 확대시키기도 한다. 남자아이의 경우는 자위 행위의 뒤처리를, 여자아이의 경우는 생리대 처리를 깔끔하게 못하고 방 안 구석에 숨겨 놓기도 한다. 부모가 발견하여 치워 주면 고마워하기는커녕 오히려 화를 낸다. 비밀을 들킨 듯이!

생활 속 별난 아이

외롭고 우울해요

부모와 분리되는 것이 독립적이고 자유로운 반면, 심리적으로는 외롭고 때로 우울하다. 여자아이의 경우 떨어지는 낙엽을 보면 저절로 눈물이 흐른다. 이 고독을 해결하기 위해 사춘기 여자아이들은 오빠부대에 맹렬히 참가하여 공상적인 일체감에 도취되거나 비행집단에 편승하여 소속감과 친밀감을 확인하기도 한다. 그러나 고독이 부정적인 측면만 있는 것은 아니다. 사춘기의 고독을 통해서 자아가 성장하게 되고 고립에서 헤어나려고 노력하는 과정에서 처세술을 익히는 계기가 되기도 한다.

반항과 좌절이 반복되는 일상

사춘기는 제2의 반항기다. 안 그러려고 해도 자꾸만 부모에게 말대꾸하거나 퉁명스럽게 반응하게 된다. 그리고 이것이 반복되면 부모－자녀 간에 갈등이 생기고 '반항한다'는 말을 듣게 된다. 이쯤 되면 부모는 자신의 영향력이 약화되고 부모로서의 위상에 도전받는 느낌이 든다. 자녀의 반항을 곱게 받아들이지 못하면 서로가 대치 상황에 놓일 수도 있다. 자연히 아이는 자신의 뜻이 수용되지 못하여 좌절을 경험한다.

가끔 자살도 생각해요

이유 없는 반항과 좌절 경험으로 자신을 주변에서 환영받지 못하는 무가치한 존재라고 생각하다가 가끔 자살 충동을 느끼기도 한다. 사춘기 자살 원인의 대부분은 유명 인기 연예인과 비교한 자신의 외모에 대한 불만족이나 친구들 사이에서의 왕따에 의한 고립감, 학업 부담과 연결되어 있다. 사춘기 아이들의 자살 위험 요인에 대해 살펴보면, 우선 성격적인 면의 특성으로 자존감이 낮거나 절망감이 높아서 극단적으로 이분법적인 사고를 하는 경우, 사회적으로 고립되어 있는 경우, 가정 내에 부모 이혼 관련 문제가 있는 경우, 가까운 가족이나 친구의 죽음을 겪은 경우, 이성 친구의 배신 등이 있다.

사이버 공간이 더 편해요

사춘기 아이들에게 특히 자유롭고 안전한 공간은 바로 사이버 세계다. 부모는 이들만큼 컴퓨터를 잘 알지 못하기 때문에 그 안에서 어떤 일들이 일어나는지 일일이 알 수 없다. 이들은 스마트폰으로 공간을 초월해서 관계를 맺는다. 간혹 온라인 게임을 하느라 밤을 새고 학교에 와서 꾸벅꾸벅 졸기도 한다. 온라인에서 주고받은 거래로 현실에서 갈등과 투쟁이 일어나기도 한다. 사이버 공간은 요즘 청소년들에게 거대한 놀이터다. 어른들로부터 간섭을 받지 않는 자유로운 공간인 것이다.

이성의 몸에 호기심이 생겨요

남자아이들의 경우가 더욱 심하며 여성의 몸에 관한 사진이나 동영상을 몰래 돌려 보기도 한다. 이성의 몸에 대한 호기심의 한 표현으로 교실에서는 쉬는 시간에 서로 몸을 부딪히는 장난도 하고 싶어진다. 남자아이들끼리 뒤에서 밀착하거나 상대방의 성기를 툭툭 건드리고 유두를 찌르는 행동을 한다. 여자아이들의 경우도 서로의 몸을 끌어안거나 가슴을 슬쩍 스치는 행동을 하며 장난을 친다. 음란물에서 본 어른들의 성행위를 흉내 내는 것이다.

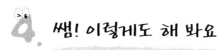

쌤! 이렇게도 해 봐요

안경 바꿔 쓰기

뇌과학으로 이해하기

흔히, 10대의 뇌는 공사 중이라고 말한다. 사춘기가 되면 몸속, 즉 뇌 속에서 호르몬의 분비가 급증하는데 소녀보다 소년에게 더욱 많은 양의 호르몬이 분비된다. 남성다움을 특징지어 주는 호르몬인 테스토스테론은 분노, 공격성, 성적 관심, 지배, 영토 의식 등을 촉발한다고 한다. 이로 인해 마치 사춘기의 아이들이 정서적인 면에서는 화약통 같다는 느낌이 들게 할 정도다. 충동조절 기능 및 뇌의 CEO 기능을 하는 전전두엽이 발달하는 과정에 있기 때문에 어른처럼 충동을 조절하거나 통제하는 기능을 기대하는 것은 무리다.

하지만 뇌과학자들은 말한다. 통제를 할 수 있도록 학습하는 것은 청소년들의 책임이자 의무라고. 그들이 더욱 거칠어지지 않도록 도와주는 것과 삶의 가치를 내면화하도록 지침을 제공하고 건전한 사고방식을 갖도록 하는 것은 부모의 역할이다.

데이비드 월시 저(2011). 10대들의 사생활(곽윤정 역).

사춘기 이해하기

사춘기 아이들이 보이는 반항적인 언행이나 불손한 태도를 보면 대부분의 교사는 거부 반응이 일어난다. 훈계도 먹혀들지 않는다. 그래서 교사들은 교사로서의 영향력이 무시된다고 여겨 상처를 받기 쉽다.

그런데 사춘기 아이들의 그런 언행을 교사에 대한 반항이라 생각하지 말고 호르몬의 분비에 의한 분출구를 찾으려는 나름대로의 몸부림이라 생각해 보자. 감정이 가라앉았을 때 조용히 마주 앉아서 "너의 그런 심정은 이해가 가지만 그렇게 반항적으로 말하는 태도는 걱정이 된다. 넌 어떻게 생각하니?"라고 말하면 대개의 아이들은 "네, 알겠습니다." "조심하겠습니다." "잘못했습니다."라고 말한다. 그런데 간혹 "에이, 짜증나!" "닥쳐!"라고 하면서 안하무인 격으로 더 대드는 아이들이 있다. 이런 아이들은 잠시 기다려 주는 아량이 필요하다. 공연히 그 자리에서 버릇을 가르치겠다고 덤벼들었다가 망신만 당할 수도 있기 때문이다. 무관심한 척 인내하며 기회를 보다가 그 아이의 기분이 좋을 때 가볍게 지나가는 말로 교사가 하고 싶은 말을 전하는 것이 효과적이다.

예를 들면 다음과 같다.

"난 ○○가 참 남자답고 자신만만한 것은 보기가 좋고 든든할 때가 있는데 말투는 좀 그렇더라."

"자아식, 말투만 좀 고치면 더 멋있는 놈인데……."

"네가 친구들에게는 그렇게 말해도 되는지 모르겠지만 혹시 부모님께도 그렇게 말하니?"

"그렇게 말하면 부모님이 참 섭섭해하실 텐데……."

어떤 아이들은 이렇게 말해도 "어유, 몰라요. 웬 참견이에요." "알게 뭐예요?"라고 어깃장을 놓는 경우도 있다. 이럴 땐 '대화가 되려면 아직 한참 더 기다려야겠군.' 하고 한발 물러서는 것이 지혜로운 선택이다.

오죽하면 사춘기 청소년을 '질풍노도의 시기', '불타는 10대', '거친 아이들'이라 부르는지 생각해 볼 일이다.

인격적으로 대하기

교사 대 학생의 입장을 견지하고자 하면 간혹 대결구도로 갈 때가 있다. 아이들은 어른 대접을 받고 싶어 하며 어른의 흉내도 내 보고 싶어 한다. 그러한 욕구를 인정하여 어른 취급을 해 주면 아주 좋아한다. 예를 들면, 심부름을 시킬 때도 무조건 부탁하는 것이 아니라 의향을 물어본 후에 시키는 것이다.

"○○야, 네가 이 심부름을 해 줄 수 있겠니?"

"누가 날 좀 도와줄 수 있는 사람?"

"이 심부름을 ○○에게 부탁하고 싶은데 네 사정은 어떤지 모르겠구나."

이렇게 말하여 그 아이가 응해 주면,

"참 고맙다."

"네 일을 일단 미루고 이 일을 먼저 해 주다니 고맙구나."

라고 꼭 말해 주어야 한다. 이것이 대접해 주는 것이다. 만일 그 아이가 부탁을 거절하더라도 기분 나빠하면 안 된다.

"그래, 지금 네가 별로 해 주고 싶지 않은 모양이구나. 알았어."

"꼭 안 해 줘도 돼. 다른 아이에게 부탁할게."

라고 말하여 동등한 입장에서 인격적인 교류가 이루어져야 한다. 그럴 때 교사는 더욱 신뢰받을 수 있고 사춘기 아이들은 자신들을 존중해 주는 교사라고 좋아하게 된다.

넘치는 에너지를 분출할 기회 주기

사춘기 아이들은 호르몬 분비의 변화로 잠시도 차분히 집중하지 못한다. 여자아이들은 끊임없이 수다를 떨고 남자아이들은 끊임없이 관심 끌 거리를 만들어서 분위기를 소란스럽게 한다. 이런 상황에서 수업을 성공적으로 이끌기 위해서는 활동 중심의 수업 진행을 고려해야 한다. 그래야 반응을 끌어내고 참여도도 높일 수 있다. 상황극을 준비해서 조별 대항을 시키거나 활동 과제를 조별로 제시하여 공동 해결안을 모색해 나가는 과정 등을 통해 에너지를 분출할 기회를 많이 제공해야 한다.

수업 시간 외에는 다소 시끌벅적해도 이 시기의 특성임을 이해하여 넘치는 젊음과 건강을 오히려 축하하는 마음으로 바라본다. 남자아이에겐 집단 게임을 할 수 있는 구기운동의 기회를, 여자아이에겐 마음껏 응원하며 또래의식을 확인할 수 있는 기회를 자주 주는 것도 좋다.

대중매체의 흐름과 트렌드에 민감하기

사춘기 아이들과 대화가 통하려면 공감대가 형성되어야 한다. 아이들이 좋아하는 연예인이 누구인지 알고 있으면 그들의 대화에 살짝 끼어들 수 있다. 아이들이 즐겨 보는 TV 오락물과 프로그램에도 관심을 갖고 있어야 한다.

요즘은 담임 교사 안티카페까지 만들어서 담임 교사 모르게 마음껏 담임 교사를 험담하기도 한다. 이런 내용을 사전에 알고 슬쩍 말하면 그들의 반응을 눈치챌 수 있고 미리 방어할 수도 있다.

담싫모·담저모·담죽모······ '담임 교사 안티카페' 기승

모 신문에 따르면, 초·중·고등학생 사이에서 교사에 대한 적대감을 그대로 드러내는 '담임 교사 안티카페'가 기승을 부리고 있다고 한다.

보도에 의하면, 안티카페는 대부분 학교의 처벌을 우려해 비공개로 운영되고 있지만, 인터넷 포털사이트만 검색해도 수십여 개의 공개된 카페를 어렵지 않게 찾을 수 있다. 회원 수는 1~2명에서부터 120명이 넘는 것까지 다양하다.

여기에서는 특정 교사에 대한 비난은 물론, 폭력 사용이나 촌지 수수 등 교사의 치부를 폭로하며 조롱하기도 한다고 이 신문은 전했다.

'역겨운 담탱이 안티('담탱이'는 담임 선생님의 속어)', '담죽모(담임을 죽이고 싶어 하는 사람들의 모임)', '담싫모(담임을 싫어하는 사람들의 모임)', '담저모(담임을 저주하는 이들의 모임)' 등 섬뜩한 카페도 상당수다.

카페에 등록된 게시글에는 '담탱이가 요즘 너무 깝치는 것 같아.' '담탱이 요즘 화장이 진한 게 미친 거 아냐?' 등 원색적인 욕설만이 가득하다. 한 아이는 "어차피 담탱이는 실력도 없는데 차라리 수업 시간에 '불량배한테 돈을 덜 뺏기는 방법'이나 '지나가다 실랑이하지 않는 법' 같은 거나 가르쳐라."며 교사를 비꼬기도 한다.

출처: 조선닷컴(2007. 7. 4) 재구성.

미디어를 활용한 사춘기 이해

영화나 연극 또는 드라마를 보고 그 안에서 다루어지고 있는 사춘기의 특성에 대해 열린 사고와 민감성을 기를 필요가 있다. 사춘기 아이들의 심리와 가족 갈등을 잘 다룬 '반올림'이라는 성장 드라마를 보고 토론을 해도 좋다. 특히 다음에 소개하는 몇몇 제목의 내용에 관심을 가짐으로써 사춘기 청소년을 더욱 잘 이해해 보자.

> ○ 코러스(영화)-거칠고 반항하는 남학생들과 좋은 관계를 맺는 교사 이야기
> ○ Summer Night(뮤지컬 '그리스' 중)-이성에 대한 관심을 춤과 노래로 표현함
> ○ American Pie(영화)-성적 충동이 강한 사춘기 남자들의 특별한 세계를 이해할 수 있음

미디어에는 젊은 청춘의 들끓는 피를 적절히 표출하고 또 적절히 자제하면서 이 시기를 즐겁게 보내는 그들만의 세계와 문화가 보인다. 어떤 내용은 아이들과 함께 보고 대화를 나눔으로써 그들과 더욱 가까워질 수 있다.

축약 문화의 이해

전자우편이나 휴대전화 문자 메시지 등 사이버 공간에서 표현할 수 없는 감정과 정서를 전달하기 위해 이모티콘을 사용한다. 아이들이 자주 사용하는 이모티콘과 그 의미를 알아보자.

:-)	^.^	^_^	*^^*
웃는 얼굴	웃는 얼굴	웃는 얼굴	웃는 얼굴
^0^	^___^	>:-(	: :-#
웃는 얼굴	웃는 얼굴	삐친 얼굴	비밀을 지킬게
^.~	^.-	^.+	^.*
윙크하는 모습	윙크하는 모습	윙크하는 모습	윙크하는 모습
TT	T.T	T..T	:):-@
우는 얼굴	우는 얼굴	우는 얼굴	풍선껌 씹는 모습

함께 세우기

사춘기 점검해 보기

사춘기 점검표를 활용하여 자신의 사춘기에 대한 준비나 성숙에 대한 느낌을 자각하고 스스로 어떻게 해야 하는지, 다른 사람을 어떻게 이해해야 하는지를 알아보도록 한다([활동지 20-1] 참조).

'나도 상담가' 코너 활용하기

교실에 비치된 '나도 상담가' 노트나 학급 홈페이지를 활용하여 또래상담 활동을 운영해 본다. 무기명으로 자신의 고민을 직접 적거나 고민을 하는 다른 친구들의 고민 내용을 적도록 한다. 학급에서 아무나 그 글을 읽은 뒤 자신이 상담가가 되었다고 생각하고 답변을 달아 주는 것이다. 이것은 아이들과 눈높이를 맞춘다는 의미에서 매우 효과적으로 활용할 수 있다. 또한 이 노트의 기록 내용을 서로 읽으면서 자신의 고민이 자신만의 문제가 아니고 다른 친구들도 같은 문제로 고민하고 있다는 것을 알게 되면 위로가 되고 공감대도 형성하면서 학급 분위기가 좋아진다([활동지 20-2] 참조).

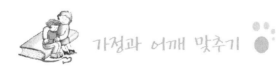

가정과 어깨 맞추기

사춘기에 대한 지식 공유와 부모 역할 안내하기

부모로 하여금 사춘기의 신체적·정서적·심리적 특성을 이해할 수 있도록 기회를 주는 것이 좋다. 학년 초에 학부모 총회를 활용해도 좋고, 담임 교사의 학급 통신문을 통해 '부모교육코너'를 마련하여 자녀의 발달적인 특성에 대한 지식을 제공해 준다. 특히 사춘기 자녀를 맞은 부모는 이제까지 먹이고 입히던 돌봄의 역할에서 삶의 방향을 보여 주는 정신적인 부모 역할로 전환해야 한다.

역할 전환이 잘 안 되면 사랑스럽던 자녀가 원수처럼 느껴지기도 하고 행복해야 할 가정의 분위기는 늘 긴장과 냉전으로 고통스럽게 된다. 가출과 자살 충동이 사춘기 시절에 가장 많은 것을 생각해 볼 때 가정이 제 기능을 회복하는 일에 관심을 모아야 한다.

부모가 알고 있어야 할 사춘기의 지식적 이해의 영역은 다음과 같다.

┃ 사춘기에 대한 이해 영역 ┃

○ 사춘기의 신체적 변화　　　　　○ 사춘기의 생리적 변화
○ 정서적 변화　　　　　　　　　　○ 사춘기의 또래화
○ 사춘기와 이성 친구　　　　　　○ 사춘기의 비행과 일탈
○ 사춘기 자녀의 부모 역할

이에 관한 자세한 내용은 Q & A 코너에서 알아보자.

Q&A 코너

Q1 우리 아이가 점점 나쁜 또래친구들과 어울리는 것 같아 걱정이에요. 어떻게 하면 떼어 놓을 수 있을까요?

A 어린 시절엔 부모가 영향력을 가장 많이 미치는 위치에 있다면, 초등학교 고학년부터는 서서히 그 대상이 친구에게로 옮겨 갑니다. 사고와 행동 경향이 비슷하고 공감력이 강한 친구들이 함께 모여 집단 정체감을 확인하기에 편안한 대상

이기 때문입니다. 그런데 자녀 앞에서 '나쁜 친구들'이라고 말하면 반발합니다. 오히려 그 친구들을 집으로 불러 가까이 대해 주며 관심을 보이는 것이 더 좋습니다. 정말 떼어 놓고 싶다면 멀리 이사를 갈 수도 있습니다.

Q2 아이가 걸핏하면 화를 내며 제 방으로 들어가서 방문을 걸어 잠그고 혼자 있습니다.

A 사춘기에 보이는 전형적인 특성입니다. 자녀에게 지시·명령 투의 말로 훈계를 자주 하던 방식을 바꾸어, 이해하고 공감해 주는 표정과 말을 점점 더 많이 해야 합니다. 방문을 걸어 잠그고 혼자 있다면 스스로 나올 때까지 기다려 주세요. 억지로 열려고 하면 점점 관계가 팽팽해집니다. 사춘기 자녀들과의 대화는 때로 살얼음을 걷듯이 조심해야 합니다. 그렇지 않으면 부모가 보기에 별일 아닌 것 가지고도 버럭 화를 내면서 일을 복잡하게 만들 수 있습니다.

Q3 사춘기라고 무조건 다 받아 줘야 하나요?

A 그렇지는 않습니다. 기분이 좋을 때는 집안의 권위 있는 분이(아버지가 가장 좋습니다) 말이나 행동의 기본 원칙을 확실히 제시하는 것이 좋습니다. 만일 그것을 어길 때는 한두 번은 어머니가 친절하게 말해 주고, 그래도 안 되면 아버지가 단호하고 엄격하게 꾸중을 해야 합니다. 꾸중을 할 때는 감정적인 표현을 자제하고 진정으로 자녀를 위하는 마음으로 핵심만 말해야 합니다.

"우리 ○○가 이제 부모에게 의존하던 위치에서 독립적으로 서기 위해 많은 시도를 하고 있구나. 네가 이렇게 잘 자라고 있어 우리는 든든하다. 다만, 아무리 화가 나도 스스로 절제해야지 폭발하듯이 가족에게 퍼붓는 말을 하거나 결정적으로 실수를 저지르는 행동을 하면 안 된다. 또한 매사에 자유롭게 선택할 수 있는 폭이 커진 만큼 책임도 따른다는 것을 잊지 말거라."

Q4 자위행위를 하는 장면을 목격했어요. 그 순간 저도 놀라고 아이도 놀랐어요.

A 자위행위란 성적인 만족을 위해 손이나 다른 어떤 물건들로 성기를 자극하는 것

을 말하는데, 사춘기 아이들, 특히 성적 충동이 강한 남자아이들이 자주 합니다. 혹시 자위행위를 하는 장면을 목격했더라도 놀라지 말고 자연스럽게 반응해야 합니다.

"너무 자주 하진 말거라. 그리고 뒤처리를 깨끗하게 하도록 하렴."

이 정도로 말하고 자녀의 방 안과 침대 주변 환경을 청결하게 정돈해 주는 것이 좋습니다. 성적 충동이 일어날 때 그 자리를 떠서 운동을 하거나 기분 전환을 하도록 하여 절제하는 태도를 권면하는 것도 좋습니다.

Q5 친구들의 몸과 비교하면서 자신의 발육이 늦다고 투덜거려요.

A 사춘기가 되면 신체 발육이 현저하게 차이가 나기 시작합니다. 남자아이의 경우 음경과 고환이 커지고 음모가 나며 근육이 발달하는데, 발육이 늦는 경우 친구와 비교하면서 당혹감을 느끼기도 합니다.

여자아이의 경우도 엉덩이가 넓어지고 젖꼭지가 나오며 음모가 나기 시작하는데, 특히 젖가슴에 변화가 없을 경우 친구들과 비교하면서 부러워하기도 합니다. 자신의 발육이 늦다고 불평하면 그 심정을 이해하고 수용하면서 발달에 개인적인 차이가 있음을 이해시킵니다. 같은 나무에 피는 꽃들도 피는 속도는 다르지만 나중엔 모두 피어난다는 비유를 통해 사람의 발육도 마찬가지임을 이해시키도록 합니다.

Q6 사춘기 청소년들의 심리를 이해할 수 없어요. 도대체 제 아들이 아닌 것 같아요.

A 고분고분 말을 잘 듣던 자녀가 사춘기가 되면 전혀 다른 태도를 보여 고민이라고 하소연을 하는 부모를 가끔 만납니다. 사춘기 아이의 심리 상태는 정서적으로 안정되어 있지 않고 불안을 느낄 때가 많습니다. 불안의 이유는 이루고 싶은 꿈에 비해 자신의 능력이 부족함을 느낄 때, 몸맵시나 자신의 태도에 확신이 없을 때, 친구 사이에 대립관계가 될 때, 자신의 욕구가 채워지지 않을 때, 성적인 충동이나 동요가 일어날 때 등 다양합니다.

불안할 때 흔히 하는 반응은 소리를 지른다거나 아예 입을 다물고 말을 안 하는 것입니다. 이러한 심리를 이해하여 세심하게 배려해 주는 것이 도움이 됩니다. 혼자 있고 싶어 하면 굳이 간섭하려 하지 말고 그대로 지켜보는 것이 좋습니다. 부모의 관심을 자녀가 간섭이라고 느끼면 더 짜증을 낼 수 있습니다. 자신의 정체성을 찾아가는 과정이 쉽지는 않습니다. 시행착오도 많이 겪을 것입니다. 부모가 넓고 큰 마음으로 인내하며 기다려 주는 것이 필요합니다.

Q7 가끔 죽고 싶다는 말을 해서 겁이 나요.

A 불행하게도 10~20대 청소년들의 사망 원인 중에 자살이 높은 비율을 차지합니다. 죽고 싶다는 말을 하는 아이들은 부모가 관심을 갖고 눈여겨보아야 합니다. 자살의 위험 요인으로는 자살 미수 경험, 우울증이나 적응장애를 겪은 경험, 신체적인 약점에 대한 고민, 극단적인 성격, 정신적 외상 및 상실 경험, 사회적 고립, 가정 내의 불화나 부모 이혼, 가족이나 친구의 죽음, 절망 경험 등이 있습니다.

죽고 싶다는 말을 가끔 하는 자녀들이 있는 부모나 가까운 가족은 자녀의 친구 관계를 알아보거나 일기장을 살펴보는 등 담임 교사와 의논하거나 방심하지 말고 세심한 관심을 가져야 합니다.

사춘기 아이들의 자살

사단법인 한국자살예방협회에서 제공한 자살에 관한 통계자료에 따르면, 우리나라의 인구 대비 자살자 수의 비율은 OECD 국가 중에서 1위라고 합니다. 하지만 20~30대에선 1위이고, 10대(10~19세)에서의 사망 원인별 순위는 2위입니다. 더욱이 걱정스러운 것은 1995년에 비해 자살에 의한 사망자 수가 급격하게 증가하고 있는 점입니다(2005년 통계자료).

출처: (사)한국자살예방협회.

사춘기 점검표

학년   반   이름:

● 우리가 사춘기에 접어들었다고 어른들이 말씀하십니다. 정말 그런가 알아보고 싶지요?
다음의 내용을 잘 살펴보고 나에게 해당되는 것에 ○표를 하세요.

번호	사춘기의 심리적 특성	확 인
1	혼자 있고 싶어진다.	
2	가끔은 고독하고 외롭다.	
3	내 성격을 바꾸고 싶다.	
4	변덕스러워졌다(기분이 좋았다가 나빠질 때도 있다).	
5	친구나 인생에 대해 생각한다.	
6	어른에게 반항을 한다.	
7	부모님께 말대답을 한다.	
8	부모님이 애정 표현하는 것이 싫다.	
9	부모님이 실망스럽다.	
10	외모에 관심이 많아졌다.	
11	이성 친구가 사귀고 싶다.	
12	야한 만화나 영화가 보고 싶을 때가 있다.	
13	부정적으로 생각하는 경우가 많다.	
14	우리가 살고 있는 이곳 말고 다른 세상을 생각한다.	
15	매너에 신경 쓰게 된다.	
16	폼 재고 싶은 마음이 커진다.	
17	머리 모양이나 복장에 신경 쓰인다.	
18	내 존재를 좋아하는 이성 친구에게 알리고 싶다.	

* ○표가 몇 개 있나요? ○표가 10개 이상이면 사춘기에 접어들었다는 신호입니다.
* 나의 특성과 변화를 친구들과 함께 이야기해 보세요.

나도 상담가(예시)

학년   반   이름:

● 이것은 우리의 고민을 서로 나누며 성숙하기 위한 연습장입니다.
  아무나 고민하고 있는 내용을 적고 또 우리 반 아무나 상담가가 되어 그 내용에 대해 상담을 해 주면 됩니다.

날 짜	년 월 일
고민 내용(본인, 타인)	며칠 전 놀이터에서 중학교 오빠들을 만났다. 좀 놀다가 노래방에 가자고 해서 따라갔는데 거기서 그 오빠들이 몰래 숨겨 온 맥주를 꺼내 마시더니 내게도 마시라고 해서 억지로 조금 마셨다. 다음에 또 그러자고 하면 어떻게 해야 할지 걱정이 된다.
상담가 1 ( )	나도 비슷한 일이 있었는데 처음엔 맥주에서 시작해서 나중엔 담배도 피우자고 했어요. 그런데 그런 분위기에선 거절하기가 정말 힘이 들었지요. 다행히 나를 자꾸 불러내지 않아서 지금은 안 만나는데 일단 무조건 따라가지는 않는 것이 내 생각엔 나을 듯…….
상담가 2 ( )	나는 생각이 좀 달라요. 학교에서 말고 우리가 언제 남자아이를 따로 만나겠어요? 자기 주관만 확고하다면 여럿이 어울릴 땐 괜찮다고 생각해요. 가끔 만나서 스트레스도 풀고 여러 사람을 사귀는 것도 괜찮다고 생각하는데…….
쌤도 한마디	여러분의 글을 읽으니 선생님이 여러분만 했던 시절이 생각나요. 술을 마시는 것은 학생의 신분에 맞지 않는 행동이죠. 그 다음에 일어날 일까지 생각해서 책임질 행동을 하길 바라요. 삶은 선택과 책임의 연속이에요.

('쌤도 한마디' 난은 꼭 안 만들어도 된다. 학급 분위기에 따라 융통성 있게 활용한다.)

나도 상담가

● 이것은 우리의 고민을 서로 나누며 성숙하기 위한 연습장입니다.
  아무나 고민하고 있는 내용을 적고 또 우리 반 아무나 상담가가 되어 그 내용에 대해 상담을 해 주면 됩니다.

날 짜	년 월 일
고민 내용(본인, 타인)	
상담가 1 ( )	
상담가 2 ( )	
쌤도 한마디	

('쌤도 한마디' 난은 꼭 안 만들어도 된다. 학급 분위기에 따라 융통성 있게 활용한다.)

엄격한 학교 규칙도 사춘기라고 예외일 수 없어

　　미국에 와서도 학과 성적에만 집착하고 학교 생활의 기본 규칙 준수의 중요성에는 소홀히 하는 한인 부모들과 아이들이 많다. 이들은 실수나 문제를 지적받게 되면 "그런 규정이 있는지조차 몰랐다."라고 변명하여 학교 관계자가 실망하는 경우가 종종 발생한다.

　　미국의 사회 생활에서는 시민의식을 매우 중요하게 여기며 각종 규정과 규칙이 명시되어 있다. 이를 위반할 때에는 누구나 가차 없이 그에 따른 법을 적용받는다. 미국 초등학교 역시 예외는 아니어서 재학생은 물론 학부모도 학교의 각종 규정과 규칙을 준수해야 할 의무가 있다. 그게 바로 입학 때 학교로부터 가장 먼저 받게 되는 '핸드북'이다.

　　이 핸드북에는 학군의 표준학력검사가 포함된 교육정책과 목표가 있고, 여행에 의한 결석 규정 등 결석과 지각 시 취해야 할 요구 사항이 있다. 또 기상이변에 의한 조기 퇴교에 대한 방침, 테러나 화재 등에 따른 대피 장소와 방법이 명시되어 있다. 교내에서의 약 복용 규정, 복장 규정 및 무기가 될 수 있는 물건 소지 금지에 대한 규정도 있다. 초등학교의 핸드북에는 미국 시민의식의 기본이 담겨 있다. 학교 교직원과 학부모는 아이들이 습관적으로 준법정신이 몸에 배어 규정을 잘 지킬 수 있도록 하기 위해 행동의 기본이 형성되기 시작하는 유치원부터 초등학교 저학년 시기 동안 엄격하게 가르친다.

　　이처럼 공동생활에 필요한 기본 규칙과 질서를 철저히 지키도록 교육을 받고 자란 대부분의 미국 중·고등학생들은 비록 거친 사춘기 시기임에도 불구하고 기본 행동 규범을 늘 지키는 것을 볼 수 있다. 이 '초등학교 핸드북'은 성인 사회 생활 속에도 살아 있다. 미국 초등학교 교직원은 핸드북에 정해진 정책과 목표를 계획적으로 실행해 나가는 데 주력하고, 학부모는 규정을 숙지하여 자녀와 함께 지키려고 노력한다.

출처: 정미선(2006). (세계인을 키우는 힘) 미국 초등학교.

  생활 속 별난 아이

부록
학급 규칙을 만들어요

1. 우리 반 학급 규칙(예시)

2. 학급 규칙 만들기

우리 반 학급 규칙(예시)

선생님과 학생 사이

서로가 지켜야 할 예절

① 선생님은 학교에서 학생들을 보호하고 사랑해 주시는 어른이다.

② 학생은 선생님께 먼저 인사드리고 선생님께서는 웃음으로 받아 주신다.

③ 선생님께는 높임말을 써서 공손하게 말씀드리고, 선생님께서도 아이들에게 친절하게 말씀하신다.

④ 속상한 일이 있어서 선생님께 말씀을 드릴 때는 가까이 다가가서 선생님께만 들리는 목소리로 차분히 말씀드린다.

선생님께 말씀드릴 때는 이렇게!

① 높임말을 사용한다. (예) 내가요 → 제가요

② 수업 시간에는 손을 들고 선생님이 허락하시면 말을 시작한다. 큰 소리로 앞질러 말하지 않는다.

③ 선생님께서 대화를 나누고 계실 때는 대화가 끝나기를 기다린다.

④ 화가 나는 일이 있어도 심호흡을 세 번 한 후 말씀드린다.

⑤ 정말 급한 일로 선생님의 대화 중에 말씀을 드려야 할 때는 양해를 구한다. (예) 대화 중에 정말 죄송한데요…….

⑥ 선생님께 말씀드릴 때 "나 안 그랬는데요." 대신 "제가 그랬군요."라고 바꾸어 말한다.

⑦ 부모님께 선생님의 말을 전할 때는 '이 말이 정확한가?'를 세 번 생각하고 전

한다. 만일 부모님께 사실과 다른 내용을 의도적으로 전해서 선생님을 곤란하게 했을 때는 부모님도 그 상황을 파악하고 선생님께 함께 사과한다.

학생과 학생 사이

① 우리 반은 다른 친구를 때리거나 싸우고 헐뜯는 등의 폭력이 없는 '평화의 반' 이다. 다음과 같은 말이나 행동으로 다른 사람을 괴롭히지 않는다.

▌ 친구를 괴롭히는 행동 ▐

- ○ 외모에 대해 말하기, 놀리기
- ○ 다른 사람을 손가락질하면서 말하기
- ○ 친구를 보며 귓속말로 수군거리기
- ○ 친구가 발표할 때 야유하거나 비웃기
- ○ (장난으로) 친구가 싫어하는 별명 부르기
- ○ 활동을 잘 못한다고 구박하기
- ○ 째려보거나 못 본 척 외면하기
- ○ (장난으로) 친구 때리기, 툭툭 건드리기
- ○ 돈 가져오라고 하기, 돈 뺏기
- ○ 내 낡은 물건과 친구의 새 물건 바꾸기
- ○ 주기 싫다는데 음식 달라고 자꾸 조르기
- ○ 친구가 이름 부를 때 대답 안 하기
- ○ 내가 할 일을 친구에게 대신 시키기(청소, 숙제 등)
- ○ (장난으로) 고의로 친구를 놀라게 하거나 소리 지르기
- ○ (장난으로) 친구의 물건을 망가뜨리거나 가져가기

- ○ 이름 가지고 놀리기
- ○ 말 따라 하기
- ○ 친구의 부모님에 대해 비웃기
- ○ 친구에 대한 나쁜 소문내기
- ○ 핸드폰이나 개인 홈페이지에서 욕하기
- ○ (장난으로) 친구의 물건 숨기기
- ○ 소외시키기
- ○ 싫어하는 티 팍팍 내기
- ○ 친구가 지나간 자리 더럽다고 하기
- ○ 친구가 옆에 앉는 것 싫어하기
- ○ 친구 위에 군림하기

---

② 욕이나 놀리는 말을 하지 않는다. 욕은 아니지만 상대방을 기분 나쁘게 하는 말, 유행하는 말 중 바람직하지 않은 말, 의심스러운 말(애매모호한 말)도 입 밖에 내지 않는다. 특히 어떤 경우에도 친구의 가정 형편으로 놀리는 일은 없게

한다.

③ 우리 반은 파벌을 만들어 친구들 간에 다투지 않는다.

④ 친구를 괴롭히는 행동을 한 아이는 자신의 잘못을 사과한다.

⑤ 고자질을 하지 않는다. 단, 친구가 다쳤다거나 위험한 상황에 처했다는 것을 말하는 것은 고자질이 아니고 사실을 알려 주는 책임감 있는 행동이다.

⑥ 친구들 사이에 돈을 빌리고 빌려 주는 돈거래는 어떤 형태라도 하지 않는다.

⑦ 친구들을 사귀기 위해 먹을 것이나 장난감, 학용품을 사 주지 않는다.

⑧ 친구 집을 갈 때는 반드시 부모님의 허락을 받고 간다. 특히 부모님의 허락 없이 친구 집이나 집 밖에서 잠을 자지 않는다. 친구가 집에 자러 올 때는 친구의 부모님께 반드시 확인한다.

학습 관련

① 등교 시간을 잘 지킨다.

② 숙제를 잘 해 오고, 준비물을 잘 챙겨 온다.

③ 모둠활동에 적극적으로 참여한다.

④ 수업 시간에는 필요한 학습도구만 책상 위에 둔다. 전 시간에 배운 교과서나 학원 교재 등 다른 것은 책상 위에 올려놓지 않는다.

⑤ 선생님이 설명하실 때는 하던 일을 멈추고 선생님의 눈과 입에 시선을 맞춘다.

⑥ 교실에서 내는 모든 목소리는 상황에 맞게 적절한 크기로 낸다. 발표할 때는 큰 소리로 말하고, 모둠별 활동을 할 때는 작은 소리로 소곤소곤 말한다.

⑦ 선생님의 지시 사항을 듣지 못했으면 먼저 옆 친구에게 작은 목소리로 물어본다. 친구의 답을 듣고도 이해가 되지 않으면 선생님께 질문한다.

⑧ 수업 시간에 해야 할 활동을 다하지 못하면 수업이 끝난 후 반드시 다하고 집에 간다.

⑨ 수업 도중에 선생님의 허락 없이 집에 갈 수 없다. 단, 건강 상태가 좋지 않거나 부모님의 특별한 요청이 있을 경우 선생님께 허락을 받고 집에 갈 수 있다.

⑩ 어떤 경우에도 자신의 실력으로 정직하게 평가받는다.

⑪ 학교에서 본 시험지를 학원 같은 곳에 유출하지 않는다.

생활 관련

안 전

① 안전과 관련된 선생님의 지도에 절대 순종한다.

② 교실이나 복도에서는 뛰지 않는다.

③ 친구나 자신을 위험에 빠뜨리는 장난이나 행동은 절대 하지 않는다.

④ 자신의 잘못으로 친구가 다치면 부모님을 모시고 함께 병원에 간다.

물건 관리

① 자신의 물건에는 이름을 쓴다(단, 책가방이나 신발주머니 등에는 안쪽에 이름을 쓴다-유괴 예방).

② 자신의 물건은 자기 자리 및 사물함에만 둘 수 있다.

③ 학급 내에서 남의 물건을 허락 없이 만지지 않는다. 친구나 선생님의 물건은 반드시 허락을 받고 사용한다.

④ 가져다 쓴 물건을 파손하거나 분실하였을 경우에는 똑같은 가치가 있는 물건이나 그에 해당하는 금액만큼을 돌려주어야 한다.

급 식

① 급식을 받는 순서는 모둠별로 정해진 순서를 따른다. 단, 필요에 따라 선생님께서 조정해 주실 경우 순서가 달라질 수 있다.

② 급식을 받을 때 말을 하면 침이 튈 수 있으므로 말하지 않는다. 만약 말해야 할 상황이 되면 고개를 음식 쪽에서 돌려서 말한다.

③ 급식은 기본으로 정해진 양만큼을 받는다.

④ 아프거나 알레르기가 있으면 선생님께 미리 말씀드리고 받지 않는다.

⑤ 먼저 받은 음식을 다 먹고 더 먹고 싶으면 처음 받아간 양(선생님이 정해 주시는 양)만큼만 더 받는다.

우유 마시기
① 우유는 모둠에서 정해진 당번이 가져가고 갖다 놓는다.
② 알레르기가 있거나 소화가 잘 안 되는 아이들은 미리 선생님께 말씀드려 우유를 신청하지 않는다.

신체 위생
몸은 청결하도록 항상 노력한다. 머리를 자주 감고, 손·발톱을 단정히 하며, 목욕을 자주 한다. 실내화도 일정한 주기로 반드시 세탁한다.

컴퓨터, 핸드폰 사용
① 컴퓨터나 핸드폰을 게임을 하기 위한 오락기가 아닌 통신과 정보의 도서관, 생활도구, 문화도구로 유용하게 활용한다.
② 컴퓨터와 핸드폰은 사용 시간과 내용을 정하여 사용하고, 해야 할 일을 마친 후에 한다.
③ 자신의 아이디나 비밀번호를 다른 사람에게 공개하지 않는다.
④ 친구를 비방하는 글이나 욕설, 음란물, 저작권을 침해하는 글 등을 올리지 않는다.
⑤ 자신의 나이에 맞는 게임을 선택하여 하고 일상생활에서 게임의 승패로 친구를 괴롭히지 않는다.
⑥ 음란 사이트 등 이상한 사이트에 접속되었을 때 고민하지 말고 부모님과 상의한다.
⑦ 핸드폰이나 컴퓨터 게임 이외에 가족, 친구와 함께하는 시간을 갖는다.

학급 규칙 만들기

1. 3월 첫 주에 날을 정하여 4교시 정도는 학급 규칙만 정한다.

2. 교사는 절대 관여하지 않고, 방법만 제시한다. 학급 규칙을 정하는 목적은 벌이 아닌 '서로가 행복해지기 위해서'라는 점을 분명히 밝힌다.

3. '규칙이 필요한 상황'을 아이들의 의견을 통해 정한다. 이때 일정한 방법 없이 그냥 의견을 듣기 시작하면 혼란스러워지기 때문에 모둠별로 규칙이 필요한 상황을 작성하게 한다.

4. 모둠별로 작성이 되면 2~3개의 모둠으로 분단을 형성하여, 분단별로 작성한 종이를 모아 비슷한 것과 첨가할 부분을 정리한 후 발표한다. 발표 내용을 칠판에 받아 적고, 규칙이 필요한 상황을 최종 정리한다. 아이들의 동의를 반드시 구하고 빠진 것은 없는지 최종 확인한다.

5. 확인 후 교사는 표를 만들어 아이들에게 제시한다. 표의 왼쪽은 규칙이 필요한 상황을 적고, 오른쪽은 비워 두어 아이들이 그 규칙을 이행하지 못할 때 해야 할 일을 스스로 생각하여 적게 한다.

규칙	규칙이 필요한 상황	규칙을 이행하지 못하였을 때 해야 할 일
1	예) 수업이 시작되면 그 수업 시간의 책을 펴야 함	왼쪽 상황을 이행하지 못할 때 해야 할 일을 적는다.

6. 규칙을 이행하지 못하였을 때 해야 할 일을 적고 나면, 모둠별로 의논하여 가장 적절한 것을 뽑게 한다. 그리고 난 후 다음의 보기와 같이 표결을 거쳐 최종 결정을 내린다. 표결을 할 때는 자기 분단의 의견이 아니더라도 자신이 생각하기에 가장 적절한 내용에 손을 들게 한다.

번호	지켜야 할 일	모둠 의견			최종 결정
		모둠	의견	표결 수	
1	지각하지 않기	1	지각하면 제일 일찍 오는 친구가 전화해 주기(5일간)	9	늦게 온 시간만큼 교실 뒤에 서 있기
		2	늦게 온 시간만큼 교실 뒤에 서 있기	10	
		3	반성문을 써서 부모님 사인 받아 오기	2	
		4	학교 수업이 끝나고 남아서 청소하기	7	
2	수업 시간 좋은 태도(장난치지 않기, 옆 사람에게 말 걸지 않기, 뒤돌아보지 않기) 유지하기	1	운동장 1바퀴 달리기	4	책상을 선생님 옆자리로 옮기고 하루 동안 수업하기
		2	남아서 내용이 많은 책 읽고 가기	10	
		3	책상을 선생님 옆자리로 옮기고 하루 동안 수업하기	13	
		4	발표하기	1	
3	자습 시간에 떠들지 않기	1	임원이 경고를 주고(조용하면 지울 수 있음) 3번 이상 걸리면 선생님께 말씀드리기	2	'자습 시간에 떠들지 않겠습니다.' 30번 쓰기
		2	'자습 시간에 떠들지 않겠습니다.' 30번 쓰기	16	
		3	남아서 자습 내용 2번 쓰기	3	
		4	경고를 3번 받으면 자리를 옮겨 혼자 앉기	7	
4	자습 꼭 하기 숙제 꼭 하기	1	방과 후에 다한 후 집에 감	3	남아서 끝까지 다하고 가기
		2	3번의 기회를 주고 버릇이 고쳐지지 않으면 숙제를 2배로 해 오기(1번)	2	
		3	못한 숙제와 오늘 숙제를 한 후 집에 감	3	
		4	남아서 끝까지 다하고 가기	20	

* 위에 제시된 사례는 5학년 아이들이 작성한 실례를 보기로 든 것임.

  부록: 학급 규칙을 만들어요

7. 최종적으로 확정된 학급 규칙의 예

▌ 우리 스스로가 지킬 일(우리가 정했어요, 잘 지켜요!) ▌

번호	지켜야 할 일	지키지 못하였을 경우에 할 일
1	지각하지 않기	늦게 온 시간만큼 교실 뒤에 서 있기
2	1인 1역을 잘하기	교실 전체 책상 닦아 주기(3일간)
3	수업 시간에 좋은 태도(장난치지 않기, 옆 사람에게 말 걸지 않기, 뒤돌아보지 않기) 유지하기	책상을 선생님 옆자리로 옮기고 하루 동안 수업하기
4	자습 시간에 떠들지 않기	'자습 시간에 떠들지 않겠습니다.' 30번 쓰기
5	자습 꼭 하기/ 숙제 꼭 하기	남아서 끝까지 다하고 가기
6	친구의 별명을 부르지 않기/ 친구가 기분 나빠 하는 말 하지 않기	5분 동안 쉬지 않고 친구 칭찬하기
7	욕을 사용하지 않기	'욕을 하지 않겠습니다.' 30번 쓰기 또는 선생님이 제시한 시를 제시한 만큼 쓰기
8	친구를 때리지 않기(폭력으로 문제 해결하지 않기-말로 하기)	맞은 사람에게 정중하게 사과하기
9	청소를 꼭 하고 가기	그 뒤 3일 동안 청소 당번과 함께 청소하기
10	준비물(교과서, 공책, 연필, 지우개)을 꼭 챙겨 오기	다른 반에서 빌려 오고 못 빌릴 시 그 시간 동안 뒤에 서 있기
11	안전을 생활화하기 (위험한 장난하지 않기)	안전이 어떤 것인지 공책에 10줄 이상 쓰기
12	친구의 물건을 망가뜨릴 경우 원상 복구를 해 주거나 배상해 주기	부모님께 연락해서 배상해 주기
13	친구랑 돈거래하지 않기	'돈거래하지 않겠습니다.' 전체 친구들 앞에서 3번 복창
14	복도나 교실에서 뛰지 않기	복도를 발소리 내지 않고 두 손 허리에 올린 후 5바퀴 돌기
15	이동할 때 줄을 잘 맞추기	맨 뒤에서 '질서를 지킵시다.' 피켓 들고 가기
16	교실에서 생활할 때와 수업 시 이상한 괴성 내지 않기	서서 공부하기(그 수업 시간 동안, 또는 그 다음 시간까지)
17	수업 시작 때 수업 준비(교과서, 공책)가 책상 위에 되어 있기	뒤로 나가서 수업하기(그 수업 시간 동안)
18	선생님이 말할 때 고개를 숙이거나 다른 책 보지 않기	교탁 옆에 책상을 가지고 와서 수업 듣기
19	발소리 내지 않기	바른걸음으로 복도 한 바퀴
20	우유 나눠 줄 때 던지지 않기	던진 우유와 자신의 우유를 바꿔 먹기
21	나갈 때 문 닫고 나가기	다른 아이들이 열고 나간 문을 하루 동안 닫아 주기
22	그 외	그 날 할 일을 하지 못했을 경우 남아서 완성하고 집에 가기 선생님 물건이나 친구 물건을 함부로 건드리지 않기 친구를 다치게 하면 병원에 부모님을 모시고 함께 가기

8. 학급 규칙이 확정되면 이 내용을 가정통신문으로 가정에 보낸다. 아이들이 만든 과정을 안내하고, 앞으로 이 규칙에 따라 아이들을 지도하는 것에 대해 동의를 구한다. 부모가 동의하지 못하는 부분에 대해서는 별도로 원하는 내용을 알려 주도록 요구하고, 그 내용을 교사는 충분히 수용한다.

9. 학급 규칙을 항상 잘 볼 수 있도록 눈에 잘 띄는 자리에 게시한다.

학급 규칙 제정의 이점

○ 서로 간의 합의를 통해 만들었으므로 아이들 스스로 규칙이 필요한 상황을 잘 알고, 그 규칙을 어길 때 해야 할 행동을 잘 안다. 따라서 문제가 발생하였을 때 교사의 지도에 순순히 동의하게 된다. 뿐만 아니라 부모도 교사의 지도과정을 예측할 수 있으며 신뢰할 수 있다.

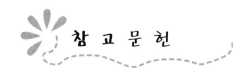

참 고 문 헌

강경미(2006). 아동행동수정(2판). 서울: 학지사.

게임문화진흥협의회(2003). 학부모, 교사에게 들려주는 게임이야기.

고정자, 오인수, 이동궁, 김영조, 김은향, 송선원, 이은경, 이정희, 이보경, 황애현, 장현일(2005). 상담으로 풀어가는 교실이야기. 서울: 교육과학사.

곽윤정 역(2011). 10대의 사생활(데이비드 월시 저). 서울: 시공사.

권은정 역(2002). 소녀들의 전쟁(Simmons, Rachel 저). 서울: 홍익출판사.

권현진, 김언지, 안준상, 이현진, 정기원, 정원엽(2005). 새내기 초등교사를 위한 학급경영 길라잡이. 파주: 양서원.

김계현, 김동일, 김봉환, 김창대, 김혜숙, 남상인, 조한익(2001). 학교상담과 생활지도. 서울: 학지사.

김동사 역(1997). 유태인의 자녀를 낳고 기르는 53가지 지혜(루스 실로 저). 서울: 삼진기획.

김미숙, 김수진, 김자경 공역(2005). 학습장애(Janet. W, Lerner 저). 서울: 박학사.

김수경(2006). 리틀 부자가 꼭 알아야 할 경제이야기. 서울: 교학사.

김인자 역(1991). 당신의 삶은 누가 통제하는가(윌리엄 글래서 저). 서울: 한국심리상담연구소.

김진숙 역(1998). 만다라를 통한 미술치료(수잔 핀처). 서울: 학지사.

김태희 역(2006). 학교에 꼭 가야해(마띠유 드 로비에 외 공저). 파주: 푸른숲.

김현정(2006). 사춘기가 인생을 결정한다. 서울: 팝콘북스.

김혜경, 이승희 공역(2005). 우리 아이 38가지 나쁜 습관 바로잡기(미셀보바 저). 서울: 고즈윈.

대한소아청소년정신의학회(2005). 우리 아이가 혹시(주의력결핍-과잉행동장애 아이를 효과적
으로 도와주기 위한 부모 지침서).

대한소아청소년정신의학회(2005). ADHD 아동지도를 위한 교사 지침서.

동화문학사 편집부 역(1991). 우리 아이 성교육은 이렇게(E. 레멘 저). 서울: 동화문학사.

두란노(2007). Blessing Diary. 서울: 두란노.

문용린(2006). 부모들이 반드시 기억해야 할 쓴소리. 서울: 갤리온.

박아청(2000). 사춘기의 이해. 서울: 교육과학사.

박형배(2007). ADHD 학생을 돕기 위한 교사와 부모의 역할. 서울: GTI코리아.

서울시교육정보연구원(2006). 알롱달롱 엮어가는 우리의 꿈(5, 6학년용).

서울시교육청 장학자료(2005). 공부가 재미있어요.

서울시교육청(2007). 함께 풀어가요! 6학년 생활지도.

서울시교육청(2008). 함께 가꾸어 가는 아름다운 미래.

서울시학교보건진흥원, 서울시소아청소년광역보건정신센터(2006). 상담교사 심층교육 교재.

염숙경(2002). 아동상담과 놀이치료. 서울: 상조사.

이덕남 역(2004). 완전한 육아(엘리자베스 팬틀리 저). 서울: 북뱅크.

이소현, 박은혜(2005). 특수아동교육. 서울: 학지사.

이순호 역(2001). 학생들을 구원하라(조나단 무니, 데이비드 콜 저). 서울: 창작시대.

이양희 역(1997). 어린이 마음을 여는 기술(로버트 우볼딩 저). 서울: 사람과 사람.

이정희 외(2005). 상담으로 풀어가는 교실이야기. 서울: 교육과학사.

이중석(2000). 불타는 십대. 서울: 협신사.

이형초, 심경섭(2006). 인터넷중독 완전정복. 서울: 시그마프레스.

임은미(2000). 가출문제. 서울: 한국청소년상담원.

임해숙, 송인섭(1998). 부모, 교사를 위한 주의집중 훈련 프로그램. 서울: 상조사.

전성연, 최병연 공역(1999). 학습동기(Doborah Stipek 저). 서울: 학지사 .

정기원(1996). 365 열린 교실을 위한 학급경영. 서울: 우리교육.

정미선(2006). (세계인을 키우는 힘) 미국 초등학교. 서울: 이지북스.

정여주(2009). 만다라 그리기. 서울: 학지사.

정옥분(2002). 아동발달의 이해. 서울: 학지사.

조아라, 이순 공역(2005). 리틀 몬스터(Robert Jergen 저). 서울: 학지사.

최정원, 이영호(2006). 학습치료 프로그램. 서울: 학지사.

충청북도청소년종합상담실(1994). 가출청소년을 어떻게 도울 것인가?

한국아동상담센터 편역(2003). 학습장애 클리닉. 서울: 한울림 .

한국청소년상담원(2002). 가출청소년 상담정책 연구.

한국청소년상담원(2004). 1588-0924 [가출청소년상담전화] 활성화 방안 콜로키움.

한국청소년상담원(2006). 바른 행동의 길 다지기.

한국초등상담교육학회(2006). 초등학교 생활지도와 상담. 서울: 학지사.

한국행동요법학회 편(2003). 행동요법. 파주: 양서원.

한영진(2005). 강점기반 인성교육 프로그램의 실제. 대전: 대전연수원.

한영진(2006). 상담직무연수자료. 서울: 서울교육연수원.

CBS 노컷뉴스. 2006. 10. 02 기사.

연합뉴스(2007. 8. 1)

조선일보(2004. 03. 15) 기사

http://www.chocham.com(초참지기)

http://www.kns.or.kr(사단법인 한국영양학회)

http://www.kobaco.co.kr(한국광고공사)

http://www.me.go.kr/inform(환경부 사이버 홍보관)

http://www.worldvision.or.kr(월드비전)

http://www.ADHD.or.kr

http://www.ecobuddha.org(빈그릇운동)

저자 소개

김민정

김민정 선생님은 서울교육대학교, 이화여자대학교 교육대학원에서 교육심리학을 전공했습니다(교육학석사). 전문상담교사(1급), 청소년상담사(2급) 자격이 있으며, 서울교육연수원, 서울시교육청 및 부산광역시, 울산광역시, 경북 교육연수원 직무연수 강사, 아이스크림 원격교육연수원 '교사를 당황하게 하는 아이들' 연수 강사, 서울시 교육청 생활지도컨설팅 장학지원단, 서울시교육연구정보원 진로진학정보센터 상담교사로 활동하였으며, 현재도 생활교육 관련 강의를 계속하고 있습니다. 그리고 서울시교육청 장학자료(다문화편견예방, 진로, 심성수련, 수업기술, 상담자원봉사자교육, 교사감정코칭프로그램 개발)를 집필했습니다. 집필한 인정교과서로 『즐거운 초등진로 1, 2, 3』(2012, 삼양미디어)이 있습니다. 현재 서울개봉초등학교에 근무하고 계십니다.

박미향

박미향 선생님은 서울교육대학교, 서울대학교 사범대학원에서 교육상담을 전공했습니다(교육학석사). 교육과학기술부 장관상(생활지도부문, 2008)을 수상하였으며, 서울시교육청 우수교사 학습연구년 대상자(2013)로 선정되었고, 서울교육대학교 연수원 · 평생교육원, 서울교육연수원, 서울시교육청, 삼성생활문화센터 상담실, 한국고용정보원 직무연수, 아이스크림 원격교육연수원 '교사를 당황하게 하는 아이들' 연수에서 강의, 서울시 교육청 생활지도컨설팅 장학지원단, 서울시교육연구정보원 진로진학정보센터 상담교사로 활동하였으며, 현재도 생활교육 관련 강의를 계속 하고 있습니다. 그리고 서울시교육청 장학자료(다문화편견예방, 진로, 심성수련, 수업기술, 상담자원봉사자교육, 학습기술향상, 초등학부모 행복교육)를 집필했습니다. 집필한 인정교과서로 『즐거운 초등진로 1, 2, 3』(2012, 삼양미디어)이 있습니다. 현재 서울당곡초등학교에 근무하고 계십니다.

이정희

이정희 선생님은 서울교육대학교, 연세대학교 교육대학원에서 상담교육을 전공했습니다(교육학석사). 전문상담교사(1급), 청소년상담사(2급) 자격이 있으며, 한국청소년상담원 원장상(품성계발, 2004)을 수상하였으며, 서울시교육청 우수교사 학습연구년 대상자(2013)로 선정되었고, 서울시 교육청, 서울교육연수원, 아이스크림 원격교육연수원 '교사를 당황하게 하는 아이들'과 티처빌 원격연수원에서 강의, 서울시 교육청 생활지도 컨설팅 장학지원단으로 활동하였으며, 현재도 생활교육 관련 강의를 계속 하고 있습니다. 그리고 서울시교육청 장학자료(학교폭력예방, 심성수련, 학습부진심리영역, 진로, 학습기술향상, 교사감정코칭 프로그램 개발, 초등학부모 행복교육)를 집필했습니다. 집필한 책으로 진로인정교과인『진로와 직업(5~6학년)』,『상담으로 풀어가는 교실이야기』(공저, 교육과학사),『교실 밖의 아이들』(공저, 교육과학사),『교사를 위한 상담기술』(공역, 시그마프레스)이 있습니다. 현재 서울토성초등학교에 근무하고 계십니다.

한영진

한영진 선생님은 서울교육대학교, 공주대학교 대학원(교육심리 전공), 숙명여자대학교 대학원에서 아동복지학을 전공했습니다(문학박사). 전문상담교사, 가족코치사, 사회복지사(2급) 자격이 있으며, 숙명여자대학교, 단국대학교 대학원 등에서 강의(부모교육, 아동발달, 상담심리, 집단상담, 가족상담), 서울을 비롯한 전국교육연수원에서 상담 및 생활지도 관련 강의를 했으며, 현재도 생활교육 관련 강의를 계속 하고 있습니다. 그리고 서울시교육청 장학자료(학교폭력예방, 심성수련, 학부모상담, 학습부진심리영역, 초등학부모 행복교육)를 집필했습니다. 집필한 책으로『성경적 태교』(공저, 2005, 양서원),『성경적 자녀양육』(공저, 2005, 양서원),『父慈子孝』(2007, 한국학술정보)가 있습니다. 현재 서울화계초등학교 수석교사로 근무하고 계십니다.

개정판

교사를 당황하게 하는 아이들 2

〈학습 · 생활 편〉

2009년 7월 15일 1판 1쇄 발행
2013년 4월 5일 1판 6쇄 발행
2013년 9월 25일 2판 1쇄 발행
2023년 1월 20일 2판 4쇄 발행

지은이 • 한영진 · 박미향 · 이정희 · 김민정
펴낸이 • 김 진 환
펴낸곳 • (주) **학 지 사**

04031 서울특별시 마포구 양화로 15길 20 마인드월드빌딩 5층

대표전화 • 02) 330-5114   팩스 • 02) 324-2345

등록번호 • 제313-2006-000265호

홈페이지 • http://www.hakjisa.co.kr
페이스북 • https://www.facebook.com/hakjisabook

ISBN 978-89-997-0277-8 04370
     978-89-997-0275-4 (set)

정가 **16,000원**

출판미디어기업 **학 지 사**

간호보건의학출판 **학지사메디컬** www.hakjisamd.co.kr
심리검사연구소 **인싸이트** www.inpsyt.co.kr
학술논문서비스 **뉴논문** www.newnonmun.com
원격교육연수원 **카운피아** www.counpia.com